F 28 25

DES SOCIÉTÉS

DROIT COMMERCIAL
COMMENTAIRE DU CODE DE COMMERCE

LIVRE PREMIER

TITRE TROISIÈME

DES SOCIÉTÉS

PAR J. BÉDARRIDE

Avocat près la Cour d'appel d'Aix, ancien Bâtonnier
Membre correspondant de l'Académie de Législation de Toulouse
Chevalier de la Légion d'Honneur

DEUXIÈME ÉDITION

REVUE, CORRIGÉE ET MISE AU COURANT DES LOIS NOUVELLES

TOME DEUXIÈME

PARIS
DURAND et PEDONE-LAURIEL, LIB^es
7, RUE CUJAS, 7

AIX
ACHILLE MAKAIRE, LIBRAIRE
2, RUE PONT-MOREAU, 2

1872

Aix. Achille Makaire, imprimeur-éditeur, rue Pont-Moreau, 2.

DROIT COMMERCIAL

COMMENTAIRE DU CODE DE COMMERCE

LIVRE I. TITRE III
DES SOCIÉTÉS

SECTION Iʳᵉ
DES DIVERSES SOCIÉTÉS ET DE LEURS RÈGLES

(Suite)

Art. 29.

La société anonyme n'existe point sous un nom social ; elle n'est désignée par le nom d'aucun des associés.

Art. 30.

Elle est qualifiée par la désignation de l'objet de son entreprise.

SOMMAIRE

263. Caractère de la société anonyme pratiquée sous l'ordonnance de 1673.—Différence d'avec celle organisée par le Code.

263. — L'ordonnance de 1673 n'admettait que deux espèces de sociétés : la société en nom collectif, celle en commandite. Dans la pratique, cependant, ainsi que l'atteste la doctrine, on reconnaissait une troisième société, qu'on qualifiait de société anonyme.

Mais cette société n'avait de commun que le nom avec celle que le Code organise sous cette qualification. Il suffit, pour s'en convaincre, de rappeler les caractères qui lui avaient été assignés.

La société anonyme, disait Jousse, est ainsi appelée,

parce qu'elle se fait sous aucun nom. Ceux qui font ensemble cette société travaillent chacun de leur côté, sous leur nom particulier, et ils se rendent réciproquement compte, les uns aux autres, des profits et des pertes qu'ils ont faits et qu'ils partagent ou supportent en commun. Ces sociétés sont le plus souvent verbales; et comme elles n'ont quelquefois pour objet qu'une seule entreprise, elles ne durent que le temps qu'il faut pour faire l'achat et la vente ou le partage, ce qui fait qu'on les appelle aussi *sociétés momentanées* [1].

Savary s'exprime dans les mêmes termes, et après avoir ainsi défini la société anonyme, il cite des exemples des quatre espèces dans lesquelles il la subdivise. Chacun de ces exemples ne permet ni équivoque ni doute sur le véritable caractère de cette société; elle ne constituait qu'une véritable participation.

264. — Il est donc certain que l'ordonnance avait gardé le silence sur la société anonyme telle que nous la trouvons aujourd'hui consacrée par le Code. Elle ne l'admettait pas au nombre des sociétés usuelles; il ne faudrait pas cependant en conclure qu'elle avait été ignorée du législateur. La vérité est qu'avant comme depuis l'ordonnance elle avait été non-seulement connue mais encore pratiquée en France comme dans les autres pays voisins.

[1] Sur l'Ordonnance de 1673, titre 4.

Cette pratique n'était qu'une conséquence de la nature de cette institution et des services qu'elle est appelée à rendre au commerce. La société anonyme devait naître du progrès et du développement des opérations commerciales dont elle est un des plus énergiques éléments.

Il est, en effet, des entreprises tellement vastes, tellement colossales, qu'elles dépassent même les ressources de l'association ordinaire ; il faudrait, pour les exécuter, en étendre tellement le cercle, qu'on risquerait de n'échapper à l'impuissance que pour tomber dans la confusion. L'idée de pareilles entreprises devait donc faire naturellement surgir l'institution qui seule pouvait les amener à bonne fin.

Aussi et lorsque les Hollandais instituèrent, en 1602, leur compagnie des Indes Orientales , on les voit recourir à la société anonyme et accomplir à son aide cette magnifique opération , qui imprima au commerce et à leur prospérité nationale cette si vive et si heureuse impulsion.

Le succès éclatant qui récompensa leurs efforts devint, pour les nations voisines , pour la France notamment, un encouragement et un exemple. C'est le témoignage que notre législateur en donne lui-même. L'édit de 1664, créant la compagnie française des Indes Orientales, s'écrie : *Le succès est démontré certain par le raisonnement ordinaire et naturel, et par l'expérience des nations voisines. Le profit surpasse infi-*

niment la peine et le travail qu'on prend à péné-
trer dans des pays si éloignés ; ce qui, de plus, est
conforme au génie et à la gloire de notre nation,
et à l'avantage qu'elle a par-dessus toutes les au-
tres de réussir avec facilité dans tout ce qu'elle
veut entreprendre.

La même année vit naître la compagnie des Indes
Occidentales ; plus tard , on institua celle du Sénégal ;
enfin on créa celle d'Occident. Ces quatre compagnies
ne furent jamais que des sociétés anonymes.

Qu'on parcoure, en effet, les statuts qui durent les régir , et on y retrouvera en application toutes les règles
et conditions que le Code a depuis consacrées. Le capital social est divisé en parts , qui ne durent pas être
moindres de mille francs ; on appelle non-seulement
les capitaux français , mais encore ceux des étrangers
auxquels on offre toute garantie contre les éventualités
d'une guerre ; l'association doit être régie par vingt un
directeurs élus par les intéressés ; ces directeurs , ainsi
que les simples associés,ne peuvent être tenus,pour quelque cause et sous quelque prétexte que ce soit, de fournir aucune somme au delà de celle pour laquelle ils se
seront obligés ; les directeurs ne pourront être inquiétés
ni contraints en leur personne et biens pour raison des
affaires de la compagnie ; les effets de celle-ci ne pourront être saisis par les créanciers personnels des intéressés ; enfin, la société était perpétuelle et indissoluble,
chaque associé ne pouvant se retirer qu'en vendant son
intérêt.

265. — Ainsi, avant comme après l'ordonnance de
1673, la société anonyme, dans sa véritable acception,
était connue et pratiquée en France. Quel est donc le
motif qui porte le législateur à se taire sur une institution aussi précieuse ? M. Troplong pense que , comme
le Gouvernement intervenait toujours dans sa constitution, on la considérait comme l'œuvre de la puissance
publique , plutôt que comme l'ouvrage libre de la volonté des particuliers. On ne l'avait donc pas classée
au nombre des sociétés laissées à la disposition du
public.

Ce motif n'explique pas suffisamment , à notre avis,
le silence de l'ordonnance. Sans doute, le Gouvernement
ne devait ni ne pouvait se dépouiller du droit d'intervenir dans la création de pareilles sociétés, surtout lorsqu'il avait, comme dans celles que nous venons de rappeler, à concéder tant et de si grands priviléges. Mais,
l'exemple du Code l'a prouvé , il y avait moyen de
maintenir ce droit, tout en rendant la société anonyme
ce qu'elle doit être, c'est-à-dire facultative pour les citoyens.

Ce qu'il est permis de supposer, c'est qu'uniquement
préoccupé de ces grandes entreprises qu'il favorisait , le
législateur de cette époque n'avait pas assez réfléchi aux
avantages que le commerce intérieur et ordinaire pouvait recevoir de la société anonyme. Il s'en était à cet
égard un peu trop rapporté à la commandite, qu'il croy-
ait pouvoir suffire à toutes les exigences. Cette pensée
se décèle dans l'édit de 1686 créant la compagnie d'as-

surances maritimes. Quelque important que fût un pareil objet, le législateur ne croit pas devoir aller jusqu'à l'institution d'une société anonyme ; il se borne à mitiger quelques-unes des règles de la commandite.

266. — Le côté qui avait échappé au législateur de 1673 saisit, au contraire, vivement les auteurs du Code de commerce. L'appréciation exacte des services que la société anonyme peut rendre au commerce et à l'industrie les détermina à en laisser au moins l'initiative à l'intérêt qui en éprouverait le besoin. Grâce à cette détermination, cette société a rendu les plus importants, les plus incontestables services. C'est par elle, en effet, que se sont organisées ces vastes entreprises auxquelles on doit les constructions de ponts, de canaux, de chemins de fer ; c'est par elle que s'exploitent ces grandes concessions de mines ; c'est par elle, en un mot, que se développent tous les germes de prospérité publique.

On ne pourrait, sans doute, sans ingratitude méconnaître les services importants que la commandite est à son tour appelée à rendre. Mais nous l'avons déjà dit, il est des entreprises qui exigent de telles ressources, qu'on ne saurait raisonnablement les demander à celle-ci.

De plus, il y a dans les règles qui lui sont propres deux conditions qui nuiront sans cesse à ses développements : nous voulons parler de la défense faite aux commanditaires de s'immiscer dans la gestion, et de l'obligation indéfinie qui pèse sur les gérants.

La première rend· en quelque sorte l'associé étranger à la société. Il n'a qu'à y verser sa mise ; et réduit à accepter aveuglément la foi du gérant, il ne peut suivre et encore moins prescrire l'emploi de ses fonds. Cette nécessité s'écarte trop des habitudes prudentes d'un bon père de famille pour qu'elle ne devienne pas, dans bien des cas , un obstacle invincible à toute participation à une société de ce genre.

Combien plus grave est l'inconvénient résultant de l'obligation indéfinie et solidaire des gérants ! Un de ses plus inévitables effets, c'est d'éloigner de l'administration ceux dont l'accession serait , pour la société elle-même , une chance assurée de succès. Comment veut-on, en effet, qu'un homme favorablement placé sous le rapport de la probité , de la capacité , de la fortune, consente à exposer son honneur , son avenir , celui de sa famille , en prenant la responsabilité d'un capital qu'il ne parviendra pas toujours à réaliser intégralement ?

Cet inconvénient acquiert des proportions d'autant plus vastes que l'opération, étant plus importante , exigera un capital plus considérable. Celui qui consentirait à répondre de quelques centaines de mille francs ne reculera-t-il pas devant la responsabilité des millions que devront fournir une foule d'individus ?

La société anonyme n'offre aucun de ces dangers. Tout associé peut devenir administrateur sans être tenu au delà du montant des actions qu'il a souscrites ; la nécessité d'une confiance illimitée ne retiendra donc personne.

Le choix des administrateurs, étant déféré aux actionnaires eux-mêmes, tombera sur les plus capables et les
plus dignes ; l'absence pour eux de toute obligation personnelle, la possibilité même de recevoir un salaire em-
pêcheront qui que ce soit de récuser un mandat qui
n'offre plus de périls.

Enfin, l'autorisation du Gouvernement ajoutera à ce
double avantage la certitude que l'objet que se propo-
sent les fondateurs est sérieux et réel. Elle devient par
cela même une garantie, que la confiance publique es-
comptera avec faveur.

Sous tous ces rapports, la société anonyme l'emporte
sur la commandite, dont elle est destinée à corriger
les inconvénients et les dangers. A son tour, cette destination rend suffisamment raison du caractère que la
loi lui reconnaît et des conditions qu'elle impose à son
organisation.

267. — L'exclusion de toute obligation personnelle
est de l'essence de la société anonyme. De là cette conséquence que cette société est non une personne mais
une chose ; celui qui se met en relation avec elle traite
non pas avec tel ou tel, mais avec une caisse composée
du montant intégral des actions, et qui est seule obligée
à le désintéresser.

Ce caractère de la société anonyme devait s'annoncer
hautement et publiquement, et c'est pour en arriver là
qu'en pareille matière la loi exclut non-seulement l'emploi d'une raison sociale, mais encore tout autre nom

personnel. Il ne fallait pas qu'en se manifestant au public la société pût laisser un doute, pût donner naissance à une erreur sur l'existence d'une obligation personnelle ; pouvait-on plus heureusement atteindre ce
résultat qu'en refusant à la société anonyme toute autre
qualification que celle de la chose même faisant l'objet
de l'entreprise ?

268. — Les termes de ces deux prescriptions légales pourraient autoriser un doute sur leur portée réelle.
Ils semblent, en effet, renfermer plutôt un avertissement
qu'une obligation formelle ; mais il n'en est pas ainsi
au fond. Le but que s'est proposé le législateur, et que
nous venons d'indiquer, ne permet pas d'hésiter sur le
caractère impératif de ses dispositions.

Il est vrai que nos articles manquent de sanction pénale. Mais ce qui explique cette absence, c'est que le
Gouvernement, appelé à autoriser les statuts sociaux, est
chargé de veiller à ce que les volontés de la loi soient
strictement et fidèlement exécutées. Il saurait donc bien
les imposer à ceux qui s'en seraient écartés.

D'ailleurs, qu'était-il besoin d'une sanction pénale,
en présence des conséquences qu'entraînerait la violation des articles 29 et 30 ? Celui qui agirait au nom
d'une société sous une raison sociale, ou sous tout autre nom personnel, donnerait immédiatement l'idée d'u-
ne société ordinaire, soit en nom collectif, soit en commandite ; il induirait donc les tiers en erreur, et leur
causerait ainsi un préjudice qu'il serait personnellement

tenu de réparer. Vainement exciperait-il du caractère
réel de la société, on répondrait avec raison que si comme associé anonyme il échappe à toute responsabilité,
il est comme partie tenu de sa faute, laquelle, dans l'espèce, consisterait à s'être associé à la violation de la loi;
que cette faute ayant causé un préjudice en inspirant
l'espérance d'une garantie sur laquelle les tiers ont dû
compter, il ne saurait échapper à la nécessité d'une réparation, en force du principe consacré par l'article 1382
du Code civil.

En d'autres termes, la société anonyme doit être re-
connue telle au premier coup d'œil ; sa qualification
doit être en rapport avec sa nature. N'étant qu'une chose, elle doit prendre son nom de cette chose même , de
manière que les tiers traitant avec elle ne puissent ignorer qu'ils n'auront rien à prétendre contre qui que ce
soit.

C'est ce qui explique la pratique constante en cette
matière. Ainsi, avant même que la société anonyme eût
été législativement organisée , elle ne se manifestait au
public que par le nom de la chose qui en faisait l'objet.
Elle était alors la compagnie des Indes Orientales ou
Occidentales, du Sénégal, etc., comme elle a été depuis
la Banque de France , la Compagnie Générale contre
l'incendie, la Caisse Hypothécaire, etc... En réalité donc,
le Code n'a pas introduit un droit nouveau ; il n'a fait
que consacrer par ses dispositions un usage dont le fondement justifiait parfaitement l'application.

269. — L'article 19 met la société anonyme au nombre des sociétés commerciales ; l'absence de toute obligation personnelle commandait d'ailleurs cette solution. Comment, en effet, en faire une société civile, lorsque l'obligation personnelle des associés est formellement consacrée par la loi régissant celle-ci ? Cette antinomie manifeste ne permettait donc pas de donner le caractère civil à la société anonyme.

Il est cependant évident que cette société se prête merveilleusement à toutes sortes d'opérations, même à celles qui n'ont rien de commercial. Nous nommions tout à l'heure la Caisse Hypothécaire ; or, ses actes n'ont rien de ce qui constitue la commercialité, pas plus que ceux des institutions de crédit public, qui s'organisent actuellement dans plusieurs de nos départements.

Ajoutons que l'industrie agricole n'a pas négligé ellemême les secours de la société anonyme. C'est ainsi que se sont organisées des compagnies de desséchements ; c'est ainsi que s'était formée dans nos contrées cette compagnie de la Basse Camargue, dont l'unique objet était la mise en culture et l'exploitation du château d'Avignon et d'autres immeubles.

En l'état donc de cette pratique constante , la question de savoir si la société anonyme est ou non commerciale pourrait paraître oiseuse , avec d'autant plus de raison que l'absence de toute obligation personnelle, laissant les créanciers en présence d'une chose , enlève à la juridiction consulaire son effet le plus énergique, la contrainte par corps. Comment, en effet, et de quelle manière pourrait-on l'exercer ?

Mais l'utilité réelle de la solution de la difficulté est incontestable à l'endroit de l'obligation des actionnaires de réaliser le paiement des actions qu'ils ont souscrites, paiement qui peut leur être réclamé par les gérants ou par les créanciers, à l'endroit des contestations qui peuvent s'élever entre les associés.

270. — L'obligation pour chaque actionnaire de payer son action ne saurait être révoquée en doute, pas plus dans la société anonyme que dans la commandite. La loi ne prohibe l'obligation personnelle dans la première, qu'en tant que l'actionnaire s'est intégralement exécuté. Alors seulement il est quitte envers tout le monde, et il ne peut être recherché à raison des engagements sociaux, quand même il aurait géré ou administré. L'actionnaire ne doit jamais que les sommes pour lesquelles il a souscrit ; mais il doit jusqu'à concurrence, et l'obligation personnelle ne saurait être contestée à cet égard. Comprendrait-on que la loi qui crée la dette eût refusé tout moyen d'en exiger et d'en poursuivre le remboursement ?

271. — Il existe donc une action pour contraindre le versement de la mise. Pendant la durée de la société, cette action ne peut être exercée que par les administrateurs. La société étant commerciale, le litige s'élevant à ce propos doit être déféré à des arbitres , conformé-

ment à l'article 51 du Code de commerce. Les créanciers agissant en vertu de l'article 1166 et exerçant les
droits des administrateurs seraient soumis à cette juridiction [1].

La société tombée en état de faillite, les créanciers ont
le droit de poursuivre directement les actionnaires en
retard de payer le prix de leur action. La conséquence
de ce droit est la faculté de s'adresser à la justice ordinaire, c'est donc devant le tribunal de commerce qu'ils
pourraient porter leur demande [2].

272. — Cela n'est contesté par personne ; mais il
n'en est pas de même des conséquences de l'action. Le
tribunal de commerce, le tribunal arbitral, peut-il condamner l'actionnaire avec contrainte par corps ?

La négative est soutenue par M. Delangle. Cet honorable jurisconsulte enseigne cependant que la société anonyme est essentiellement commerciale, et que la juridiction arbitrale est seule compétente pour l'appréciation
des difficultés entre associés [3].

M. Pardessus distingue. Les administrateurs de la société anonyme, dit-il, sont passibles de la contrainte par
corps au profit des actionnaires qui obtiennent des con-
damnations contre eux, soit pour la restitution de la

---

[1] Ne pas oublier que l'arbitrage forcé et la contrainte par corps n'existent plus.

[2] Paris, 27 février 1847 ; D. P., 47, 2, 51.

[3] Nos 424 et 453.

mise, soit pour le paiement de leur part dans les bénéfices. Mais la nature des choses ne permet pas qu'un
actionnaire soit tenu par cette voie pour le versement
du montant de l'action qu'il a soumissionnée [1].

L'opinion que MM. Pardessus et Delangle adoptent
sur notre question était en quelque sorte forcée ; elle
n'était que la conséquence de celle qu'ils avaient enseignée à l'endroit des commanditaires. Comment, en effet, après avoir refusé la contrainte par corps contre
ceux-ci, auraient-ils pu l'admettre contre les actionnaires d'une société anonyme? C'est aussi ce que nous fe-
rons remarquer à l'endroit de M. Louis Nouguier, qui se
réunit à MM. Pardessus et Delangle [2].

Mais l'opinion contraire, pour ce qui concerne les
commanditaires, est aujourd'hui consacrée par la jurisprudence. Nous avons vu la cour de cassation se prononcer pour la contrainte par corps dans l'affaire Lou-
bon, et depuis, plusieurs autres cours ont accueilli la
même doctrine.

Cette jurisprudence ruine l'opinion que MM. Pardessus, Delangle et Nouguier professent. En effet, les motifs sur lesquels ils s'étayent ne sont pas autres que ceux
qui leur faisaient repousser la contrainte par corps contre les commanditaires. La position étant la même, ces
motifs, reconnus insuffisants à l'endroit de ceux-ci, ne
sauraient suffire vis-à-vis des actionnaires ; ce qui ne

1 N° 1510
1 *Des tribun. de comm.*, t. 1, p. 365.

saurait exonérer les uns de la contrainte par corps ne pourrait en exonérer les autres.

Nous disons que la position est la même; nous pourrions dire même que la prohibition de s'immiscer dans l'administration place le commanditaire sous un jour plus favorable encore. Mais la société en commandite est un acte de commerce à raison duquel le signataire est soumis aux conséquences de ces actes.

Or, la société anonyme est une société commerciale : ce caractère lui est reconnu par MM. Pardessus, Delangle et Nouguier. Dès lors, celui qui y participe fait un acte de commerce, et devient par cela même contraignable par corps. Cette conséquence ne se déduit pas de la qualité de la partie, mais de la nature de l'acte.

Ainsi, l'actionnaire non négociant ne le devient pas par la souscription d'actions dans une société anonyme. Mais cette souscription est un acte de commerce ; il est donc soumis, pour l'exécution de cet acte, notamment à la contrainte par corps, au même titre que le serait le non négociant qui aurait souscrit une lettre de change ou tout autre titre commercial [1].

Nous retrouvons ici l'argument dont on se prévalait naguère en faveur des commanditaires : la contrainte par corps éloignera les capitalistes. Mais, répond avec juste raison l'arrêt de Paris du 27 février 1847, c'est le contraire qui se réalisera à l'avantage du public. En ef-

[1] Voy. *supra* n° 241.

fet, en donnant au commerce sérieux plus de garanties, la loi appelle dans les entreprises industrielles les propriétaires possesseurs de capitaux réels, qui ne contractent d'engagements que pour les remplir et parce qu'ils savent qu'ils pourront les remplir ; elle écarte seulement ceux qui entreraient dans les sociétés sans capitaux, et sans avoir l'intention d'en verser ; dans la seule vue de prélever les primes et les bénéfices , sans avoir chance d'aucune perte, et contre lesquels les tiers n'auraient aucun recours utile s'ils ne pouvaient exercer la contrainte par corps.

Si tel doit être l'effet de la doctrine que nous soutenons , il faut évidemment s'empresser de l'accueillir. Il ne faudrait regretter qu'une chose, à savoir que la contrainte par corps n'ait pas suffi jusqu'à présent pour écarter ces hommes audacieux , dont l'insolvabilité brave même cette voie d'exécution ; qui sont une véritable peste pour le public et pour leurs associés ; qui auraient depuis longtemps tué l'institution, si elle avait pu l'être.

273. — Les actionnaires poursuivis en paiement du solde de leurs actions pourront-ils renoncer à leur qualité, en se prévalant de la clause des statuts suivant laquelle les associés en retard de payer aux termes convenus seront déchus , avec perte de tout ce qu'ils auraient précédemment payé ?

Nous avons déjà examiné cette question à l'endroit des commanditaires, et nous l'avons résolue par la négative. Nous ne saurions, en ce qui concerne les action-

naires, admettre une solution différente, car les motifs
sont identiques dans les deux hypothèses. Quelle que soit
la nature de la société, le caractère d'une clause de ce
genre n'en est pas modifié ; elle ne cesse, dans aucun
cas, de constituer une peine contre les associés en faveur
de la société. Celle-ci seule est donc recevable à s'en
prévaloir. On ne saurait la contraindre à en retirer le
bénéfice, alors qu'elle ne juge pas convenable de le
faire.

Les raisons d'intérêt public que nous avons exposées
déjà existent pour les actionnaires comme pour les commanditaires ; nous nous en référons donc à nos précédentes observations [1].

274. — Le caractère exceptionnel de la société anonyme la plaçait forcément dans une position spéciale à
l'endroit de sa dissolution. Ainsi la mort d'un associé
ne saurait entraîner celle-ci ni la motiver. Le nombre
des associés, nécessairement fort considérable, rendait
ce résultat inévitable, sous peine de voir toute société de
ce genre impossible.

Pour elle donc, il n'y a, abstraction faite de la déconfiture entraînant forcément la faillite, d'autres causes
de dissolution que celles résultant de l'expiration du terme convenu, de l'achèvement intégral de l'opération en
vue de laquelle elle était formée, de la réalisation d'une
condition stipulée dans les statuts sociaux.

---

1 Voy. *supra* n° 239.

Bien souvent, en effet, l'acte porte que la société sera dissoute et liquidée dès que le dernier inventaire constatera la perte d'une quotité déterminée du capital , le quart, le tiers, la moitié. Cette condition se réalisant, il n'est pas douteux que chaque actionnaire est recevable à poursuivre la dissolution.

Ce droit répond à un intérêt évident. La liquidation, en cet état , promet de faire rentrer chaque actionnaire dans une partie de ses fonds, tandis que la continuation de la société menace de tout engloutir. Son exercice est même avantageux au public, puisqu'il amènera le paiement intégral des créanciers, qu'une prolongation compromettrait. Aussi , aucun obstacle ne pourrait-il l'entraver ou le suspendre. La délibération contraire de la majorité n'aurait rien de valable et d'obligatoire. Il s'agit, en effet, de l'exécution littérale des statuts, et, comme nous le dirons bientôt, en pareille matière, la majorité est forcément impuissante.

275. — Mais un actionnaire pourrait-il, lorsque la société est illimitée , demander la dissolution en signifiant sa volonté de ne plus en faire partie ? En d'autres termes, l'article 1869 du Code civil est-il applicable aux sociétés anonymes ?

En droit, il ne saurait exister de communion éternelle; toute convention contraire serait réputée non écrite et considérée comme nulle. *Quia*, disait le président Favre, *nulla societatis, aut alterius conventionis, in æter-*

*num coitio est, propter discordias quas materia com-
munionis excitare solet* [1].

Notre loi s'est approprié cette règle. Les articles 815
et 1869 du Code civil n'ont pas d'autres fondements, et
déjà nous en avons fait connaître l'opportunité et la prévoyante sagesse [2].

Mais, il faut le reconnaître, la société anonyme n'offre aucun des inconvénients que ces dispositions ont eu
pour objet de prévenir. Les associés, affranchis de toute
obligation personnelle au delà du paiement de leur mise, ne se trouvent exposés à aucun danger par les actes
des gérants. Se plaindraient-ils de la marche adoptée
par eux , de leur imprudence , de leur négligence , de
leurs malversations ? Mais l'assemblée générale peut, à
toutes les époques , modifier l'administration , en prescrire le mode, destituer, remplacer, suspendre les administrateurs, et mettre ainsi un terme à toute crainte fondée. D'ailleurs , la discorde entre associés est moins à
redouter que dans les sociétés ordinaires , puisqu'en
définitive c'est la majorité qui imposera la loi.

De plus et en fait , la société anonyme ne constitue
aucune communauté proprement dite. Elle offre, en effet, cette circonstance si à propos relevée par M. Troplong , qu'à côté de la propriété sociale elle organise le
droit des associés , considérés *ut singuli*. Par cette

---

[1] Sur la L. 14, ff. *Pro socio.*
[2] Voy. *supra* n° 67.

combinaison, ces deux droits ont été tellement différen-
ciés, la propriété sociale a été si nettement dessinée hors
du cadre de l'intérêt des associés, que, tandis que la
société est propriétaire d'immeubles, les actions délivrées
aux sociétaires sont de purs meubles.

La conclusion que M. Troplong tire de ces prémisses,
c'est que les associés, tant que dure la société, ne peuvent pas se dire copropriétaires de la chose; c'est sur la
tête de la société que repose l'actif social indivis; ils ne
sont propriétaires que des actions qu'ils ont consenti à
recevoir en échange de leurs mises; ils ont vendu leur
apport à la société, et ont reçu pour prix des actions, à
la charge qu'à la dissolution de la société l'actif social
leur fera retour. Il y a donc, au moyen de la délivrance
de ces actions, une division, un partage entre associés.
A la vérité, ce partage laisse subsister l'intégrité en masse
des biens dévolus à la société; mais il n'importe. Les
associés ne sont pas propriétaires de ces biens, qui ap-
partiennent à la personne civile; ils ne sont propriétaires que de leurs actions, et, dès lors, ils ne peuvent pas
dire que le capital social est indivis. Il n'y a indivision
que lorsqu'il y a plusieurs propriétaires; et ici, la société seule, être moral, capable des droits les plus re-
levés, a été investie de la propriété; elle la possède
dans un état d'unité, et non pas dans un état d'indivision [1].

Cet aperçu juridique et vrai résout notre question.

_____

[1] N° 971.

Comment, en effet, appliquer les articles 815 et 1869 à une opération qui ne crée aucune communauté , qui, par conséquent, ne saurait offrir aucun des dangers que la loi a voulu prévenir ?

La société anonyme est donc indissoluble par la volonté d'un seul. Cette conséquence n'est pas seulement légale, elle est encore dictée par la raison. La proposition contraire conduisait, dans bien des cas, à une iniquité ou à une impossibilité.

A une iniquité, si, au gré de son caprice, un actionnaire pouvait tout à coup interrompre une florissante entreprise et briser les plus heureuses chances, au grand préjudice d'un grand nombre d'intéressés.

A une impossibilité, si, par sa nature , l'objet que se propose la société était perpétuel et indivisible. Comment, par exemple, dissoudre et partager une exploitation de mines concédées à perpétuité ? [1]

La loi devait d'autant moins hésiter qu'en réalité la société anonyme n'est jamais perpétuelle pour ses membres. Chaque actionnaire est libre de vendre son action, et cette vente est pour lui une véritable dissolution, puisque désormais il demeure étranger à la société.

La transmissibilité des actions est donc une circonstance décisive. Celui qui entre dans une société de cette nature en accepte la conséquence, et cette conséquence ne saurait être que la renonciation à demander la dis-

_____
[1] Cass , 7 juin 1830 ; — D.P., 30, 1, 270

solution effective. C'est ce qu'exprimaient formellement les statuts régissant les vastes compagnies organisées sous Louis XIV, en disposant que nul intéressé ne pourrait se retirer qu'en vendant son action : nul doute qu'il en soit de même aujourd'hui. En codifiant la société anonyme, le législateur a entendu lui conserver son caractère et ses conditions.

On objecte que si l'associé veut sortir de la société par la vente de son action et qu'il ne trouve pas d'acheteur, il sera contraint à rester indéfiniment dans la société ; ce qui serait violer la maxime : *Nul n'est associé qui ne veut.* Voici la réponse de M. Troplong :

« D'une part, cet obstacle n'opère pas d'une manière absolue ; il peut n'être que momentané et n'apporter qu'un simple retard au lieu d'un empêchement définitif. D'autre part, on ne saurait mettre sur la même ligne une renonciation entière au droit de sortir d'une société illimitée, et une convention de n'en sortir qu'à certaines conditions. Dans ce dernier cas, il n'y a pas d'abandon compromettant de sa liberté; on restreint son droit, on n'en fait pas le sacrifice ; autre chose est l'aliéner, autre chose est le subordonner à certaines éventualités [1]. »

La doctrine de ce grand maître a été consacrée par la cour de cassation, qui a fait résulter la renonciation à se pourvoir en dissolution de la clause permettant la

---

[1] Cass., 7 juin 1830 ; D. P., 30, 1, 279.

vente de l'intérêt social. Voici l'espèce sur laquelle a prononcé la cour suprême :

Plusieurs personnes s'associent, en 1818, pour l'acquisition et l'exploitation du moulin de Bellerive. Le capital social se composait de vingt-quatre actions de cinq mille francs chacune, L'article 7 de la convention portait que, si quelqu'un des sociétaires veut vendre ses actions, il sera tenu d'en prévenir la société et de lui consentir, si elle le désire, la vente, par préférence à tous autres, aux prix et conditions que les tiers lui auront offerts.

Après vingt ans d'exploitation, les époux Rose, porteurs d'actions, se fondant sur l'article 1869 du Code civil, demandent la dissolution et le partage. Leurs sociétaires opposent l'article 7 du contrat, d'où ils font résulter une renonciation à toute dissolution ; ils soutiennent que le seul moyen, pour les associés, de sortir de l'association était la vente de leurs actions.

Ce système ayant été successivement consacré par le tribunal de Montauban et par la cour de Toulouse, les époux Rose se pourvoient en cassation pour violation des articles 815, 1865, 1869 et 1872 du Code civil.

Mais le pourvoi, d'abord admis, fut définitivement rejeté par la chambre civile, par arrêt du 6 décembre 1843.

« Attendu, dit la cour régulatrice, que l'arrêt attaqué, par appréciation de l'intention des parties et des clauses constitutives de la société qu'elles ont consenties, décide formellement qu'elles ont renoncé à la faculté accordée par la loi à chaque associé d'une société dont la durée

est illimitée, d'en opérer la dissolution par la seule manifestation de la volonté de cesser d'en faire partie , et
que le droit de vendre les actions qui en représentent le
capital a remplacé , pour chacune d'elles , celui de réclamer cette disssolution :

» Attendu que, si la loi, afin de ne pas perpétuer l'engagement contracté entre les membres d'une société illimitée dans son cours , les a admis à la faire dissoudre
par le seul effet de leur volonté, exprimée de bonne foi
et en temps opportun, la faculté qu'elle leur accorde ne
peut s'exercer lorsqu'ils ont consenti dans les stipulations de la convention sociale à substituer à ce moyen
légal d'autres moyens de s'affranchir des obligations qui
leur étaient imposées ; que c'est en effet la prolongation
indéfinie de l'association et les dangers qui peuvent en
résulter pour les associés que le législateur a voulu prévenir ; et que , dès lors , les motifs qui l'ont déterminé
ne trouvent plus d'application lorsqu'il a été pourvu à
ce danger par la convention des parties [1]. »

Cette décision est d'autant plus remarquable qu'il s'a-
gissait d'une société civile ; que la transmissibilité des
actions ne résultait que de l'engagement de les vendre
par préférence à la société elle-même.

Comment donc hésiter en matière de société anonyme ? Il n'est pas de statuts qui ne déclarent les actions
transmissibles, ou qui ne règlent le mode de leur transmissibilité. En l'absence de toute convention à cet é-

1 D. P., 44, 1. 144.

gard, la loi elle-même proclamant cette transmissibilité.
il est évident que celui qui adhère à cette société renonce
formellement au droit de demander la dissolution et
consent à ne cesser d'appartenir à la société que par la
vente de ses actions. Toute prétention contraire serait
non recevable et mal fondée.

ART. 31.

Elle est administrée par des mandataires à
temps, révocables, associés ou non associés,
salariés ou gratuits.

ART. 32.

Les administrateurs ne sont responsables que
de l'exécution du mandat qu'ils ont reçu.

Ils ne contractent, à raison de leur gestion,
aucune obligation personnelle ni solidaire relativement aux engagements de la société.

ART. 33.

Les associés ne sont passibles que de la perte
du montant de leur intérêt dans la société. [1]

SOMMAIRE

[1] Voy. la loi de 1867 sur la matière et notre commentaire

276. — La nature et les caractères constitutifs de la société anonyme indiquaient nettement le mode d'administration dont elle était susceptible. Puisque, sans communion aucune entre les personnes, elle ne crée qu'une chose intéressant chaque souscripteur dans des proportions déterminées , le droit de l'administrer appartenait incontestablement à la masse de ces souscripteurs. Mais comment concevoir l'exercice de ce droit autrement que par délégation ? Pouvait-on raisonnablement admettre une administration collective par des milliers de souscripteurs ?

Les prescriptions consacrées par le législateur étaient donc nécessairement dictées par la force des choses. Pour que la société anonyme pût se mouvoir et agir, il fallait qu'elle fût administrée par des mandataires choisis par les intéressés.

Ce qui est confié à ces mandataires, c'est le détail des opérations, c'est la direction effective et journalière des affaires. Aux actionnaires seuls appartient le droit de

déterminer le mode de gestion , soit par les statuts sociaux, soit par des délibérations prises en assemblée générale.

277. — L'administration des sociétés anonymes exige donc le concours des actionnaires et des administrateurs. Bien souvent un troisième élément intervient d'u-
ne manière utile et active, nous voulons parler du conseil de surveillance ou d'administration. Quelles sont
les prérogatives de ces diverses personnalités ; quels sont
leurs obligations et leurs droits ? C'est ce qu'il importe
de bien constater.

278. — Les administrateurs ou gérants sont de simples préposés au détail de l'administration ; ils n'ont
d'autres pouvoirs que ceux qui leur sont nommément
et expressément conférés.

Aussi l'article 31 ne se contente-t-il pas de les qua-
lifier de mandataires. Il les déclare en outre essentiellement révocables, leur appliquant sans hésiter les principes du droit commun en matière de mandat.

Il résulte de là qu'en général les gérants n'ont que
les pouvoirs d'un mandataire ordinaire ; dès lors ils ne
peuvent ni grever ni aliéner les immeubles sociaux , à
moins qu'ils n'en aient formellement reçu la faculté.
En outre et quoiqu'ils aient les actions de la société. soit
en demandant, soit en défendant, ils ne peuvent ni compromettre ni transiger.

279. — La faculté de révocation écrite dans l'arti-

cle 31 n'a jamais fait difficulté toutes les fois que la no-
mination des administrateurs procède dans l'origine de
la délibération des actionnaires. Mais on s'est demandé
s'il ne devait pas en être autrement lorsque l'acte social
offert aux souscripteurs et par eux accueilli , portant la
désignation des administrateurs, les déclare nommés pour
toute la durée de la société ?

Une pareille clause est la violation la plus expresse de
l'article 31. Aussi convient-on généralement que le Gouvernement en prescrit le retranchement comme condition de son autorisation. Cette exigence de l'autorité,
commandée par le respect dû à la loi, est de plus conforme aux véritables principes de la matière.

Le droit ne reconnaît pas le mandat éternellement
obligatoire , Il serait immoral de permettre , qu'abusant
d'un moment d'entraînement , le mandataire pût contraindre le mandant à lui continuer une confiance dont
il s'est montré indigne. Or , puisque la délégation des
fonctions d'administrateurs ne constitue qu'un mandat
ordinaire , on doit considérer la renonciation au droit
de révoquer comme contraire à la liberté individuelle,
et conséquemment comme nulle et de nul effet.

On objecte que cette exception est valable dans les sociétés collectives et en commandite, dans la société civile
elle-même. Cette objection n'a rien de grave , car elle
tend à assimiler des hypothèses qui n'ont rien de sem-
blable.

Le gérant de la société ordinaire , comme celui de la
commandite , est nommé pour toute la durée de la so-

ciété , par la raison que s'obligeant personnellement et solidairement, on ne saurait l'assimiler à un mandataire ordinaire. Il administre réellement sa chose propre, et l'on comprend que , sous ce rapport , il ne puisse être privé de son droit arbitrairement et sans des motifs graves et légitimes.

Dans la société civile , la solidarité indéfinie n'existe pas ; aussi, et malgré l'obligation personnelle que contracte le gérant, on aurait pu soutenir que ses pouvoirs, même conférés dans l'acte de société, étaient révocables, si le contraire n'avait été formellement admis par l'article 1856 du Code civil.

Or, dans la société anonyme, il n'y a ni solidarité ni même obligation personnelle. La loi se tait sur la manière dont l'administrateur est nommé. Elle le déclare en général mandataire à temps, révocable ; l'absence de la distinction que consacre l'article 1856 ne permet donc pas d'en appliquer les effets.

Ce qui prouve mieux encore le caractère que nous reconnaissons à l'article 31, c'est sa dernière disposition. L'administrateur peut être étranger à la société, recevoir un salaire. Comprendrait-on que cet étranger pût se maintenir dans l'administration malgré les sociétaires , qu'il pût les contraindre à lui continuer un salaire qu'ils ne voudraient plus payer ?

L'énormité de ce résultat a ému M. Pardessus ; aussi n'admet-il l'irrévocabilité que si l'administrateur nommé dans l'acte appartient à la société. Mais dans ces termes mêmes son opinion nous paraît inacceptable. La

qualité d'associé n'ayant aucune influence sur la responsabilité de l'administrateur ne saurait devenir pour
lui un privilége de nature à le soustraire à l'application
de la règle si formellement écrite dans notre article 31.

Nous n'hésitons donc pas à admettre que l'administrateur nommé dans et par l'acte social lui-même n'en
est pas moins révocable, nonobstant la clause qui l'ins-
tituerait à vie ; cette clause, contraire à la loi, contraire
à la morale, serait censée non écrite [1].

280. — Nous venons de le dire, les gérants d'une
société anonyme peuvent cumuler cette qualité avec celle
d'associé. Ces deux qualités ne se confondent jamais ;
chacune d'elles produit des effets spéciaux.

Ainsi, comme associé, le gérant n'est jamais tenu au
delà des sommes qu'il s'est engagé de verser. Il ne répond ni personnellement ni solidairement des engagements qu'il a contractés lui-même au nom et dans l'intérêt de la société. Il n'a donc comme administrateur,
aucune responsabilité à redouter.

Conséquence du caractère de sa mission , cette solution tient à une condition, à savoir qu'il aura agi dans
la limite des pouvoirs qui lui sont conférés ; il se trouve
dès lors régi par les principes ordinaires du mandat ;
il a donc obligé son mandant sans s'obliger lui-même [2].

Ainsi il a été jugé que le gérant d'une société ano-

---

[1] Conf. Delangle, nos 426 et suiv.;—Malepeyre et Jourdain, p. 321.
[2] Voy. articles 1994 et suiv. du Code civil.

nyme qui charge un avoué d'occuper pour cette société ne fait qu'un simple acte de gestion, n'entraînant de sa part aucune obligation ni solidaire ni personnelle ; qu'il ne pourrait être tenu des frais réclamés par l'avoué qu'autant qu'en statuant sur le fond, la cour aurait mis les dépens de l'instance à sa charge personnellement [1].

En conséquence, les tiers porteurs d'engagements sociaux, à quelque titre que ce soit, ne peuvent poursuivre que la société elle-même : ils ne pourraient faire condamner personnellement les administrateurs, si ce n'est pour dol, fraude ou faute grave, et à titre de dommages-intérêts [2].

Or, il y a faute grave toutes les fois que le gérant contracte au delà des pouvoirs qui lui sont confiés. La responsabilité ne saurait donc, en cas d'excès, être contestée, pas plus que l'obligation personnelle. La loi ne les exclut qu'à l'endroit des engagements sociaux ; et ceux-là seuls revêtent ce caractère qui peuvent être légalement opposés à la société. Conséquemment, le tiers à qui, pour cause d'excès de pouvoir, toute action serait refusée contre celle-ci aurait un recours légitime contre l'administrateur ayant souscrit l'engagement [3].

Cette responsabilité ne pourrait être répudiée que si le gérant prouvait avoir, aux termes de l'article 1997 du Code civil, donné une connaissance suffisante de ses

---

1 Cass., 6 mai 1835.
2 Pardessus, n° 1043.
3 Douai, 13 mai 1845 ; — J du P., 45, 1, 252.

pouvoirs. Or, cette formalité est moins facile à admettre en matière commerciale qu'en matière ordinaire.

En droit commun , en effet , celui qui traite avec un mandataire exige d'abord la justification de sa qualité. Cette légitime exigence entraîne forcément l'exhibition de la procuration. Il est donc facile de s'assurer si l'engagement auquel il va être procédé est ou non autorisé par celle-ci.

La qualité d'administrateur d'une société anonyme se justifie par son exercice habituel et notoire. Les tiers doivent supposer, cette qualité étant acquise , que celui qui traite avec eux a les pouvoirs suffisants et nécessaires. En pareille occurrence, l'habitude n'est pas de se faire représenter à chaque affaire l'acte de société et les délibérations de l'assemblée générale qui ont pu le modifier. Il n'y a donc pas à hésiter entre les tiers confiants et de bonne foi et le gérant coupable d'avoir sciemment excédé ses pouvoirs. La responsabilité qui en est la conséquence est en même temps la juste peine de sa faute et la sanction du devoir qui lui est imposé.

281. — Il y aurait faute de la part du gérant , et conséquemment lieu à le déclarer responsable , si , les statuts sociaux soumettant les traités passés par lui à l'approbation du conseil d'administration ou de surveillance , il avait négligé de requérir cette approbation. L'absence de celle-ci laisserait le créancier sans droit contre la société. Il serait dès lors recevable à se pourvoir contre le gérant personnellement.

282. — En résumé , les droits et les devoirs des
administrateurs d'une société anonyme, qu'ils soient ou
non associés , sont ceux d'un mandataire ordinaire. Ils
ne sauraient être recherchés ni par leurs madants ni par
les tiers toutes les fois que, se renfermant dans la limite
de leurs pouvoirs , ils n'ont fait que ce qu'ils devaient
et pouvaient faire. Mais , tenus de leur dol et de leur
fraude, ils répondent envers leurs mandants de l'inexécution du mandat, de leur faute ; envers les tiers , de
tous engagements pris en dehors de leur mandat.

283. — En leur qualité de comptables , les administrateurs de la société anonyme sont tenus de rendre
compte de leur gestion. Cette obligation est due personnellement à chaque actionnaire, qui peut en poursuivre
et en obtenir la réalisation. Il importerait peu que l'acte
social disposât que le compte serait rendu en assemblée
générale. Une clause de cette nature ne saurait avoir
aucune influence sur le droit de chaque intéressé de
provoquer la reddition, sauf à l'effectuer dans les formes
prescrites par les statuts sociaux.

Mais le droit individuel n'existe qu'autant qu'il n'a
encore été rendu aucun compte. Dès lors, si, conformément au pacte social, les actionnaires ont été convoqués,
et qu'en assemblée générale le compte ait été rendu,
tout est consommé quant à ce , et toute demande ultérieure en reddition serait non recevable.

Le droit de chaque actionnaire se bornerait , dans ce
cas, à débattre le compte rendu et à faire admettre tels

redressements dont il justifierait la nécessité. L'agrément que l'assemblée aurait donné au compte ne créerait aucun obstacle à l'exercice de ce droit. En effet, ceux qui ont apuré et admis le compte n'ont pu le faire que dans leur intérêt, et chacun pour la part lui revenant. Leur approbation obligatoire pour eux ne saurait être opposée à ceux qui ont refusé de s'y associer. En pareille matière, la majorité ne saurait engager la minorité [1].

284. — Le gérant poursuivi en responsabilité pour avoir souscrit un acte dérogeant aux statuts sociaux, en violation de l'ordonnance d'autorisation, pourrait-il obtenir son relax d'instance en prouvant qu'il n'a fait qu'exécuter une délibération de l'assemblée générale ?

La doctrine et la jurisprudence ont distingué. S'il a été dérogé à un objet d'ordre public ou d'intérêt général, l'exception du gérant doit être repoussée. Quoique tenu d'exécuter les délibérations de l'assemblé générale, il doit savoir que cette obligation a des bornes, et ces bornes sont naturellement celles devant lesquelles la loi a prescrit de s'arrêter. Ainsi, nul ne peut violer la loi, déroger à des prescriptions d'ordre public et d'intérêt général. Le mandant qui exécuterait une illégalité devient complice de la violation de la loi, et conséquemment responsable du préjudice qui en résulte [2].

[1] Lyon, 19 août 1826.

[2] Casssation, 16 juillet 1838 ; 9 mars 1841 ; — D. P., 38, 1, 328; 41, 1, 154.

Si l'objet sur lequel il a été délibéré ne concernait qu'un intérêt privé, l'exécution que le gérant a donnée à la délibération ne saurait engager sa responsabilité, quelque préjudice qu'elle ait occasionné. C'est ce que la cour de Paris a jugé, le 20 décembre 1839, dans l'espèce suivante :

La société anonyme du Creuzot avait donné au syndicat des receveurs généraux une hypothèque sur les usines qu'elle exploitait, soit au Creuzot, soit à Charenton. Cette hypothèque était déclarée prise, non-seulement sur la propriété des usines, mais encore sur tout le matériel de l'exploitation, et notamment sur les machines incorporées aux fonds.

Plus tard, la société ayant concentré sa fabrication au Creuzot, l'assemblée générale décida que la machine à vapeur de l'usine de Charenton en serait séparée et vendue, ce qui fut exécuté par les administrateurs.

Après la faillite de la société, les receveurs généraux attaquent les administrateurs comme personnellement responsables pour une somme équivalente à la valeur de la partie du gage dont ils les avaient frustrés en séparant la machine de l'immeuble et en la vendant.

Les administrateurs répondent qu'ils n'ont fait autre chose qu'exécuter la délibération prise par l'assemblée générale des actionnaires ; que cette assemblée avait prescrit de fermer l'usine de Charenton et ordonné la mobilisation et la vente de la machine ; qu'ils ne pouvaient être responsables d'un fait dont ils n'étaient pas les auteurs ; que tout au plus ils seraient coupables d'o—

béissance, d'un fait purement passif. L'arrêt qui inter-
vint consacra ces prétentions.

M. Delangle, en rapportant cet arrêt, en fait ressortir
le caractère légal et juridique. Est-ce que, dit-il, le mandataire d'un simple particulier qui aurait accepté et accompli le mandat consistant à séparer d'un immeuble
réel des immeubles fictifs et à les vendre ensuite pourrait être utilement attaqué par le créancier hypothécaire
dont la garantie se trouverait ainsi compromise ? Est-ce
que la connaissance qu'il aurait eue de l'hypothèque
aggraverait sa condition ? Est-ce que , selon toutes les
règles de droit, en prouvant le mandat, il n'échapperait
pas à toute action ?

Il y a plus , ajoute M. Delangle , dans le cas même
où les mandants et les mandataires auraient dû être
confondus et porter également la responsabilité des faits
dénoncés par les receveurs généraux, aucune condamnation n'était possible. En effet , une société anonyme,
comme un particulier, peut disposer de son patrimoine,
et tant qu'elle respecte les conditions essentielles de ses
statuts, en ce qui intéresse l'ordre public et les tiers, son
indépendance est entière. Or, qu'un particulier diminue
d'une façon quelconque le gage hypothécaire qu'il a
donné , qu'en résulte-t-il ? Qu'il sera passible de dommages-intérêts ? Non ; mais qu'aux termes de l'article
2131 du Code civil , le créancier pourra poursuivre son
remboursement immédiat ou réclamer un supplément
d'hypothèque. Les créanciers d'une société anonyme ne
pourraient donc avoir d'autres droits , ni obtenir une

condamnation personnelle, pas plus contre les mandataires que contre les mandants [1].

M. Delangle a raison. Il serait irrationnel de demander une condamnation personnelle contre le mandataire
pour un acte que le mandant avait pouvoir d'exécuter,
sauf les réclamations du créancier lésé et sans autre o-
bligation que de donner un supplément de garantie ou
de payer. Or, le fait du mandataire, n'enlevant au créancier ni l'une ni l'autre de ces ressources, ne saurait
changer son droit ni lui ouvrir un recours contre le
mandataire lui-même.

Ainsi donc, l'exécution que les administrateurs d'une
société anonyme feraient des délibérations de l'assemblée générale ne serait qu'un acte licite, incapable d'engager leur responsabilité. La seule exception à cette règle , c'est le cas où la délibération aurait pour objet de
déroger à l'ordre public ou à l'intérêt des tiers en portant atteinte aux garanties qui leur étaient assurées, soit
par la loi, soit par les statuts et par l'ordonnance d'approbation.

285. — Un second élément de l'administration des
sociétés anonymes, c'est le conseil de direction, de surveillance ou d'administration. Ce conseil, ainsi que l'indique sa qualification, est tour à tour chargé de diriger
l'administration, de la surveiller, d'en conseiller ou d'en
autoriser les actes.

[1] Tome 2, n° 447

Il en est des membres du conseil comme des administrateurs eux-mêmes , ils ne sont dans la mission qui leur est confiée que des mandataires spéciaux , n'ayant d'autres pouvoirs que ceux qui leur sont expressément conférés par la délibération les instituant. La cour de cassation a même jugé que les pouvoirs donnés en termes généraux se restreignaient aux actes de pure administration ; qu'ainsi la faculté de plaider , de transiger, ne pouvait en résulter , parce qu'elle excède les bornes d'une simple gestion [1].

Le conseil d'administration ne saurait donc autoriser les administrateurs à compromettre, plaider ou transiger sur les droits de la société. Tout ce qui aurait été exécuté dans ce sens ne pourrait être valablement opposé à la société , mais engagerait la responsabilité des membres du conseil et celle du gérant qui aurait consommé leur délibération illégale.

Par un *à fortiori* incontestable doit-on admettre que le conseil d'administration n'a pas capacité pour autoriser de vendre ou d'hypothéquer les immeubles sociaux? Le mandataire ne peut aliéner les biens de son mandant qu'en vertu d'une autorisation expresse. Or , nous venons de le dire, les membres du conseil d'administration ne sont que des mandataires.

Cette règle, consacrée par la jurisprudence [2], est également enseignée par la doctrine ; c'est celle que pro-

---

1 1er avril 1844.

2 Voy notamment Douai, 13 mai 1844; — J. du P., 45, 1, 252.

fessent MM. Duvergier, Delangle, Malepeyre et Jourdain.

M. Troplong l'admet également , mais pour les emprunts considérables seulement. Quant aux emprunts
pour sommes modiques , les membres du conseil d'administration, dit-il, peuvent les autoriser ; le gérant peut
même valablement les contracter.

Cette distinction , que M. Troplong puise dans l'ancienne jurisprudence, ne nous paraît pas admissible aujourd'hui. Bien entendu que nous ne nous occupons
que des emprunts hypothécaires, car les emprunts cou-
rants, par acte sous seing privé, peuvent être bien souvent considérés comme des actes de gestion inévitables.

Mais un emprunt hypothécaire ne peut se placer dans
cette catégorie. Quelque modique qu'en soit le montant,
il n'en constituerait pas moins l'aliénation de l'immeuble affecté. Or comment, en présence des principes, reconnaître au simple mandataire la capacité d'aliéner ?

286. — Les membres du conseil d'administration
assimilés au gérant , quant à l'étendue et au caractère
des pouvoirs qu'ils reçoivent, doivent être placés sur la
même ligne à l'endroit des conséquences de leur gestion.
Ainsi ils ne sauraient être recherchés , lorsque , se renfermant strictement dans les limites de leur mandat, ils
n'ont fait que ce qu'ils pouvaient et devaient faire.

Mais ils répondent non-seulement de leur dol et de
leur fraude , mais encore de leur faute. La négligence
qu'ils mettraient à remplir leur devoir, l'excès dans le-

quel ils tomberaient engageraient leur responsabilité personnelle. Nous l'avons déjà dit : les tiers , qui ne peuvent recourir contre la société à cause du vice du titre dont ils sont porteurs , peuvent légitimement s'adresser à celui ou à ceux dont le titre émane. Dans l'espèce, le conseil d'administration approuvant ou ordonnant sans en avoir le droit devient l'auteur du préjudice, et est par conséquent tenu de le réparer.

Dans la même hypothèse, le gérant qui aurait exécuté la délibération illicite pourrait également être poursuivi. La responsabilité du conseil n'efface pas la sienne , car le gérant est en faute toutes les fois qu'il fait ce qu'il n'a pas le droit de faire.

Vainement prétendrait-il qu'il devait obéir au conseil d'administration ; cette excuse n'est admissible que lorsque ce conseil s'est renfermé dans son droit. Lorsqu'il va au delà, il est du devoir du gérant de ne pas obéir, car, en réalité, l'ordre qu'il reçoit étant illégal doit être comme s'il n'avait jamais existé. Or, la question de savoir si le conseil a ou non excédé ses pouvoirs ne saurait être douteuse pour le gérant.

287. — Au-dessus des gérants et du conseil d'administration se place l'assemblée générale des actionnaires. La masse de ceux-ci est l'arbitre suprême de l'actif constituant le fonds social et de la disposition qu'il doit recevoir.

Les délibérations prises dans la forme indiquée par le statut social sont obligatoires, à moins qu'elles n'eus-

sent pour objet de déroger aux statuts sociaux et de se
soustraire aux conditions exigées par l'ordonnance d'autorisation. Dans l'un comme dans l'autre cas , la délibération serait nulle. Nous avons même fait oberver que
le gérant qui l'aurait exécutée engagerait sa responsabilité.

Au demeurant, il en est des délibérations des actionnaires d'une société anonyme comme de celles de tout
autre corps. La majorité oblige la minorité. Il n'y a
d'administration possible qu'à cette condition.

Cependant cette règle reçoit des exceptions ; il est des
cas où la majorité ne lie qu'elle. Nous avons déjà vu
qu'il en est ainsi pour l'apurement du compte de gestion. L'approbation donnée par le plus grand nombre
n'empêche pas ceux qui ont refusé de la souscrire de
discuter le compte et de le faire modifier [1].

288. — Nous allons indiquer quelques autres hypothèses offrant un résultat analogue. Mais avant il est
utile de poser le principe général dont l'application doit
résoudre les difficultés que le caractère et l'effet des décisions prises à la majorité peuvent faire naître.

La constitution de la société est précédée de la signature des statuts. Ceux-ci renferment les conditions de
l'association et les clauses concernant la position, les o-
bligations et les droits des associés. Les statuts sont ensuite soumis au Gouvernement pour qu'il ait à autoriser
la société.

[1] Voy. *supra* n° 283.

Ce qui détermine l'autorisation , c'est la teneur des statuts ; aussi deviennent -ils définitifs dès que l'autorité leur a donné son assentiment.

Ils sont donc désormais acquis aux tiers et aux associés eux-mêmes. Par rapport aux premiers, toute dérogation est nulle ; par rapport aux seconds, il peut y avoir dérogation valable aux clauses concernant l'intérêt privé , mais cette validité n'est acquise que par l'assentiment et l'aveu de tous.

On comprend l'impuissance dans laquelle se trouve à cet égard la majorité. Chaque associé peut dire avec raison que les conditions qu'on veut anéantir ont déterminé son consentement ; que sans la certitude d'être constamment régi par elles, il n'aurait pas accepté la qualité d'associé.

En réalité donc , vouloir les modifier et les détruire c'est porter une grave atteinte au contrat , en altérer l'essence , enlever à l'association sa raison d'être. Un pareil pouvoir ne saurait être reconnu à la majorité [1]. Dans une hypothèse de ce genre , comme l'observe M. Troplong, il faut rester dans les termes du contrat ou se dissoudre [2].

Faut-il donc ne reconnaître à la majorité le droit de délibérer obligatoirement que dans les hypothèses formellement prévues par l'acte social? Non, car dans bien

---

[1] Cass , 10 mars 1841 ; J. du P., 41, 1, 487.

[2] N° 724. — Conf. Pardessus , n° 980 ; Duvergier , n° 287 ; Delangle, n° 437.

des cas cet acte peut avoir gardé le silence, et interpréter ce silence comme un refus absolu ce serait créer un
obstacle invincible à l'exécution sincère de l'acte lui-
même et rendre impossible le but que la société s'est
proposé.

Suppléer au silence de l'acte ce n'est pas agir contre
sa teneur, et c'est dans ces hypothèses surtout que se
décèle l'utilité d'une délibération. Il suffit donc que celle
prise dans ce cas par la majorité ait un caractère d'utilité réelle et rentre dans les prévisions d'une administration intelligente pour qu'elle soit obligatoire pour
tous. si d'ailleurs en la forme elle a été prise conformément aux statuts.

En réalité donc, la question de savoir si la majorité
a pu ou non valablement délibérer doit être appréciée
par l'objet sur lequel il a été statué.

S'agit-il de revenir contre une clause expresse du pacte
social, de la modifier ou de la détruire, la délibération n'est valable que si elle réunit l'unanimité des actionnaires.

Ainsi la cour de Toulouse a jugé que la majorité des
actionnaires d'une société formée pour la construction
d'un pont, moyennant la concession d'un péage à per-
cevoir, ne peut, malgré l'opposition formelle de la minorité, réduire le tarif du péage au-dessous des bases
fixées par l'ordonnance de concession [1].

---

[1] 13 juillet 1844 ; — J. du P., 41. 1, 147.

S'agit-il , au contraire , de prendre, dans l'intérêt de la société , une mesure que l'acte social n'autorise pas, mais qui n'y est pas prohibée ! la majorité engage la minorité. Suppléer au silence des statuts , ce n'est pas déroger à leur teneur. Ce qui doit s'induire de ce silence, c'est qu'on a voulu précisément s'en référer à la société elle-même pour régler ce que telle circonstance imprévue pourrait exiger.

Un exemple va préciser la règle que nous invoquons et en fixer la portée réelle.

Il est évident qu'une société anonyme , légalement constituée, a sur les immeubles qui composent son actif tous les droits de la propriété ; elle peut donc, dans un cas donné , être à même de les hypothéquer ou de les vendre.

Si l'acte social n'interdit ni l'hypothèque ni la vente, la délibération prise par la majorité est exécutoire par la minorité elle-même [1] ; mais si l'emprunt et la vente sont formellement prohibés par l'acte , la majorité ne saurait obliger la minorité. Dans ce cas, l'opération ne peut être légalement consentie que par l'universalité des actionnaires [2].

C'est par l'application de cette règle que doit se résoudre la question de savoir si la majorité peut voter de

---

1 Bordeaux, 21 décembre 1840 ; Cassation, 7 mai 1844 — J. du P., 41, 1, 365 ; 45, 1, 131.

2 Troplong, n° 182.

nouveaux appels de fonds au delà du capital social porté
au contrat.

289. — S'il est quelque chose d'important dans les
statuts des sociétés anonymes, c'est la détermination du
capital social. Sa division en actions fixe le prix de celles-ci et indique à chacun le chiffre du risque qu'il prend
par sa souscription.

On ne saurait certes nier que c'est surtout le prix de
l'action qui appelle les adhésions. Tel ne devient actionnaire que parce qu'il n'aura à débourser qu'une
somme entrant dans ses convenances, tel autre a pris
plusieurs actions qui n'en aurait pris qu'un nombre
moindre s'il avait pu soupçonner l'obligation d'ajouter
dans l'avenir de nouveaux fonds à ceux qu'il a déjà
versés.

Comment donc admettre que la majorité puisse après
coup aggraver les obligations de l'un et de l'autre et les
placer même dans l'impossibilité de faire face à des exigences qu'ils n'ont pu prévoir ?

Non, dit M. Delangle, ce pouvoir n'appartient pas aux
assemblées générales. Quand le capital social a été fixé,
s'il ne suffit pas à l'exécution des projets en vue desquels a été organisé la société, la majorité ne peut imposer à la minorité des sacrifices nouveaux. Le seul
moyen légal de mettre un terme à des relations qui
semblent devoir être stériles, c'est la dissolution. Quel
ne serait pas le danger si la majorité pouvait, à peine
de déchéance, imposer à la minorité des obligations en

dehors des termes des statuts ? Aujourd'hui , l'utilité
commune serait la cause des délibérations ; demain elle
n'en serait plus que le prétexte ; le caprice se substitue-
rait à la règle et les droits les plus certains se trouveraient compromis. Il n'en peut être ainsi [1].

Non, il n'en peut être ainsi , car décider le contraire
autant vaudrait déchirer l'article 33. L'actionnaire ne
jouirait plus du privilége de n'être passible que de la
perte de l'intérêt qu'il a pris ; qui sait si d'appel de fonds
en appel de fonds il ne se verrait pas obligé au delà de
toute possibilité, au lieu de cette perte limitée sur laquelle il a pu compter ?

Mais , dit-on , cette crainte est chimérique , puisque
l'actionnaire pourra toujours se libérer de l'obligation
de répondre aux appels de fonds en abandonnant sa
mise primitive.

Mais cette option est-elle équitable et juste ? Qu'on y
prenne garde. L'utilité de la société anonyme , c'est de
permettre à la médiocrité , à la pauvreté même de courir les chances commerciales. Or , dans le système que
nous combattons , cette destination ne sera plus qu'un
piége odieux. L'impossibilité de faire face à des verse-
ments nouveaux enlèvera à l'actionnaire non-seulement
toute espérance de bénéfices, mais encore lui fera perdre toute participation aux choses déjà acquises. On
pourrait donc prendre l'obole du pauvre et le mettre

[1] Tome 2 n° 442.

à la porte , parce que pauvre ! un système qui condui-
rait à de telles conséquences est définitivement jugé par
cela même.

On l'a soutenu cependant , en essayant de l'étayer
sur un arrêt de la cour de Nîmes du 3 fructidor an XIII.
Mais, ainsi que le fait justement remarquer M. Delangle, cet arrêt est antérieur au Code de commerce, qui le
premier a organisé la société anonyme ; de plus, la société dont il s'agissait dans l'espèce était une société ordinaire ; enfin ce qui détermine la cour, c'est la ratification de l'acte de la majorité par ceux-là mêmes qui le
querellaient.

Tenons donc pour certain que les assemblées générales n'ont pas le pouvoir de modifier l'acte social et de
rendre obligatoires des appels de fonds non prévus et
non autorisés. Disons avec M. Delangle que , quelque
nécessaire que soit la dépense votée par la majorité , à
quelque danger que la société soit exposée , il n'est pas
permis de changer les conditions sous la foi desquelles
s'est organisé le contrat. La résistance d'un seul est plus
puissante que l'assentiment du grand nombre , parce
que le grand nombre , qui peut disposer à son gré des
éléments sociaux , n'en peut créer aucun ; il ne peut
augmenter le capital social, et, sous prétexte de gestion,
frapper de contributions les actionnaires voulant rester
dans la situation que le contrat leur a faite.

Il en serait autrement si cette augmentation avait été
prévue dans le contrat. Dans ce cas, en effet, c'est con-
érer à l'assemblée la faculté de juger de son opportu-

nité, de sa nécessité ; c'est conséquemment se soumettre à la majorité. L'appel de fonds n'est plus alors que la réalisation d'une éventualité prévue , et à laquelle chaque actionnaire s'est implicitement soumis. il est donc prudent , pour obvier à tous les inconvénients graves que l'insuffisance du capital social peut entraîner , de réserver dans l'acte , soit la faculté de créer de nouvelles actions , soit d'exiger un supplément aux fonds souscrits.

290. — L'assemblée générale peut ratifier ce qui aurait été fait par le gérant ou par le conseil d'administration au delà des limites de leurs pouvoirs respectifs. Mais la ratification est soumise à la règle que nous venons d'exposer. Elle devra donc être votée à l'unanimité ou simplement à la majorité, suivant que l'opération aura été prohibée par l'acte , ou seulement non prévue [1].

291. — Comme tout établissement commercial , la société anonyme qui cesse ses paiements doit être déclarée en état de faillite. Cette règle amène à ce résultat singulier : une faillite sans failli ; il semble donc que, dans l'impossibilité de prendre aucune des mesures relatives à la personne , dans l'impossibilité surtout de demander compte à personne du délit ou du crime de banqueroute, on eût pu se contenter d'ordonner une liqui-

[1] Douai, 13 mai 1844; J. du P , 45, 1, 252.

dation ordinaire, et éviter ainsi les frais des formalités naissant de la faillite.

C'est probablement ce que le législateur aurait admis, s'il n'avait eu à se préoccuper que de la position des créanciers vis-à-vis de la société. Mais il fallait veiller aux rapports que la faillite crée de créancier à créancier. Ainsi il importait d'assurer la sincérité du passif, la juste constitution de l'actif et son égale distribution ; d'empêcher les avantages illicites, de faire rapporter à la masse tout ce qui en a été illégalement distrait, soit par la forme, soit par l'époque du paiement ; de faire disparaître enfin toute affectation hypothécaire ou privilégiée irrégulièrement obtenue. Or, tout cela devant nécessairement résulter de la déclaration de faillite, il convenait d'autoriser cette déclaration.

292. — Il n'en est pas moins vrai que la position spéciale d'une société anonyme doit influer sur le développement des formalités accompagnant la faillite. Des difficultés sont même nées, dans lesquelles il s'est agi de décider si tels articles étaient applicables. C'est ce qui est notamment arrivé pour les articles 516 et 517 du Code de commerce, aujourd'hui 505 et 506.

293. — Le tribunal de commerce de la Seine, saisi de la question, l'avait résolue négativement ; voici les motifs sur lesquels il s'étayait :

« Attendu que, par jugement de ce tribunal, en date du 1er avril 1836, la société du chemin de fer de la

Loire a été déclarée en état de faillite; que par l'effet de
ce jugement ladite société s'est trouvée sans administrateur pour la représenter vis-à-vis des tiers, puisque les
administrateurs d'une société anonyme ne sont que des
mandataires, et que les pouvoirs du mandataire finissent par la faillite du mandant ;

» Que , dans l'espèce , non-seulement ces pouvoirs
ont pris fin, mais avec eux les moyens de les renouve-
ler, puisque les statuts en vertu desquels ils étaient donnés ne sauraient régir la société après sa dissolution ;

» Qu'en l'état, tout ce qui intéresse la société anonyme dont s'agit ne peut être réglé que par les prescriptions du Code de commerce concernant les faillites;
que si parmi ces prescriptions les unes, relatives aux
biens du failli, peuvent s'appliquer à toute espèce de société , il en est d'autres relatives à la personne même
du failli qu'il est impossible d'appliquer aux sociétés a-
nonymes; qu'en effet, dans les sociétés anonymes , il y
a une agrégation de capitaux et un être de raison, mais
pas de personne faillie; qu'en conséquence il y a impossibilité réelle à exécuter dans l'espèce les articles 516
et 517 du Code de commerce, qui décident que le failli
sera appelé, présent en personne ou valablement représenté , et qu'il sera entendu , car celui-là ne peut être
présent qui n'existe pas, ni celui-là reprenté qui ne peut
plus donner de mandat.

» Attendu que , sans rien préjuger sur le mérite des
propositions qui pourraient être faites dans l'assemblée
des créanciers , il aurait fallu avant tout trouver une

personne qui eût caractère légal pour présenter ces propositions, qui consentît à prendre sous sa responsabilité leur accomplissement, et qui fût moralement intéressée à les accomplir, pour avoir droit au bénéfice de l'excusabilité et de la réhabilitation que la loi , dans sa protection éclairée, offre en perspctive au failli loyal et malheureux , toutes choses qui ne se rencontrent pas dans l'espèce. »

294., — Mais ce jugement , déféré à la cour , a été réformé par arrêt du 29 décembre 1838. Cet arrêt se fonde sur les motifs suivants :

« Considérant qu'avant sa faillite l'assemblée générale avait déclaré la société dissoute et nommé un liquidateur, avec tous pouvoirs nécessaires pour accomplir sa mission , sous la surveillance et avec l'autorisation d'un conseil de liquidation composé de trois actionnaires ;

» Que si, après la délaration de faillite, les pouvoirs du liquidateur ont dû s'effacer devant ceux que la loi confère aux syndics, ils n'ont pas cependant été anéantis ; que le liquidateur est resté le représentant de la société pour exercer en son nom le droit que la loi réserve au failli ;

». Considérant que le droit réservé à celui-ci par les articles 516 et 517 du Code de commerce appartient aux sociétés anonymes comme à tout autre failli ; qu'elles doivent donc être appelées dans la personne de leurs administrateurs pour être entendues , par leur organe, dans les explications qu'elles peuvent avoir à donner aux créanciers pour obtenir un concordat [1]. »

295. — Nous l'avouons sans hésiter. De ces deux monuments de jurisprudence celui qu'on doit préférer n'est pas l'arrêt. La cour de Paris ne répond rien aux motifs si juridiques, si décisifs que le tribunal invoque et qui étayent si puissamment la doctrine qu'il consacre.

Il y a même plus : les motifs de décision invoqués par l'arrêt sont repoussés par les principes du droit commun autant que par le droit commercial lui-même. Ils méconnaissent un fait dont la matérialité est évidente ; nous voulons parler de la différence entre les sociétés anonymes et les autres sociétés à l'endroit des articles 516 et 517.

La preuve que ces articles ne sont pas applicables aux premières, c'est qu'en ce qui les concerne leurs dispositions sont inexécutables. C'est le failli en personne qui doit être appelé et comparaître ; par exception au droit commun, il ne peut se faire représenter qu'avec l'approbation du juge commissaire. Or, pour être failli, il faut être d'abord débiteur personnel, ensuite débiteur insolvable. Quel est l'actionnaire d'une société anonyme réunissant cette double qualité ?

Il n'y a donc pas de failli pouvant être appelé. C'est l'opération seule qui se trouve en déconfiture, et qui

[1] J. du P., 39, 1, 72.

désormais n'appartient plus qu'à la masse. Ce motif de
l'arrêt pêche donc en fait.

Comment ensuite admettre avec la cour que les pouvoirs du liquidateur, ayant dû s'effacer devant ceux
que la loi confère aux syndics, n'ont pas cependant été
anéantis. C'est là nier un des effets les plus ordinaires
de la faillite. Comprend-on, après son ouverture, la
présence d'un liquidateur ? Mais n'est-ce pas précisément pour opérer cette liquidation que la loi députe les
syndics ?

Qu'est-ce d'ailleurs que nommer un liquidateur, sinon conférer un mandat à celui qu'on revêt de cette
qualité ? Or, le mandat n'est-il pas absolument révoqué
par la faillite ? Cette révocation est d'autant plus énergique en matière de société anonyme, qu'ainsi que l'observe le tribunal de commerce, la faillite fait disparaître tout moyen pour la société de conférer un nouveau
mandat.

Enfin, à quoi bon appeler les administrateurs d'une
société anonyme ? Ils n'ont pas même qualité pour
consentir un concordat ; leur mission, pendant la durée de la société, se borne à la gestion. Pourra-t-elle,
après la faillite, leur permettre d'obliger la société envers les créanciers ? Or, concorder ce n'est pas administrer. Quel serait donc le sort du concordat qu'ils auraient obtenu et souscrit ? Une remise de la dette est un
avantage pour le débiteur ; mais l'actionnaire ayant
versé l'intégralité de sa souscription ne doit plus rien.
Quel profit retirerait-il du concordat ? Pourrait-on seu-

lement le lui opposer, si son exécution devait entraîner pour lui l'obligation de payer quelque chose en sus de son intérêt ?

Le concordat serait donc impuissant et nul. Il n'y a plus après la faillite d'administrateur qui ait qualité et droit d'agir au nom des actionnaires. C'est pour arriver là qu'on l'appellerait aux assemblées prescrites par les articles 516 et 517. On imposerait aux créanciers une formalité ne pouvant aboutir utilement pour eux. Cette étrangeté seule doit décider la question et faire repousser la doctrine de la cour de Paris.

296. — Il résulte des observations auxquelles nous venons de nous livrer qu'un concordat en matière de société anonyme est la chose la plus difficile, la plus inutile.

Difficile ! car il ne saurait être réellement obligatoire que s'il était signé par l'unanimité des actionnaires. Chacun d'eux ne pouvant traiter que pour ce qui le concerne, les engagements qu'il aurait souscrits n'obligeraient que lui !

Inutile ! cela est incontestable à l'endroit des effets que le concordat produit, à l'égard du failli personnellement. L'excusabilité, la réhabilitation, ces deux importantes mesures restent sans portée aucune dans les sociétés anonymes. puisqu'il n'y a aucun failli intéressé à en obtenir le bénéfice.

Relativement aux créanciers, le concordat ne saurait leur procurer autre chose que ce qu'ils ont déjà, à sa-

voir : l'actif de la société, le droit d'exiger de chaque
actionnaire le complément de la mise souscrite. Nous
venons de le dire, tout accord tendant à obliger les actionnaires à payer au delà, n'obligerait que les parties
l'ayant consenti. Or, on ne concorde pas ordinairement
pour n'avoir que ce qui vous est déjà concédé.

Le concordat est donc inutile, ou, pour mieux dire,
il est de droit dans les faillites des sociétés anonymes.
En effet, l'issue par contrat d'union est impossible,
puisqu'il n'y a aucun obligé personnel, et qu'au moyen
de la répartition des ressources que la société présente, les créanciers n'ont plus rien à exiger de qui que
ce soit.

Est-ce à dire pourtant qu'aucun traité ne pourra jamais intervenir entre les créanciers et les actionnaires ?
Non ; car il peut se faire qu'ils aient intérêt à le faire,
soit relativement aux mises non encore versées, soit à la
liquidation de la société. Ainsi, les créanciers peuvent
modifier leur droit dans le premier cas, consentir un
sacrifice, le céder complétement dans le second ; mais
ce ne serait pas là un concordat ; ce qu'ils feraient serait une transaction ou une vente. L'acte devrait donc
être revêtu, non des formes prescrites pour le concordat, mais de celles exigées par les articles 487, 535 et
570 du Code de commerce ; il ne serait obligatoire que
pour ceux qui y auraient été parties.

Les cessionnaires de la liquidation peuvent être des
actionnaires ; mais, dans cette hypothèse et relativement
à l'exécution de la cession, ils ne sauraient exciper de

leur qualité ; ils sont tous personnellement tenus du prix, avec solidarité même, à moins de stipulation contraire.

297. — L'actionnaire d'une société anonyme, nous l'avons déjà dit, n'est jamais tenu au delà du montant des actions par lui souscrites. Il est, à cet égard, sur la même ligne que le commanditaire, sans être néanmoins astreint aux prohibitions dont celui-ci est l'objet. Quoi qu'il arrive, l'actionnaire ayant opéré son entier versement ne peut plus être recherché à raison de la société.

Mais, ainsi que nous l'avons fait observer pour le commanditaire, rien ne peut exonérer l'actionnaire du devoir d'opérer ce versement d'une manière effective et certaine. En conséquence, la signature de l'acte sous contre lettre, ou avec une condition contraire à sa teneur; la quittance fictive donnée par le gérant; la dérogation qu'il aurait consentie aux accords, rien ne pourrait être opposé à la société, et surtout aux tiers. Toutes les exceptions dont nous avons dit que les commanditaires étaient passibles[1] atteindraient d'autant plus les actionnaires, que, réduit au rôle de simple mandataire, le gérant de la société anonyme a des pouvoirs bien moins étendus que le gérant de la commandite.

298. — La régularité du versement peut faire sur-

---

[1] Voy. *supra* nos 215 et suiv.

gir des difficultés dans le cas d'une transmission d'actions. En effet, l'actionnaire qui les négocie transmet, avec les actions elles-mêmes, toutes les obligations et les droits qui en découlent ; cela est évident du cédant au cessionnaire.

Qu'en est-il à l'égard de la société ? Le cédant est-il valablement libéré envers elle par la négociation de ses titres ?

Cette question dépend beaucoup de la forme dans laquelle les statuts règlent la transmission, de la manière dont elle a été accomplie.

Si, par exemple, il était stipulé que la négociation était subordonnée à la substitution sur le livre à souche du nom de l'acheteur à celui du vendeur, il est évident que cette substitution régulièrement opérée libérerait le souscripteur primitif, à moins que des réserves expresses n'indiquassent l'intention d'écarter toute novation.

Il est même une hypothèse où ces réserves naissent du fait lui-même, et n'ont pas besoin d'être exprimées. Supposez que le souscripteur, en payant une partie de ses actions, ait fait des billets pour le solde ; il négocie plus tard ses actions ; mais l'administrateur, en opérant la substitution sur le livre à souche, retient dans ses mains les obligations dont il est déjà en possession. Cette rétention ne pouvant s'interpréter autrement que par l'intention de conserver la garantie de la société contre le souscripteur, celui-ci ne pourrait exciper d'une novation expresse, quoique la substitution eût été opérée sans réserves.

Si les actions sont déclarées purement et simplement transmissibles par endossement, leur négociation n'exigeant aucun concours de la part de l'administration, il serait impossible d'en faire résulter une novation ayant libéré le cédant. On n'admettrait donc celle-ci que si elle était expressément ou tacitement consentie. Ce consentement tacite s'induirait de tout fait établissant que le souscripteur primitif a été libéré. Ainsi, dans l'hypothèse que nous avons posée, le gérant, instruit de la négociation, restitue les billets souscrits par le cédant, et accepte en échange ceux du cessionnaire. Cette restitution ayant pour objet d'éteindre toute action contre le souscripteur, et de reconnaître comme débiteur le cessionnaire, opère une véritable novation [1].

En principe donc le souscripteur de l'acte social est obligé au versement des actions qu'il a prises, même après qu'il les a négociées. Il répond de celui qu'il s'est substitué, à moins que les gérants aient consenti à le délier de son obligation par la novation. Sans contredit, les gérants ont pouvoir de consentir celle-ci expressément ou tacitement. Mais l'exercice qu'ils font de ce pouvoir, pouvant constituer une faute, engagerait leur responsabilité. C'est ce qui se réaliserait notamment si la novation avait eu pour résultat de donner à la société un débiteur notoirement insolvable. Le gérant ne pourrait dans ce cas se soustraire à l'obligation

---

[1] Pardessus, n° 1043 ; — Delangle, n° 451.

de réparer le préjudice auquel il aurait exposé la société.

299. — Le droit de la société à se pourvoir contre
le souscripteur primitif n'est jamais un obstacle à ce
qu'elle s'adresse personnellement au porteur actuel de
l'action. La possession du titre détermine l'obligation de
payer tout ce qui est encore dû à la société. L'action
pour en contraindre l'exécution est donc recevable et
fondée.

Vainement le détenteur de l'action prétendrait-il avoir
intégralement payé son cédant; vainement le justifie-
rait-il ! il n'en serait pas moins tenu envers la société.
Celui qui achète des actions doit tout d'abord s'assurer
si son cédant est libéré envers la société. S'il le paye
sans remplir ce devoir, il commet une faute dont il ne
peut récuser la responsabilité et les conséquences. Il serait donc obligé de désintéresser la société de ce qui lui
est dû, sauf son recours contre son cédant.

300. — L'obligation de consacrer l'intégralité du
capital social au paiement des créanciers est encore plus
étroite dans la société anonyme que dans la commandite. Les ressources de celle-ci peuvent s'accroître de la
fortune des associés solidaires et responsables, tandis
que celles de l'autre ne consistent jamais que dans le
fonds capital lui-même.

Cependant le but que se propose le plus ordinairement la société anonyme est la répartition annuelle des
bénéfices. Cette répartition est légale. Elle a pour objet

de conférer définitivement à chaque actionnaire la propriété des sommes qui sont ainsi réparties.

Mais il faut répéter ici ce que nous disions naguère
pour les commanditaires. L'action en restitution des
sommes perçues n'est irrecevable que si, au moment de
la répartition, la société était réellement en bénéfice.

En conséquence, si celui qu'on a distribué n'existait
réellement pas ; si les livres prouvent soit qu'il a été
supposé par des gains chimériques, soit qu'on ait es-
compté les chances favorables qui s'offraient, ou considéré comme réalisés des recouvrements futurs, la répartition est irrégulière et les prétendus bénéfices n'é-
tant que le capital lui-même, chaque actionnaire devrait
être tenu de restituer la fraction qu'il a retirée. On doit
d'autant plus le décider ainsi, que ce sont les actionnaires eux-mêmes qui décident en assemblée générale
l'opportunité et la quotité de la répartition. A quels
dangers ne seraient donc pas exposés les tiers, si les actionnaires pouvaient, sans inconvénients pour eux, substituer des illusions intéressées aux calculs rigoureux de
la comptabilité commerciale ! [1]

301. — On s'est beaucoup préoccupé de la difficulté
de fait que peut offrir la poursuite en recomblement.
La mobilité du personnel des sociétés anonymes est
telle, a-t-on dit, qu'il sera très-souvent difficile de reconnaître l'actionnaire. Serait-il juste d'ailleurs d'exiger

[1] Delangle, n° 456. — Voy. *supra* n°° 226 et suiv.;—loi du 24 juillet 1870, et notre commentaire.

le rapport de celui qui, n'étant devenu porteur de l'action que postérieurement à la répartition, n'a réellement rien reçu ?

Non , sans doute , il est évident que l'obligation de recombler ne peut incomber qu'à celui qui a réellement mais illégalement perçu. Quant à lui , les difficultés de fait ne sauraient évidemment influer sur la solution en principe.

D'ailleurs ne s'est-on pas singulièrement exagéré la difficulté ? Qu'il ne soit pas aisé de connaître le porteur actuel de l'action , alors que la négociation s'en opère sans la participation et le concours de la société, nous l'admettons sans peine. Mais on connaîtra toujours celui qui a touché un dividende et coopéré à une répartition, puisque sa signature se trouvera ou sur la quittance qu'il en aura délivrée , ou sur l'état de répartition.

Vainement le signataire prétendrait-il qu'il n'est plus actionnaire. L'action dont il serait l'objet ne tire son fondement ni de l'état présent, ni de l'état à venir. Elle a pour effet de rétroagir sur le passé. Il suffit donc de prouver que celui qui est poursuivi était actionnaire au moment de la distribution ; qu'il a en cette qualité touché ce qu'il ne devait pas recevoir. L'obligation de recombler est la conséquence de l'un et de l'autre.

Or, cette double preuve résulte de la quittance ou de l'état de répartition. La difficulté ne serait donc sérieuse que si ces pièces n'étaient pas représentées ; mais leur disparition , pouvant constituer une faute ou un dol de la part des administrateurs, serait dans le cas de les faire personnellement condamner à réparer le préjudice auquel l'absence de ces pièces exposerait les intéressés.

302. — Le plus ordinairement, les statuts disposent qu'il sera établi un fonds de réserve, par une retenue sur les bénéfices à répartir. La destination de ce fonds de réserve est de pourvoir aux pertes imprévues qu'on ne peut combler par de nouveaux appels de fonds et de ramener le capital social à son point de départ.

L'exécution de cette prescription est donc du plus grand intérêt pour les tiers. Dès lors il n'est pas douteux qu'ils soient recevables et fondés à demander compte de sa violation. La décision prise, même par l'universalité des actionnaires, de la considérer comme nulle à l'avenir, ne pourrait produire un effet quelconque.

En conséquence, toute répartition de bénéfices sur lesquel on n'aurait pas d'abord exercé la retenue prescrite serait irrégulière et nulle, au moins jusqu'à concurrence de la quotité réservée. L'action en recomblement de cette quotité ne saurait être écartée.

Art. 34.

Le capital de la société anonyme se divise en actions et même en coupons d'action d'une valeur égale.

ART. 35.

L'action peut être établie sous la forme d'un titre au porteur.

Dans ce cas, la cession s'opère par la tradition du titre.

ART. 36,

La propriété des actions peut être établie par une inscription sur les registres de la société.

Dans ce cas, la cession s'opère par une déclaration de transfert inscrite sur les registres et signée de celui qui fait le transfert ou d'un fondé de pouvoirs.

SOMMAIRE

303. — La société anonyme , nous l'avons déjà dit, est appelée à tenter les plus vastes entreprises. Elle a donc besoin de réunir des capitaux si considérables qu'elle ne peut guère les obtenir que de la multitude des intéressés.

De là la nécessité de la division du capital en actions, c'est-à-dire en portions d'une *valeur* déterminée , et dont la quotité est assez modique pour permettre à toutes les fortunes d'intervenir pour la formation du capital et pour profiter des chances heureuses que l'opération peut offrir.

304. — La pensée de cette division a dû naître avec la société elle-même, dont elle était d'ailleurs une conséquence inévitable ; la création des actions remonterait donc pour la France au xviime siècle. Mais M. Troplong nous apprend , dans sa préface du *Traité des Sociétés,* que le système de la division du capital par actions était connu et pratiqué bien avant, et il le prouve par des faits historiques aussi curieux que décisifs.

Les recherches de M. Troplong l'amènent à conclure: 1° que s'il est vrai que l'action industrielle ne se soit classée distinctement dans le nombre des valeurs en circulation, et n'ait définitivement pris les caractères d'une monnaie courante qu'au xviime siècle , son existence à des époques plus lointaines ne saurait être contestée ; 2° qu'elle avait été appliquée à des opérations civiles, puisque le plus ancien exemple que l'on en rencontre est une société purement civile.

Quoi qu'il en soit, ce qui est certain, c'est que la société anonyme du Code ne peut se former que par la division de son capital en actions. Sans cette division, en effet , il est évident que les règles et les effets qui lui sont imposés deviendraient impossibles et irréalisables.

305. — Dans la pensée du législateur, il n'y a d'actions que celles qui , constituant une partie du capital, sont destinées à être payées soit en argent , soit en valeurs. La pratique a singulièrement étendu le cercle qui lui était ouvert. Aujourd'hui il existe des actions de toute sorte, dont l'agiotage a su avidement s'emparer.

Il importe de bien fixer la nature et les effets de cel- les qu'un usage constant a consacrées. Ces actions sont: 1° les actions de capital ; 2° les actions industrielles ;

3° les actions de jouissance ; 4° les actions de prime ;
5° enfin les actions de fondation.

306. — Les actions de capital sont celles qui, payées
en numéraire ou en valeurs, sont destinées à entrer dans
la caisse sociale, à alimenter les opérations , et à faire
face aux dépenses ; aussi donnent-elles droit non–seulement à concourir à la répartition des bénéfices , mais
encore à recevoir une part proportionnelle du capital
lui-même , si , au moment de la dissolution et toutes
dettes payées, il reste un solde à partager.

307. — Les actions industrielles représentent le
capital formé par l'industrie dont la valeur a été fournie par l'apport de l'industrie des travailleurs [1]. Ce capital se distingue éminemment du capital monétaire et
foncier qu'il est destiné à exploiter ; les actions industrielles n'acquièrent aucun droit dans celui-ci, à la distribution duquel elles demeurent étrangères le cas é-
chéant.

Mais de la réunion de l'argent et du travail naît l'exploitation sociale, et conséquemment le bénéfice que les
divers associés se sont promis. Ce bénéfice appartient
donc à tous indistinctement , car il est le produit commun.

Aussi les actions industrielles concourent-elles à la
répartition du bénéfice total ou partiel. Il arrive quel-

---

[1] Troplong, art. 1833, n° 133.

quefois, en effet , que les bénéfices nets sont divisés en
deux parties : on fait la première égale au quatre ou au
cinq pour cent du capital versé, et on l'attribue par prélèvement aux actions payantes, pour représenter l'intérêt de leurs mises , qui ne se paye pas autrement. La
deuxième partie est le dividende commun entre les actions payantes et les actions industrielles.

308. — On voit donc que celles-ci ne donnent que
des droits éventuels et totalement incertains. Elles sont
une pure chance, et il n'est pas douteux que leur circulation anticipée ne soit un commerce de valeurs en quelque sorte idéales , très-propres aux déceptions et à l'a-
giotage [1].

Aussi n'est-ce qu'avec regret qu'on en a admis l'existence dans la société anonyme. Ce qui les a fait autoriser, c'est que dans cette société il fallait, comme dans
les autres, concevoir des apports profitables , quelquefois même d'une utilité fondamentale, sans que de leur
nature ils soient appréciables en argent. Un pareil apport n'étant ni vénal ni transmissible ne pouvait faire
partie du fonds social. Celui-ci, remplaçant seul toutes
les garanties personnelles des autres sociétés , ne peu
se composer que de valeurs telles qu'un créancier puisse
les atteindre ; de valeurs palpables, saisissables et susceptibles d'être mises en vente , s'il y avait des dettes à
payer. M. Emile Vincens donne pour exemple de ces

---

[1] Emile Vincens, *Des sociétés par actions*, p. 42

valeurs extraordinaires le talent spécial d'un artiste dans certaines exploitations.

Donc le législateur, admettant dans ces hypothèses des actions industrielles, n'a fait que se rendre à une nécessité de raison et de justice ; mais, tout en le reconnaissant, il s'est efforcé de corriger l'abus que signale M. Emile Vincens. Comme l'observe M. Troplong, presque toujours on exige que les actions industrielles restent déposées pendant toute la durée de la société. Cette condition a un double avantage : 1° elle prévient tout agiotage ; 2° elle devient une garantie efficace contre le refus que feraient ceux qui les ont obtenues, de continuer leur concours à la société.

309. — En principe donc, les actions industrielles ne donnent droit qu'à participer aux bénéfices, mais il peut en être autrement : l'importance du travail qu'elles rémunèrent peut être telle pour la société, qu'elle peut engager les intéressés à leur accorder simultanément une part proportionnelle au capital lui-même. Comme le concours des associés à la répartition de celui-ci n'est possible qu'après le paiement intégral des dettes, le droit d'y être appelé ne peut jamais nuire au tiers. La loi a dû s'en reposer sur l'intérêt des associés.

Mais la concession d'un droit quelconque sur le capital doit être prouvée soit par l'acte, soit par un écrit séparé. Nous ne dirons pas avec M. Troplong que par cela seul que les statuts distinguent les actions de capital et les actions industrielles, il y a exclusion de toute

concession de ce genre. Cette distinction est forcée dans
tous les cas, car les actions industrielles n'étant pas
payées en argent ne peuvent servir à constituer le capital qui devient l'unique garantie des tiers. En conséquence, les assimiler aux actions de capital, les confondre avec elles, ce serait augmenter le nombre des actions payantes contrairement à la vérité; et, dès lors,
les tiers induits en erreur pourraient très-bien contraindre au versement même des actions qui ne seraient au
fond que des actions industrielles.

La distinction que feraient les statuts n'aurait donc
rien de décisif. Seulement son existence ferait présumer
qu'on a voulu réduire les actions industrielles à la participation aux bénéfices; et cette présomption ne céde-
rait que devant la preuve écrite du contraire.

310. — Les actions de jouissance sont celles qui représentent les actions payantes après qu'elles ont été
remboursées intégralement.

Ce remboursement peut être opéré de deux manières:
ou au moyen du fonds de réserve qui, dépassant le chiffre prévu, a été consacré à l'amortissement des actions;
ou par l'application du fonds spécialement affecté à cet
amortissement.

Il arrive fort souvent, en effet, que les statuts réservent une portion déterminée des bénéfices à la création
de ce fonds, dont la répartition partielle, dirigée par le
sort, vient, à de certaines époques et à titre de prime,
désintéresser les actionnaires désignés.

De quelque manière qu'il se soit accompli , le remboursement n'enlève pas à celui qui le reçoit sa qualité
d'associé , il n'est que la réalisation d'une chance que
chaque intéressé a couru en s'associant, et dont le bénéfice lui est incontestablement acquis. Mais l'action est
éteinte , et pour constater cette extinction , autant que
pour éviter tout double emploi dans le remboursement,
on lui substitue un autre titre qu'on appelle action de
jouissance. Cette action assure au porteur non-seulement la participation aux bénéfices , mais encore un
droit sur le capital. Toutefois , ce droit ne s'exerce que
sur ce qui reste après le remboursement intégral des
actions de capital, non encore amorties au moment de
la liquidation. La substitution est surtout utile pour ap-
prendre aux tiers la vérité sur ce dernier point. Sans la
différence du titre , en effet , ils auraient pu se tromper
ou être trompés sur le véritable caractère de l'action
qu'ils achètent.

L'amortissement des actions ne peut être l'objet d'une
difficulté, tant que la société est dans un état prospère;
mais cette prospérité peut cesser, et loin de réaliser des
bénéfices , la société peut voir , par un de ces revire-
ments si fréquents dans le commerce, son capital disparaître , et se trouver en présence d'un passif plus ou
moins important , ou tout au moins d'une impossibilité
de rembourser les actions de capital non amorties.

311. — Les créanciers dans le premier cas, les associés dans le second , pourront-ils poursuivre le por-

leur de l'action de jouissance en remboursement de ce
qu'il a reçu?

La négative doit être adoptée sans hésitation. Il est
vrai que dans les sociétés anonymes, les actionnaires
doivent contribuer aux pertes à concurrence ou au *pro-
rata* de leur mise, et que celui qui l'a intégralement
retirée ne perdra rien. Mais à côté de ce principe nous
en rencontrons un autre, à savoir que la distribution
annuelle des bénéfices est légale, et que tout ce qui a
été reçu à ce titre est irrévocablement acquis et ne doit
pas être recomblé.

Or, la société est l'arbitre souveraine de la disposition
que les bénéfices doivent recevoir. Les tiers ne sauraient
jamais éprouver un préjudice de sa décision à cet égard.
Que leur importe en effet qu'ils soient retirés cumulativement par un seul, ou proportionnellement par tous
les associés?

Il suffit donc que la somme donnée et reçue provînt
de bénéfices réels et certains; qu'au moment où l'opération s'est accomplie, la société eût son capital sans atteinte, pour que les créanciers ne puissent dorénavant
et dans aucune circonstance revenir sur ce qui s'est ainsi
très-régulièrement accompli.

Quant aux associés, il est évident qu'en consentant à
ce que tout ou partie des bénéfices fussent appliqués à
l'amortissement des actions : à ce que cet amortissement
eût lieu par la voie du sort, ils se sont interdit d'élever
plus tard toute réclamation. Chacun d'eux a pris l'engagement formel de respecter une préférence dont il es-

pérait être l'objet, et des conséquences de laquelle il serait injuste de l'exonérer.

312. — Les actions de prime sont celles que les
fondateurs d'une société délivrent gratuitement à des
individus qui ont aidé la société, ou qui ont promis de
concourir à en développer le succès. Ces actions partici-
pent donc forcément de la nature de celles qui sont délivrées aux fondateurs, et donnent à leurs porteurs tous
les droits attachés à ces dernières.

313. — Enfin, nous rencontrons les actions de fondation, ainsi que le nom l'indique ; ce sont celles que
l'on attribue aux fondateurs de la société, en échange
des apports que chacun d'eux réalise.

On a abusé et on abuse encore des actions de fondation. En effet, elles ne sont pas toujours le prix d'un
apport sérieux et réel. Les faiseurs de projet se les at-
tribuent en paiement de l'idée qu'ils ont eue de créer la
société, des démarches qu'ils ont faites, et des peines
qu'ils se sont données pour arriver à ce résultat. Cet
abus du moins est impossible dans les sociétés anonymes. En effet, le Gouvernement n'admet ni actions sans
mise, ni distinction, ni récompense de peines et soins ;
les actions de fondation ne sont et ne peuvent être
que l'équivalent d'un apport d'une valeur certaine et
positive.

Cette valeur elle-même pourrait être exagérée à des-
sein d'augmenter le nombre des actions. Cette exagéra-

tion, qui n'offre aucun danger sérieux dans les sociétés
collectives et en commandite, donnant comme gage la
fortune entière des associés responsables et solidaires,
pourrait devenir dans la société anonyme très-préjudi-
ciable aux tiers. Leur unique garantie étant le fonds
capital, il est évident que donner à ce fonds une valeur
qu'il n'a pas, c'est les exposer, en cas de revers, à perdre le gage sous la foi duquel ils se sont décidés à traiter avec la société.

Il ne s'agit donc pas, dans l'évaluation des mises,
d'un décompte entre associés. L'intérêt public exige que
ces mises, si elles ne sont pas en argent, soient d'une
nature tellement équivalente qu'elles puissent se réaliser en espèces. La mise, dit M. Emile Vincens, est la
garantie légale due au public ; vous lui annoncez un
million pour tout capital ; il faut que ce million soit
réel, ou en argent, ou en valeurs égales [1].

Préoccupé de cette juste nécessité, le Gouvernement
s'est réservé le droit de contrôler l'estimation des objets
mobiliers ou immobiliers formant l'apport ; il ne l'admet qu'après une expertise, et sur l'avis des préfets.
Malheureusement ces précautions sont insuffisantes.
Dans bien des cas, aux premiers revers, ces objets, fort
régulièrement expertisés, se sont trouvés sans valeur.

Quoi qu'il en soit, il est certain que, dans la société
anonyme, les actions de fondation ne sont et ne peu-

---

[1] *Des sociétés par actions.* p. 44.

vent être que l'équivalent d'un apport quelconque. Ces actions se rangent donc dans la catégorie des actions de capital, et en confèrent toutes les prérogatives.

314. — Les actions des société industrielles et commerciales sont déclarées meubles par la loi à l'égard des associés, et tant que dure la société, alors même que l'actif de celle-ci consisterait pour la totalité, ou pour une partie plus ou moins grande, en immeubles [1]. Dès lors leur transmission, quoique dénuée de toute formalité, quoique dispensée de transcription et de purge, n'en est pas moins translative et acquisitive de la copropriété de ces immeubles pour le jour de la dissolution.

Ce résultat a été contesté par l'enregistrement, non pas quant aux effets, mais quant à la nature de la cession d'actions. L'article 529, disait l'administration, ne peut présenter d'équivoque; il en résulte manifestement qu'à l'égard de tous autres que les associés, et, par exemple, qu'à l'égard des tiers, la vente d'actions d'une société qui possède des immeubles a un caractère immobilier, et doit supporter le droit d'enregistrement que celui-ci détermine. Mais ce système a été constamment repoussé par la cour suprême [2].

315. — Ainsi, tant que dure la société, l'action,

[1] Article 529 du Code civil.
[2] Voy. notamment arrêt du 14 avril 1824.

dans quelque main qu'elle se trouve , conserve un caractère de meuble , tant à l'égard des associés primitifs
qu'à l'endroit de ceux qui ont acquis cette qualité par
un transfert de l'action. Ce principe est absolu ; mais le
Gouvernement peut le modifier, et permettre l'immobilisation de l'action.

C'est ce qui a eu lieu , le 16 janvier 1806 , pour les
actions de la Banque de France. Cette mesure étant si-
gnalée comme devant concourir à la prospérité de l'établissement fut immédiatement consacrée en reconnaissance des éminents services que l'institution était appelée à rendre au pays.

316. — L'immobilisation s'opère par une déclaration sur les registres, dans la forme de celles des trans-
ferts. L'accomplissement de cette formalité rend l'action
un véritable immeuble, susceptible d'affectation hypothécaire ou privilégiée , et la soumet , en cas de vente,
aux formalités de la transcription et de la purge.

L'immobilisation peut être rétractée; dans ce cas,
l'action redevient meuble ; mais à partir du jour de la
rétractation , et pour l'avenir seulement , la loi du 17
mai 1834 règle les formes prescrites pour cette rétractation.

317. — Le Code a non-seulement ordonné la division en actions du capital de la société anonyme, mais
encore il autorise celle des actions elles-mêmes en coupons d'une valeur égale , la moitié , le tiers , le quart,
etc.... Cette opération est dans l'esprit de l'institution.

Nous avons déjà fait remarquer que la société anonyme s'adresse à toutes les fortunes, à la médiocrité, à la pauvreté même. Il est évident que ce but est surtout atteint par le fractionnement réduisant la part d'intérêt à une valeur très-minime.

Dans l'esprit des fondateurs, cette mesure peut avoir un autre objet. L'administration des sociétés anonymes est loin d'être sans inconvénient. Nécessairement élective, variable et révocable, elle n'assure pas toujours l'unité de vues si nécessaire aux grandes exploitations. En conséquence, diminuer le nombre des votants, c'est affaiblir les hasards des majorités, et rendre le vote facile et plus sûr en le concentrant.

C'est ce qui doit nécessairement résulter de la division des actions. Car, en admettant que le droit de voter soit attaché à la possession d'une seule action, ce qui n'est pas toujours, on ne trouverait peut-être pas d'exemple que ce droit ait pu être exercé par le porteur d'un coupon.

On peut donc ainsi profiter de l'argent d'une multitude de souscripteurs, en évitant la confusion que leur trop grand nombre pourrait introduire dans les délibérations. Là peut-être le bon côté de la mesure, qui peut, d'autre part, devenir nuisible au succès de la société.

On dira, en effet, qu'on pouvait fixer les actions à une valeur telle que leur fractionnement devînt inutile; que ce fractionnement n'a eu pour objet que de créer une véritable aristocratie, en rendant l'acquisition d'une

action difficile et onéreuse ; qu'on a donc bien voulu
recevoir l'argent , mais non les personnes de beaucoup
de gens , qui doivent dès lors à leur dignité de s'abs-
tenir.

Voilà ce qui peut arriver. C'est aux fondateurs à peser mûrement les inconvénients et les avantages de la
mesure, et à ne se prononcer qu'après mûre réflexion.

318. — Les actions étant nécessairement transmissibles, puisque leur aliénation est la seule manière de
sortir de la société , la loi a dû s'occuper du mode suivant lequel la transmission peut s'opérer.

L'action est nominative ou au porteur. Dans ce dernier cas , son transport s'opère par la tradition manu-
elle. Les titres au porteur sont une véritable monnaie
courante , dont on use sans avoir aucune formalité à
remplir.

L'action nominative se transmet par l'endossement
régulier. Elle est à l'instar d'une lettre de change ou
d'un billet. Elle subit les mêmes règles de négociation.

Ce mode serait impossible à suivre si l'action ne con-
siste que dans l'inscription sur les registres de la société. Elle ne peut être cédée, dans cette hypothèse, que
par la substitution, sur les registres, du nom de l'acheteur au nom du vendeur. Cette substitution résulte d'une
déclaration de transfert , inscrite sur les registres et signée par le cédant ou par son fondé de pouvoirs.

319. — Mais, comme nous l'avons déjà dit, la ces-

sion de l'action n'est pas en général un obstacle à ce
que la société obtienne le paiement qui lui est dû du
porteur primitif. Dans les deux dernières hypothèses, ce
porteur est parfaitement connu et peut être facilement
actionné.

Il n'en est pas de même lorsque l'action revêt la forme d'un titre au porteur. La délivrance même de l'action peut n'avoir laissé aucune trace sur la personnalité
de l'actionnaire primitif. Comment donc le traduire en
justice ?

Mais ces difficultés, dont on s'est beaucoup préoccupé
en théorie, disparaissent dans la pratique. En effet, en
pareille matière, on se trouvera nécessairement placé
dans une de ces hypothèses :

Ou la délivrance de l'action au porteur aura été précédée de la signature à l'acte de société ; ou seule elle
aura constitué la prise de la qualité d'associé.

Dans le premier cas, et c'est celui qui se réalisera le
plus souvent, la signature apposée à l'acte social indiquera naturellement le premier porteur et permettra
d'exiger de lui l'exécution intégrale de l'engagement
qu'il avait contracté, ce qu'on ne saurait demander qu'à
lui, le porteur actuel étant inconnu.

Nous disons que ce cas sera le plus usuel. En effet,
la société anonyme doit être autorisée, et cette autorisation n'est accordée que sur la preuve que le capital est
souscrit. L'accomplissement de cette formalité suppose
donc la souscription de l'acte préalablement à la délivrance des actions.

Dans le second cas, la connaissance du porteur primitif, comme celle du porteur actuel, est non-seulement difficile, mais encore presque impossible. Mais cette connaissance est inutile, car l'action, lancée dans la circulation, ne devra plus rien à la société.

Quel est en effet le gérant qui délivrerait l'action, sans exiger ou un paiement intégral, ou un dépôt de valeurs, ou le règlement personnel de l'actionnaire ? Cé gérant se rencontra-t-il qu'il ne pourrait le faire, car le Gouvernement lui prescrirait formellement le contraire. Agir ainsi serait en effet compromettre gravement l'intérêt du public. Où serait, en effet, pour lui la garantie de la réalisation du capital qu'on lui a annoncé ?

Ainsi, la délivrance de l'action au porteur ne sera que la conséquence du paiement, ou des garanties destinées à l'assurer en cas de besoin. A quoi bon dès lors se préoccuper des difficultés de reconnaître, soit le porteur primitif, soit le porteur actuel. En fait, ces difficultés sont réelles; mais, dans la pratique, elles ne sauraient produire aucun des effets qu'on a voulu leur attacher.

ART. 37.

La société anonyme ne peut exister qu'avec l'autorisation du roi, et avec son approbation pour l'acte qui la constitue. Cette approbation doit être donnée dans la forme prescrite pour les règlements d'administration publique.

320. — La codification des règles auxquelles devait
obéir la société anonyme amenait nécessairement la
question de savoir si cette société devait être laissée à

la libre stipulation des parties, ou bien s'il convenait de la soumettre à la surveillance du Gouvernement et à son approbation. C'est dans ce dernier sens que la question fut résolue.

Les motifs qui le firent ainsi admettre sont remarquables de raison et empreints d'une haute sagesse. « Les grandes entreprises commerciales, disait la commission chargée de rédiger le projet du Code de commerce, ne sont avantageuses au commerce que lorsqu'elles ajoutent à ses ressources de nouveaux moyens de circulation et de crédit; lorsqu'elles ont pour objet un commerce nouveau ou éloigné et hors la portée des commerçants. Elles sont dangereuses si elles établissent un commerce sur des objets que tous les commerçants peuvent atteindre, en ce qu'elles favorisent un monopole funeste au commerce et à la société.

» C'est à l'administration publique qu'il appartient de juger les avantages et les dangers de ces sortes d'associations; elle est plus à même d'en calculer les effets. Nous avons cru qu'elle seule pouvait ou les permettre ou les proscrire, et qu'il était avantageux qu'elles ne pussent se former sans son assentiment et son autorisation.

» Une autre considération nous a déterminés. Les grands établissements doivent offrir une garantie suffisante pour assurer leur indépendance et leur crédit. Il peut être nécessaire qu'on y établisse une surveillance qui rassure le public et le commerce sur l'intégrité des administrateurs qui les régissent. »

Ces idées furent pleinement adoptées, d'abord par la section du conseil d'Etat. « Les sociétés anonymes, disait en son nom le rapporteur Regnaud de Saint-Jean-d'Angely, ont dû aussi fixer l'attention des rédacteurs du Code. Elles sont un moyen efficace de favoriser les grandes entreprises , d'appeler en France les fonds étrangers ; d'associer la médiocrité, la pauvreté même aux avantages des grandes spéculations ; d'ajouter au crédit public et à la masse circulant dans le commerce. Mais trop souvent des associations, mal combinées dans l'origine, ou mal gérées dans leurs opérations , ont compromis la fortune des actionnaires , altéré momentanément le crédit général, mis en péril la tranquillité publique. Il a donc été reconnu que l'intervention du Gouvernement était nécessaire pour vérifier d'avance sur quelles bases on voulait faire reposer les opérations de la société et quelles pouvaient en être les conséquences. » L'adoption des mesures proposées à cet effet prouve que le conseil d'Etat partagea les idées et les vues de sa section.

L'intervention du Gouvernement et son autorisation procèdent donc d'une pensée d'ordre public. Elles ont pour objet de protéger le commerce contre le monopole, de veiller à l'intérêt du public, en vérifiant et reconnaissant la sincérité et la réalité du gage qui lui est offert ; enfin, d'empêcher que les associés ne soient eux-mêmes victimes, en contrôlant la possibilité et les chances probables de l'entreprise.

321. — Ce triple caractère fixe la nature de la part réelle laissée au Gouvernement dans la constitution des sociétés anonymes. Aussi, lorsqu'on s'est demandé si l'autorisation royale avait pour résultat de conférer un privilége sur le commerce que la société autorisée va exploiter, la négative a été énergiquement proclamée par le Gouvernement lui-même. « Sa Majesté, disait une instruction ministérielle du 22 octobre 1817, ne concède à personne le droit ou le privilége d'exploiter telle ou telle branche de commerce. Cette concession serait contradictoire avec la liberté légale assurée à l'industrie.

» Les ordonnances autorisant la formation et l'existence d'une société qui se propose de faire un certain commerce ou une certaine entreprise n'ont donc pas pour objet d'accorder aux sociétaires rien qui ressemble à une propriété sur cette entreprise ou ce commerce. »

Après avoir rappelé les considérations qui dirigent l'exercice du pouvoir conféré au Gouvernement, le ministre conclut ; il résulte de ces principes :

1° Que l'autorisation n'est point un privilége ; qu'elle se donne à cause de la forme de la société anonyme, et non de la branche de commerce qu'elle se propose d'exploiter ;

2° Qu'en vertu de la liberté commune, plusieurs sociétés pourraient être concurremment autorisées pour un même commerce ;

3° Que le but de l'autorisation est purement et sim-

plement de certifier au public, d'abord la vérification
des bases sociales et l'existence des moyens annoncés,
moyens reconnus être en rapport avec l'entreprise ; en
second lieu, qu'un examen attentif a été fait de la moralité et de la convenance de l'administration sociale ;

4° Qu'en conséquence, le Gouvernement n'admet point
de simples projets, et n'autorise point dans l'intérêt d'un
inventeur ou d'un spéculateur qui recherche des actionnaires ; il n'attache son approbation qu'à des sociétés
réelles, formées par des actes publics, et par lesquelles
une masse suffisante de souscripteurs ont déjà engagé et
assuré leur mise.

322. — L'utilité de l'intervention du Gouvernement
ainsi étayée est donc incontestablement prouvée. Cette
conséquence puise une autorité irréfragable dans la pratique de ces derniers temps. La preuve de l'efficacité
de l'intervention du Gouvernement, c'est que les spécu-
lateurs nombreux qui ne recherchaient que les moyens
d'agioter et de s'enrichir au détriment d'autrui n'ont
pas osé l'appeler à examiner leur projet, malgré les relations intimes que ces projets avaient avec la société
anonyme. C'est sous la forme de la commandite que se
sont tour à tour produites ces caisses, banques, compagnies, sociétés, alliances, salamandres, minotaure, res-
taurants portatifs, toutes ces entreprises, en un mot,
qui n'ont eu d'autre durée que celle de l'agiotage effréné
qu'elles venaient alimenter ; or, ne pas recourir à l'autorisation, c'est avouer hautement qu'elle n'aurait pas

été accordée , et convenir par cela même de son utilité
et de son efficacité.

323. — La loi du 24 juillet 1867 vient , après une
pratique de soixante ans , d'abroger purement et simplement cette disposition. Désormais la constitution
d'une société anonyme est aussi libre que celle de toute
autre société , elle est affranchie de toute intervention et
de toute surveillance de la part de l'Etat.

Tout en réclamant cette mesure si grave , si considérable , l'exposé des motifs de la loi de 1867 rendait un
éclatant hommage aux avantages que l'autorisation du
Gouvernement entraînait avec elle. Longtemps, disait-il,
on a cru que la société anonyme, telle que l'organisait
le Code de commerce , conciliait tous les droits et tous
les intérêts ; que l'autorisation et la surveillance du Gouvernement donnaient aux capitaux une entière sécurité
et offraient aux tiers les meilleures garanties.

« Nous sommes loin de dire que l'intervention de
» l'autorité ait été sans utilité pour la formation des
» sociétés anonymes , et qu'elle n'ait pas contribué à
» leur bonne administration. Il est constant , au con-
» traire, qu'elle a produit sous ces deux rapports d'ex-
» cellents effets. »

C'est que ces effets étaient réellement indéniables.
Une pratique de soixante ans les faisait ressortir avec la
plus éclatante évidence. Des sociétés nombreuses s'é-
taient formées, des capitaux immenses avaient été engagés , et pendant que sa voisine la commandite par ac-

tions se signalait par les plus odieux scandales et semait sur ses pas les déceptions et la ruine, la société anonyme menait à bonne fin les entreprises les plus considérables au grand avantage du public et de ses actionnaires.

324. — Comment s'est-on décidé à sacrifier une institution qui avait produit de si favorables résultats? S'il faut en croire l'exposé des motifs, un changement notable s'était récemment opéré dans les esprits; on se montrait moins touché des garanties qu'offrait l'intervention de l'aurorité publique que des difficultés et des lenteurs qu'elle pouvait faire naître.

Comment expliquer ce revirement subit et cette illumination qui transformait en inconvénient ce qui avait paru, ce qui avait été jusque là une garantie sérieuse et efficace? Par l'intérêt de certains financiers uniquement. Dans ce siècle de tripotages boursiers, certaines gens trouvaient que la commandite par actions pouvait être un embarras et un obstacle par la responsabilité indéfinie qu'elle faisait peser sur les fondateurs. Quelque peu onéreuse qu'on fût parvenu à la rendre, ce n'en était pas moins une gêne pour certaines spéculations. Et comme ceux qui étaient intéressés à la faire disparaître disposaient de certains journaux, soit qu'ils en fussent propriétaires, soit qu'ils les eussent achetés, il ne leur avait pas été difficile de créer une certaine agitation à laquelle le Gouvernement avait eu le tort de céder.

325. — La preuve que cette agitation devait n'exercer aucune influence ressort du caractère même des
motifs qu'on invoque en faveur de la modification qu'-
elle avait pour but. L'exposé de ces motifs proclame lui-
même l'utilité de l'autorisation dont il propose d'affranchir la société anonyme.

Va-t-on du moins remplacer par une garantie offrant la même certitude, la même efficacité que celle
qu'on supprime ? Non, ce qu'on substitue ce sont des
formalités plus ou moins faciles et dont l'exacte observation elle-même est loin de garantir l'efficacité.

« *On peut*, dit en effet l'exposé des motifs, rempla-
» cer les garanties qui résultent de l'étude des disposi-
» tions statutaires, en traçant des règles générales sur
» lesquelles doivent être en quelque sorte calquées tous
» les contrats de société.

» Quant aux investigations sur les choses qui for-
» ment le fonds social, elles peuvent sans doute réussir
» à déjouer les spéculations dolosives, à repousser des
» entreprises mal conçues. Mais l'expérience a plus
» d'une fois montré qu'elles ne peuvent pas toujours
» pénétrer les mystères dont, avec des intentions diver-
» ses, cherchent à s'envelopper les demandeurs en au-
» torisation.

» Ainsi, en premier lieu, lorsque la nature ou la va-
» leur des apports présente quelque incertitude, les
» précautions prescrites par le projet doivent, *si elles
» sont bien observées*, faire aisément découvrir l'er-
» reur ou la fraude.

» En second lieu, sur les questions de personnes , la
» prudence la plus vulgaire commandait de s'enquérir
» de la condition, de la moralité et de la solvabilité des
» gens avec qui on traite , et chaque partie intéressée
» est, sous ce rapport, au moins aussi bien placée que
» l'administration pour obtenir des renseignements
» exacts.

» Les intérêts n'ont pas à se plaindre lorsque la loi,
» par de sages dispositions , trace la marche qu'ils ont
» à suivre, indique les moyens qu'ils doivent employer
» pour se protéger et se défendre , et lorsque les effets
» de l'initiative individuelle peuvent tout autant que
» l'action de l'autorité publique. »

326. — Ces motifs sont loin de justifier une mesure aussi radicale , aussi considérable que la suppression de la nécessité de l'autorisation. Ils ne substituent
rien de sérieusement efficace à la garantie qui en résultait , et ont de plus le tort grave de méconnaître la
haute mission que l'importance du commerce et de
l'industrie, et le caractère de leurs opérations imposent
au législateur.

Sans doute il est convenable de laisser à l'initiative-
individuelle toute la liberté , toute la latitude possible,
mais à la condition qu'il s'agira d'intérêts purement
privés. En matière d'intérêts publics , la liberté laissée
à l'un pourrait bien être la servitude et l'oppression
pour l'autre. A qui donc sinon au législateur incombe
la charge et le devoir d'imposer une limite de nature

à sauvegarder tous les droits , à concilier tous les intérêts.

Nous soutenons qu'en matière de sociétés par actions,
l'initiative individuelle ne saurait aboutir à ce double
résultat. La loi le reconnaît elle-même puisqu'elle impose des règles à suivre, des formalités à remplir.

A quoi bon les unes et les autres, si l'initiative individuelle peut se suffire ? C'est précisément ce qu'objec-
taient les partisans de la liberté absolue. Si l'initiative
individuelle peut se suffire , elle le doit, disaient-ils, et
le législateur n'a d'autre droit que de proclamer pour
les sociétés ce qu'il proclame pour les autres contrats,
pour le contrat de mariage notamment , à savoir :
que les intéressés peuvent faire toutes les conventions
qu'ils jugent convenables , pourvu qu'elles n'aient rien
de contraire à la loi , à l'ordre public , aux bonnes
mœurs.

C'était là répondre par une confusion à la confusion
du projet de loi sur le caractère des sociétés et ses conséquences. C'est ce que le rapporteur du Corps législatif
faisait avec raison remarquer.

327. — « Il ne faut pas oublier, disait-il, que le
» projet est limité aux sociétés par actions nominati-
» ves ou au porteur, c'est-à-dire à des conventions
» qui, par leur mode de formation , leur nature , leur
» objet, diffèrent essentiellement des conventions ordi-
» naires.

» Quand un vendeur et un acheteur se rencontrent,

» on peut s'en remettre exclusivement à eux du soin
» de débattre librement les conditions du contrat; il y
» a là deux intérêts privés directement en lutte; c'est un
» débat sur des prétentions contradictoires nettement
» précisées ; la vigilance des deux parties est en éveil,
» chacun est éclairé sur les questions à résoudre, et si
» l'erreur, le dol ou la fraude peuvent se glisser dans
» le contrat et le vicier, c'est là une exception, et la
» loi ouvre, par l'action en nullité ou en rescision, un
» utile et suffisant recours à la partie lésée.

» Les conventions matrimoniales, loin de différer
» des autres en cela, offrent autant et plus de garan-
» ties peut-être. Qui ne sait avec quel soin, quelle
» ardeur, quelle âpreté parfois se discutent entre les
» deux familles, ou leurs conseils, les moindres clau-
» ses d'un contrat de mariage, et comment y pour-
» rait-on redouter, en général, des surprises et des
» piéges ?

» Le contrat de société ne s'éloigne pas toujours de
» cette espèce de droit commun des conventions. Les
» sociétés civiles, les sociétés en nom collectif, la so-
» ciété en commandite simple elle-même, créées en vue
» des personnes autant et plus que des capitaux, met-
» tent les intérêts face a face et provoquent entre eux
» une discussion sérieuse, loyale, contradictoire. Aussi
» nul ne songe à modifier les règles simples sous l'em-
» pire desquelles elles ont vécu. Trois articles du Code
» de commerce, en dehors de ceux qui ont trait à la
» publicité, suffisent avec les principes du droit com-

» mun à la réglementation de la société en nom collec-
» tif. Il en est de même de la commandite.

» Mais les sociétés par actions sont loin d'offrir ce
» caractère. Créations, pour ainsi dire, artificielles de
» la loi, aggrégations de capitaux sans responsabilité
» personnelle dans la société anonyme, avec une res-
» ponsabilité isolée et affaiblie dans la commandite, el-
» les n'offrent ni aux tiers, ni aux intéressés eux-mê-
» mes, les garanties des conventions ordinaires soit
» dans leur mode de formation, soit dans leur fonc-
» tionnement.

» A part les fondateurs, est-ce que les intéressés dé-
» battent et discutent les statuts ? est-ce qu'ils les con-
» naissent et les lisent même? Ils le pourraient sans
» doute et le devraient, et s'ils ne le font pas, on peut
» dire qu'ils sont coupables envers eux-mêmes et n'ont
» point à s'en prendre à la loi de leur imprévoyance.
» Mais le législateur ne peut envisager les choses à ce
» point de vue théorique et absolu. Il doit tenir compte
» des faits et de l'expérience. Or l'expérience enseigne
» que, attirés par un prospectus, les actionnaires sous-
» crivent, et que, du pacte social, ils connaissent une
» seule chose : le bulletin de souscription au pied du-
» quel ils apposent leur signature. Relativement aux
» stipulations de l'acte de société, ils sont, en fait, la
» plupart du temps, de véritables tiers.

» Quant aux tiers proprement dits, au public avec
» lequel la société est destinée à entrer en relations, à

» négocier·, à contracter , sans doute la publicité leur
» révèle , à l'origine , les conditions sans lesquelles
» l'être moral , la société entre dans le monde des af-
» faires, et les garanties que ces conditions présentent,
» soit au point de vue du capital , soit au point de vue
» du personnel des gérants ou administrateurs. Sans
» doute le projet actuel propose d'améliorer cette pu-
» blicité , de la rendre effective , incessante pour ainsi
» dire , et il offre aux tiers, sous ce rapport, et des fa-
» cilités et des sécurités nouvelles. Mais ce qui est vrai
» c'est que la rapidité et le nombre des affaires , la
» bonne foi qui en est l'âme, la multiplicité des points
» sur lesquels la société opère en dehors de son centre,
» ne permettent pas d'étudier , à l'occasion de chaque
» opération, les stipulations sociales, comme cela se fait
,» quand on traite avec une femme dotale une affaire
» isolée. Il est facile de dire : « Eh bien ! quand on
« voudra entrer dans une société ou contracter avec
« elle , on devra s'informer , se renseigner , examiner
« s'il y a ou non danger à le faire. » La nature des
» choses résiste à ce qu'il en soit ainsi. La liberté ne
» la modifierait pas.

» Il faut donc que la loi, prévoyante pour des inté-
» rêts que la force des choses pousse et condamne à
» une imprévoyance inévitable, stipule, à l'occasion de
» chaque espèce de sociétés , le minimum de garanties
» dont l'expérience enseigne la nécessité. Le projet ne
» fait pas autre chose. Il écarte les rigueurs inutiles,
» les précautions extrêmes ; il concilie en un mot la

» liberté des conventions avec la ' protection des inté-
» rêts, protection que le législateur ne pouvait négli-
» ger en cette matière sans abdiquer son rôle et son
» devoir. »

328. — Ces considérations l'archichancelier Cambacérès les résumait , dans la discussion du Code de
commerce, dans cette proposition : Si le législateur n'a
pas à intervenir dans les sociétés travaillant avec leurs
propres fonds , il le peut et le doit dans celles dont le
capital est formé d'actions émises sur la place, qui s'a-
dressent ainsi à la crédulité des citoyens , et qui , souvent mal combinées dans leur origine ou mal gérées
dans leurs opérations , sont dans le cas de compromettre la fortune des actionnaires et des tiers, d'altérer le
crédit général , de mettre en péril la tranquillité publique.

En répondant aux partisans de la liberté absolue , le
rapporteur répondait non moins péremptoirement à
l'exposé des motifs. Celui-ci veut, en effet, qu'on s'in-
forme , qu'on se renseigne , qu'on examine s'il y a ou
non danger à traiter avec la société, et c'est précisément
sur l'impossibilité que la nature de choses crée à ce
qu'il en soit ainsi que le rapporteur étaie et justifie le
devoir du législateur d'intervenir.

329. — Mais ce devoir reconnu et admis , nous ne
saurions admettre qu'il se borne à assurer à chaque espèce de société un minimum de garanties. Puisque les

sociétés mal combinées et à plus forte raison dolosive-
ment combinées, peuvent altérer le crédit général et mettre en péril la tranquillité publique , l'intervention de
l'Etat reposait non-seulement sur l'intérêt privé mais
encore sur un intérêt public, et la protection due à l'un
et à l'autre devait être entière, absolue, si on ne voulait
l'exposer à rester sans efficacité.

C'est à dire que le législateur devait faire lui-même
ce que les citoyens sont individuellement dans l'impossibilité matérielle et morale d'accomplir. Rappelons-
nous cet aveu de l'exposé des motifs : que les investigations de l'Etat ne pouvaient pas toujours pénétrer les
mystères dont, avec des intentions diverses, cherchent à
s'envelopper les fondateurs des sociétés. Or , si l'Etat
qui a à ses ordres les parquets de première instance et
d'appel , les préfets , les sous-préfets , les maires , les
commissaires de police , était plus ou moins souvent
trompé , qu'en sera-t-il des simples citoyens réduits à
leur seule initiative , et n'est-ce pas avancer le plus é-
trange paradoxe que de prétendre qu'ils sont aussi bien
placés que l'administration pour obtenir des renseignements exacts et complets ?

330. — Nous comprenons que lorsqu'il s'agit de
créer de nouvelles restrictions à la liberté , on ne saurait déployer trop de circonspection et de prudence. Mais
pourquoi en apporterait-on moins lorsqu'il s'agit d'in-
novations ayant pour objet de retirer à de nombreux
intéressés les garanties qui leur avaient été assurées jusque là ?

Or, la nécessité de l'autorisation pour les sociétés a-
nonymes était contemporaine de leur introduction dans
le Code de commerce. Avait-elle réellement le tort de
contrarier l'essor du commerce et de l'industrie, de nuire
à leur développement ?

L'expérience répondait avec la plus éclatante certitude. En 1867, il existait encore trois cent cinquante-
une sociétés anonymes au capital de deux milliards.
Elles avaient accompli les entreprises les plus considérables au grand avantage du public et de leurs actionnaires eux-mêmes, sans jamais offrir l'affligeant, le scan-
daleux spectacle qui faisait la règle générale des commandites par actions.

C'était là le résultat heureux de la législation. La nécessité seule de se pourvoir de l'autorisation écartait ces
projets insensés uniquement destinés à exploiter la crédulité publique, à favoriser les plus odieuses spéculations et garantissait le caractère sérieux de l'opération,
en même temps que la moralité et la solvabilité de ses
fondateurs. Était-il dès lors utile et prudent d'effacer de
nos lois une pareille institution ?

331. — Encore si cette résolution reposait sur des
motifs graves et méritant réellement d'être pris en considération ! Mais en examinant ceux qu'on invoquait,
on ne tarde pas à se convaincre qu'ils manquaient absolument de ce caractère.

Sans doute, appelé à donner son autorisation l'État
pouvait la refuser, et ce refus, objectait-on, oppo-

sait un obstacle injuste à l'essor de l'initiative individuelle.

Mais cet obstacle n'était pas invincible, et ceux qui
n'auraient pu faire une société anonyme pouvaient
exploiter leur idée, en organisant soit une société
en nom collectif, soit une commandite simple ou par
actions.

D'ailleurs, justifiait-on de l'abus que l'Etat aurait
fait de son droit? Citait-on un seul exemple de société
réellement utile à qui l'autorisation eût été refusée?

Le passé répondait donc de l'avenir, et si en définitive l'Etat n'avait repoussé que les sociétés mal combinées ou viciées de spéculations dolosives, loin de s'en
plaindre il faudrait hautement s'en applaudir, et lui
confirmer un droit dont il aurait fait un usage si re-
commandable.

332. — La nécessité de se pourvoir de l'autorisation, objectait-on encore, amène une perte de temps,
entraîne des longueurs pouvant avoir la plus funeste influence sur la prospérité de la société. Bien souvent, en
effet, une affaire importante ne peut s'engager qu'à la
condition d'une conclusion immédiate.

Cela peut être, cela est vrai, pour les opérations ordinaires et courantes du commerce. Il est certain que l'a-
chat ou la vente d'une partie de marchandises, qu'un
marché de fournitures, etc...., peut trouver dans le délai le plus court un obstacle qui en lui enlevant toute
opportunité en rend la conclusion impossible.

Mais admettre que le même inconvénient puisse se produire pour une société anonyme, c'est supposer une hypothèse aussi invraisemblable que contraire à la nature des choses. Ce qui fait l'objet des sociétés anonymes sont des entreprises si importantes, si considérables, d'une durée telle, qu'elles ne sauraient souffrir d'un retard quelconque dans leur fonctionnement. Qu'importe qu'une compagnie de chemin de fer commence ses travaux, que la construction d'une cité, que l'exploitation de hauts fourneaux ou d'une mine puisse se réaliser aujourd'hui, ou dans quelques semaines, ou au bout de quelques mois ? Quel sera le préjudice que pourra occasionner le retard ?

Est-ce que d'ailleurs sous l'empire de la loi nouvelle on évitera les longueurs et la perte de temps ? N'exige-t-elle pas, pour que la société puisse se constituer, que le capital soit en entier souscrit ? Or, la société placera-t-elle ses actions du jour au lendemain ? Ne sera-t-elle pas obligée d'attendre non plus des mois, mais des années entières ?

Car en s'en référant à l'initiative individuelle, et en imposant à chacun le devoir de s'enquérir de la condition, de la moralité, de la solvabilité des fondateurs, la loi substitue à l'enquête unique de l'État une masse d'enquêtes particulières, et centuple le délai au lieu de l'amoindrir. Or, si la société peut attendre sans inconvénient et sans danger la fin de ces enquêtes, en quoi pouvait lui nuire le délai qu'exigeait celle qui devait précéder l'autorisation.

Rien donc, à notre avis, ne commandait de renoncer à la nécessité de l'autorisation, et ne légitimait le parti d'enlever aux actionnaires et aux tiers les garanties réelles, efficaces et sérieuses qu'ils y puisaient.

333. — Mais ces garanties seront suppléées par les précautions sanctionnées par la loi *si elles sont bien observées*, s'empresse d'ajouter l'exposé des motifs !

Tout dépendrait donc dans tous les cas de l'exécution donnée à la loi. Or, trop d'intérêts sont engagés à faire échouer ces précautions, pour qu'on se flatte de voir se réaliser la condition à laquelle tient leur efficacité.

En effet, ceux qui, en style pratique, lancent une affaire, commencent par s'octroyer un certain nombre d'actions. Vient ensuite leur entourage qu'il faut satisfaire et qui a toujours une part plus ou moins large à la curée. Ce que les uns et les autres veulent c'est la constitution de la société qui leur permettra de se défaire de leurs actions, et d'en passer la charge aux acheteurs, en encaissant la prime qu'ils auront pu réaliser. On peut donc être convaincu qu'ils ne négligeront rien pour arriver à cette constitution, et faire ainsi aboutir leur coupable spéculation. Ils pèseront donc de leur nombre, de leur importance, de leur position, de la gravité apparente de leur intérêt, sur les délibérations et entraîneront par leur exemple et leurs manœuvres les souscripteurs sérieux qui ont été assez crédules, assez aveugles pour croire aux promesses du prospectus.

Tout cela s'est vu. Mon Dieu ! la loi de 1856 ne pé-
chait pas par faute de précautions, elle les poussait si
loin que la loi de 1867 a prétendu en adoucir la sévé-
rité. A quoi cependant avaient abouti toutes ces précautions, et quel a été le sort des sociétés contractées
sous leur empire ?

334. — Ce qui s'est vu se verra peut-être encore.
En réalité la loi nouvelle n'a fait que déplacer le mal.
Ce qui faisait le danger, ce qui avait rendu si funeste
les sociétés en commandite, c'est précisément la liberté
d'en constituer le capital en actions. Or, du jour où
cette liberté a été conférée à la société anonyme, il est
permis de craindre les mêmes abus, les mêmes résultats.

Il est de toute certitude que les faiseurs se réfugie-
ront dans cette forme qui les affranchit de toute responsabilité indéfinie et ne les engage que jusqu'à concurrence de leur mise.

N'est-ce pas ce qui s'est déjà réalisé sous l'empire de
la loi de 1863, autorisant les sociétés à responsabilité
limitée, qui n'était en réalité qu'une société anonyme
dispensée de l'autorisation ? De 1863 à 1865, dans
l'espace de moins de deux ans il s'était formé cin-
quante-deux sociétés de ce genre au capital de quatre-
vingt millions. De l'aveu même du ministre du commerce il s'en serait créé un nombre bien plus grand si
la loi n'avait pas limité à vingt millions le capital de
chacune de ces sociétés.

La loi de 1867 a anéanti cette limite. Désormais, à quelque chiffre que s'élève le capital, la société anonyme affranchie de toute intervention et de toute surveillance du Gouvernement jouit de la même liberté que les autres formes de société.

Aussi qu'est-il arrivé ? Depuis sa promulgation il s'est créé et il se crée encore chaque jour de nombreuses sociétés, et dans le nombre il serait difficile sinon impossible d'en citer une seule qui ait adopté la forme de la commandite par actions.

Les précautions exigées en échange de l'autorisation pourraient bien créer quelques embarras, quelques obstacles. Mais la fraude est bien adroite, bien habile ; elle a tant de moyens qu'elle saura bien avoir raison de ceux-ci comme elle l'a su de tant d'autres ;. et qu'auront gagné les actionnaires et les tiers si, au lieu d'être exploités par la commandite par actions, ils le sont par l'anonyme ?

On doit craindre, en effet, que la spéculation dolosive profite de la voie qu'on lui ouvre imprudemment. Elle n'avait fait son instrument de la commandite par actions qu'à contre cœur, que parce que ses projets ne pouvaient braver l'examen, et que l'autorisation leur eût été infailliblement refusée.

Débarrassée aujourd'hui de cet obstacle, elle se réfugiera dans l'anonyme qui a surtout l'avantage de supprimer cette responsabilité illimitée qu'on n'acceptait que parce qu'on ne pouvait faire autrement. Voilà peut-être ce qu'on aura gagné à la loi du 24 juillet.

335. — L'avenir prononcera et puisse-t-il réaliser les espérances dont on s'est flatté. Pour nous, dussent ces espérances se justifier, que nous n'en considérerions pas moins l'acte du législateur comme une imprudence. Avoir en mains une garantie sérieuse, dont une pratique de soixante ans établissait l'efficacité, et l'abandonner non avec la certitude, mais avec l'espoir que celle qu'on lui substitue réunira ce caractère, c'est un parti difficile à justifier, c'est sacrifier la proie à l'ombre, c'est une entreprise qui ne pourrait se justifier que par la gravité des motifs qui l'auraient déterminée.

Or, nous venons de voir le caractère de ceux sur lesquels s'appuyait principalement le législateur, et nous avons facilement établi qu'ils n'avaient rien de sérieux.

Etait-on mieux dans la vérité lorsqu'on réclamait l'abrogation de l'article 37 comme un hommage à la liberté des conventions? Lorsque dénaturant le caractère de l'autorisation, on s'écriait qu'il ne fallait pas de privilége qui s'accorde souvent à faux et engage la responsabilité de celui qui l'accorde ; pas d'entraves qui paralysent l'intelligence et l'activité des individus ; pas d'inutile tutelle, pas de contrôle fictif qui, en réduisant les associés à l'état de mineurs et en leur inspirant une trompeuse sécurité, empêche l'intéressé de conjurer sa ruine.

336. — Qu'un intérêt malsain désappointé de ne pouvoir assez facilement exploiter la crédulité publique eût fait entendre de pareilles énormités, on le comprend. Mais ce dont on ne saurait se rendre raison , c'est que le Gouvernement s'en soit ému et les ait jugées dignes d'être prises en considération.

L'autorisation, un privilége ! Mais le commerce ou l'industrie que la société avait pour but d'exploiter n'était-il pas libre après comme avant , et était-il jamais venu à la pensée de personne de prohiber à qui que ce soit d'entreprendre les mêmes opérations que la société ?

L'autorisation , une entrave à l'intelligence et à l'activité ! Mais qu'on cite dans les soixante ans qui se sont écoulés une seule entreprise réellement utile qui ait été empêchée de se réaliser. Ce que l'autorisation entravait ce sont ces projets insensés pour la plupart œuvres de dol et de fraude , objets de scandale et de ruine. Or , loin de le regretter , il n'y avait qu'à s'en applaudir.

L'autorisation , une inutile tutelle empêchant les intéressés de conjurer leur ruine ! Mais quand donc les actionnaires et les tiers se sont-ils plaint qu'on les protégeait trop , qu'on les traitait injustement comme des mineurs ? Où sont les intéressés ruinés par la société anonyme ?

Vaines clameurs , mensonges que tout cela , et l'exposé des motifs de la loi de 1867 lui-même en faisait bonne justice lorsque reconnaissant les services rendus par la société anonyme telle que l'organisait le Code de commerce , il ajoutait : il est constant qu'elle a produit d'excellents effets sous le double rapport de la formation des sociétés et de leur bonne administration.

Resterait donc à expliquer pourquoi il n'en eût pas été de même aujourd'hui et dans l'avenir. Or, nous l'avouons avec franchise, ce pourquoi nous l'avons cherché dans la discussion de la loi nouvelle et nous n'avons pas su le rencontrer.

337. — Les voix intéressées qui ont appelé et provoqué la loi de 1867 ne manqueront pas de nous traiter d'esprit rétrograde, réfractaire à tout progrès. Mais pour justifier ce reproche, il faudrait d'abord prouver que l'abrogation de l'article 37 du Code de commerce est un progrès, et l'entreprise n'est pas des plus faciles.

Dans tous les cas, nous pouvons nous consoler de ce reproche en nous trouvant en communauté d'idées avec un homme qu'on n'accusera pas de tendances rétrogrades. Voici en effet comment, au Corps législatif, s'exprimait M. Ernest Picard :

« On vous demande de déclarer que toutes les con-
» ventions sont possibles, à moins qu'elles ne soient
» contraires à l'ordre public ou aux bonnes mœurs. On
» cherche une assimilation dans les contrats de ma-
» riage et l'on dit : de même que les conventions sont
» libres entre les époux, de même elles doivent être
» libres entre les associés.

» Mais je nie les prémisses d'abord. Si je me reporte
» à notre législation civile, j'y trouve les articles 1387

» et suivants qui mettent un terme à la liberté des
» contractants, et il y en a un qui domine tout le
» monde et qui est la plus forte que nous ayons :
» c'est l'irrévocabilité et l'immutabilité même des con-
» ventions.

« Voilà déjà un point où le système est en désaccord
» avec celui qu'on nous propose pour les sociétés. Mais
» si nous prenons les faits et si nous leur faisons subir
» l'épreuve de l'application, le système qu'on nous
» propose serait-il de nature à être adopté par vous ?
» Je ne demanderais qu'à lui faire subir cette épreuve,
» et je dirais : Voulez-vous le juger ? Attendez la fin de
» la discussion, et quad chacun dans son individualité
» aura révélé ici les dangers que courent les actionnai-
» res, la nécessité de les prévenir, alors voyez le système
» et acceptez-le si vous l'osez.

» Mais ce système même qui est le système qui s'ap-
» pelle en économie politique le système du laissez faire
» et du laissez passer, qui pleure sur les vaincus et ne
» les relève pas, ce système est-ce qu'on prétendrait le
» pousser jusqu'à ses conséquences extrêmes ? Il y a
» en matière de sociétés une disposition prohibitive
» dans un cas qui est bien connu : c'est celle qui con-
» cerne la société léonine. Je ne puis pas faire une so-
» ciété avec une personne en m'affranchissant des per-
» tes, et en gardant pour moi seul les bénéfices. La so-
» ciété léonine est le vœu de bien des ambitions, et le
» Code a eu raison de la proscrire.

» Est-ce que les auteurs du système de la liberté des

» conventions vont permettre la société léonine ? Non.
» Ils s'arrêteront là ; ils diront, faisons une loi.

» Ah ! je les attends là ! Eh bien, si vous voulez faire
» une loi, faisons-là ensemble, n'y introduisons pas de
» réglementation inutile. Je suis là-dessus d'accord a-
» vec vous. Mais ce qui est contraire aux principes de
» l'ordre public et qui a besoin, comme tel, d'être dé-
» fini par un texte de loi , mettons-le dans la loi ; ne
» permettons pas la société léonine , car nous ne som-
» mes pas à l'âge d'or , à moins que l'âge d'or ne soit
» revenu pour ceux qui aiment à faire des sociétés léo-
» nines ; n'admettons pas les conventions qui renfer-
» meraient des clauses contraires à toutes les prévoy-
» ances des législateurs , car , messieurs, légiférer c'est
» prévoir. Ainsi , sans introduire de réglementations
» exagérées , mettons dans la loi tout ce qui est néces-
» saire pour protéger la crédulité toujours persistante
» des tiers et des actionnaires.

» Je ne peux donc pas me ranger à ce système ; je
» le peux d'autant moins que si j'examine quel est le
» fondement des sociétés en commandite par actions
» et des sociétés anonymes, je suis obligé de reconnaî-
» tre que ce sont là des créations artificielles, des créa-
» tions de la loi, car le véritable mouvement commer-
» cial et industriel ne s'accomplit heureusement que
» quand il a pour contre-poids et pour équilibre la
» responsabilité personnelle de celui qui le dirige. Mais
» quand vous formez des agglomérations de capitaux
» assemblés à grands soins , quand vous préposez à la

» tête de ces puissances redoutables des administrateurs
» irresponsables, des membres des conseils d'adminis-
» tration qui veillent plutôt qu'ils ne surveillent, il ar-
» rive en définitive que vous avez des forces et pas de
» responsabilité. Or, des forces de cette nature sans res-
» ponsabilité introduites dans le monde financier et in-
» dustriel sont dangereuses..................

     » Eh bien ! le jour où vous décretez ici la liberté de
» l'anonymat, ce jour-là vous dites à l'actionnaire, plus
» de protection [1]. »

C'est là ce que nous pensons et ce qui excite notre
défiance et nos craintes pour l'avenir. Puisse l'expérience, nous le répétons, nous donner tort et justifier
l'espoir du législateur.

Art. 38.

**Le capital des sociétés en commandite pourra
être aussi divisé en actions, sans aucune autre
dérogation aux règles établies pour ce genre de
société.**

SOMMAIRE

[1] *Moniteur* du 28 mai 1867.

338. — Cet article n'est pas susceptible de développements. La société en commandite, dont le capital est divisé en actions, participe de la société anonyme à l'endroit des devoirs et des droits des actionnaires. Mais les uns et les autres se modifient par les règles spéciales de la commandite dont la loi n'a pas entendu se départir.

Ainsi les actionnaires de la commandite sont soumis à toutes les prohibitions faites aux commanditaires ordinaires. Ils ne peuvent notamment s'immiscer dans la gestion, même à titres de mandataires du gérant, sans devenir solidairement et indéfiniment tenus de toutes les dettes sociales.

339. — La seule difficulté sérieuse que l'article 38 ait fait naître est celle de savoir si les actions de la commandite peuvent être au porteur. Cette question a été l'objet d'une discussion approfondie dans l'affaire Armand Lecomte. Une savante consultation de MM. Dupin aîné et Persil soutenait la négative ; mais l'opinion contraire, développée d'une manière remarquable par M. Devaux (du Cher), prévalut. Elle fut consacrée par la cour de Paris, le 17 février 1832 [1].

Depuis, M. Troplong a énergiquement appuyé la doctrine de l'arrêt, dont le caractère juridique ne rencontre plus de sérieuses objections.

1 D. P., 32, 1. 107.

340. — Il faut le reconnaître néanmoins, on a victorieusement répondu à certains arguments de l'opinion contraire, mais il en est un qui n'a pas encore été complétement réfuté. L'action au porteur, a-t-on dit, rend illusoire la prohibition d'administrer faite aux commanditaires, en lui enlevant toute sanction pénale. La négociation de l'action, sa possession même ne laissant aucune trace, comment savoir si l'administrateur est ou n'est pas actionnaire? Comment surtout le convaincre?

Cet argument ne serait exact, dit M. Troplong, que s'il était prouvé que l'immixtion échappe nécessairement aux recherches des tiers; or, il est impossible de soutenir une proposition aussi exagérée; on a pour soi tous les moyens de justification autorisés par la loi : les livres, la correspondance, la notoriété publique, les aveux, le serment, la participation aux bénéfices, la réception des intérêts.

Nous n'oserions dire qu'en niant, non pas l'impossibilité de prouver l'immixtion, mais celle de justifier que celui qui en est convaincu fût un actionnaire, M. Troplong nie l'évidence, mais nous constatons qu'il ne peut taxer cette proposition d'exagération, qu'en exagérant lui-même l'efficacité du remède qu'il indique. Que prouveront les livres, la correspondance, la notoriété publique, les aveux? Que la personne attaquée a réellement administré? Oui. Qu'elle a été en possession d'une ou de plusieurs actions? Peut-être. Mais pourront-ils fixer le moment de la négociation et prouver, contrairement

à l'assertion qui en sera faite, qu'elle a été postérieure
à l'immixtion ? Non , évidemment , peut-on répondre
sans crainte.

Le serment ! Il est bien rare que celui qui soutient
devant la justice un système quelconque recule devant
le serment qui lui est demandé ; ce n'est pas d'aujour-
d'hui qu'on le pratique ainsi, témoin cet adage universellement répandu : *Qui nie jurera.*

Nous reconnaissons que la participation aux bénéfices et la réception des intérêts seraient décisives contre
l'actionnaire. Aussi peut-on , par cela même , hardi-
ment admettre que loin de pouvoir être invoquées contre lui, ces deux circonstances le seront pour lui. Il est
évident qu'en s'immisçant dans la gestion, ce qui le rend
débiteur solidaire , il a trop d'intérêt à dissimuler sa
qualité pour qu'il aille la divulguer et la prouver par
écrit. En conséquence , les intérêts et les bénéfices lui
revenant seront quittancés par un prête-nom chargé de
les lui remettre , et cette fraude, tout en lui assurant le
profit , lui donnera le moyen de soutenir qu'il n'était
pas ou qu'il n'était plus associé au moment où il s'est
mêlé de la gestion.

La difficulté, disons mieux, l'impossibilité de prouver
est donc réelle. Au demeurant, ajoute M. Troplong, et
quoi qu'il en soit, tant pis pour les tiers ; ils ont , en
traitant avec la société , accepté cette difficulté ; ont-ils
donc le droit de se plaindre de ne ne pas se trouver un
peu plus à leur aise ?

Mais quand même ils n'auraient pas ce droit . leur

contesterait – on celui d'accuser le législateur d'avoir manqué à un devoir essentiel ? Ce n'est pas tout de réprimer et de punir la fraude, il vaut encore mieux la prévenir et l'empêcher, surtout dans le cas où la facilité qu'elle a de se produire la rend imminente et prochaine.

C'est là un devoir auquel le législateur a bien rarement manqué. C'est à lui qu'il obéissait naguère lorsqu'il prohibait aux commanditaires d'agir comme mandataires. On aurait pu cependant, dans cette circonstance, s'écrier : Tant pis pour les tiers ! en traitant avec la société ils ont accepté le fait dont ils ne sont plus admissibles à se plaindre.

C'est pourtant la prohibition absolue qui a prévalu, et M. Troplong lui-même a applaudi à cette prescription. Ce qui serait résulté du contraire, c'est, nous disait-il, que, se réduisant au rôle apparent d'actionnaires, les véritables intéressés mettraient à la gérance un homme de paille, un valet, sous le nom duquel ils auraient administré eux – mêmes comme mandataires. Amoindris en apparence derrière un mandat trompeur, ils auraient eu en réalité la haute main sur l'administration, ils en auraient réglé l'ensemble et les détails ; ils auraient mis leur industrie au service de leurs capitaux ; puis, le désastre arrivant, ils auraient prétendu avoir cédé depuis longtemps leurs actions ; ils se seraient retirés laissant les créanciers se débattre avec un éditeur responsable sans responsabilité réelle [1].

_____
[1] Nᵒ 422.

Il n'est pas un de ces inconvénients qui ne soit mille fois plus facile, mille fois plus à craindre dès lors, avec les actions au porteur. Il est donc fort extraordinaire qu'on ne recule pas devant la contradiction manifeste dans laquelle on jette la loi. En effet, on lui fait permettre, par le moyen des actions au porteur, ce qu'elle a formellement prohibé dans l'hypothèse du mandat.

Nous avons raison de le dire, l'argument n'a pas été encore victorieusement répondu. La porte ouverte à la fraude est beaucoup trop large pour que celle-ci ne soit pas tentée d'en profiter. On aurait dû, on devrait donc ne pas lui laisser cette issue.

341. — Au reste, ce que nous regrettons, ce n'est pas seulement l'introduction des actions au porteur, mais encore la permission de diviser, dans la commandite, le capital en actions. Ce qui peut en résulter était formellement prévu par le prince archichancelier, s'écriant : *On formera une société prétendue en commandite ; une seule personne paraîtra ; cependant on divisera l'intérêt entre des personnes qui se présenteront, et auxquelles on donnera facilement le nom de commanditaires. Ainsi, la société sera vraiment anonyme ; elle pourra cependant exister sans l'autorisation du Gouvernement.*

M. Troplong trouve ces idées confuses. La société ne sera pas anonyme, car il y aura un gérant responsable et solidaire. Nous pouvons, sans trop de témérité, sup-

poser que Cambacérès ne l'ignorait pas ; mais ce qui le
préoccupait, c'était moins l'existence d'un de ces gérants responsables sans responsabilité réelle , comme le
dit si bien M. Troplong , que le danger de voir toutes
sortes de sociétés s'établir en dehors du contrôle si justement réservé au Gouvernement. Sur ce point, il faut
avouer que la pratique est venue justifier d'une manière
puissante les prévisions de l'archichancelier. Tous les
industriels qui ont voulu spéculer sur la crédulité publique, et s'enrichir aux dépens de leurs dupes, se sont
bien gardés de recourir à la société anonyme; leurs projets n'auraient pas supporté les regards et les investigations de l'autorité : ils ont recouru à la commandite
par actions, sans trop s'effrayer de la responsabilité indéfinie à laquelle ils s'exposaient , et dont ils avaient
d'avance le moyen de se dégager en arrêtant la société
comme impraticable, dès qu'ils avaient avantageusement
vendu leurs actions.

Ce qui est véritablement effrayant , c'est la progres-
sion énorme de ces funestes spéculations. Une statisti-
que officielle nous apprend qu'en 1826 il existait trente-
deux sociétés en commandite par actions , embrassant
un capital de cinquante-six millions trois cent quatre-
vingt-sept mille francs. Douze ans après , c'est-à-dire
en 1838 , il en existait *mille trente-neuf,* représentant un fonds d'*un milliard huit millions
vingt-neuf mille trois cents francs,* divisé en
*quinze cent huit mille six cent quatre-
vingt-six actions !*

Presque toutes ces sociétés , observe M. Delangle, é-
taient une œuvre d'escroquerie et de fraude : c'est pour
tromper les actionnaires, poür les dépouiller, et se faire, à leurs dépens, d'insolentes fortunes, qu'elles étaient
imaginées. Des immeubles sans valeur, et d'une exploitation commercialement impossible , ont été apportés à
des sociétés naissantes , et pour des sommes immenses.
Des brevets d'invention, d'un produit incertain ou nul,
ont servi de bases à des associations de plusieurs millions. Des piéges de tout genre ont été tendus à la crédulité ; et les actionnaires, dépravés par le funeste exemple de fortunes rapidement acquises , se sont abandon-
nés à la passion du jeu. On n'a pas acheté des actions
pour profiter des gains honnêtes du commerce , mais
pour agioter. La contagion alors a gagné tout le monde, la corruption a gagné tous les cœurs [1].

Qu'elle a donc été la cause de ce désordre ? L'article
38 du Code de commerce et la faculté qu'il confère.
Cambacérès avait donc raison de le combattre ; et si
son opinion eût prévalu, il est à peu près certain que,
des mille trente-neuf sociétés existant en 1838 , il y en
aurait eu à peine cent qui eussent été autorisées. Que
de scandales, que d'immoralités de moins ! Combien de
ruines évitées ! que de victimes sauvées ! Tout au moins
peut-on regretter qu'il en ait été autrement , sans être,

[1] N° 506. — Faut-il rappeler que les journaux nous annonçaient naguère que pour empêcher les femmes d'aller agioter à la Bourse, la police de Paris a été obligée d'en arrêter quelques-unes ! ! !

ni paraître aussi déraisonnable que veut bien l'admettre
M. Troplong.

342. — En résumé , l'article 38 du Code de commerce est l'abrogation implicite des articles 27 et 28 ;
il rend à peu près illusoire la prescription de l'article
37. Ce dernier effet est d'autant plus regrettable , qu'il
fait disparaître le bénéfice des précautions sagement prises dans l'intérêt public.

Rien ne garantit plus la réalité des moyens sociaux
annoncés , la possibilité de l'exploitation , le caractère
sérieux de l'entreprise.

Le fondateur de la société peut donner à l'objet qu'il
offre, comme la matière de la société, la valeur qu'il juge convenable à ses intérêts. Sans doute, et par rapport
aux tiers , la responsabilité indéfinie à laquelle il est
tenu affectant toute sa fortune, cette évaluation exagérée
n'aurait aucun fâcheux résultat, si, par une dissimulation frauduleuse, il ne fait pas passer ses ressources sur
la tête d'un autre. D'ailleurs, cette manœuvre sera plutôt dirigée contre les actionnaires que contre les tiers
aux poursuites desquels il y a convenance de se soustraire. Voici, en effet, ce qui arrivera :

Un propriétaire achète un immeuble cent mille francs;
il le met en société pour un million, divisé en mille actions de mille francs ; il souscrit lui - même pour cent
actions.

Il est possible que l'immeuble pût valoir un million,
si son exploitation était organisée et prospère ; mais le

fondateur, qui, par des manœuvres adroites, est parvenu
à placer les neuf cents actions restant, et à encaisser
ainsi neuf cent mille francs, s'arrête et déclare que l'é-
tablissement ne peut marcher. On liquide la société, on
vend l'immeuble cent mille francs , ce qui donne pour
chaque actionnaire le dixième de sa mise ; mais le propriétaire se retire avec neuf cent mille francs , au lieu
de l'immeuble de cent mille francs qu'il possédait avant
la société [1].

Aucun contrôle n'étant exercé sur la nature des actions, le fondateur les prodiguera ; non-seulement il en
créera d'industrielles sans mise aucune, mais encore de
rémunératoires pour les peines et soins qu'il prétendra
avoir pris, et pour attacher plus fortement à la société
ceux dont le concours peut utilement servir sa spéculation. De telle sorte que le capital se bornant aux ver-
sements des actions payantes , les bénéfices se divise-
ront en des proportions telles qu'ils en deviendront illu-
soires.

On n'aurait donc pas dû permettre la division en actions du capital de la commandite. Sans doute , cette
division favorise le développement des opérations commerciales ; mais cet effet, la société anonyme le donnait
d'une manière plus légitime , et en offrant au public
toutes les garanties désirables. D'ailleurs , après l'expé-

_____
[1] Frémery, *Etudes sur le droit commercial*, p 62.

rience de ces derniers temps, la question devrait être tranchée. L'article 38 devrait être purement et simple-. ment abrogé.

ART. 39.

Les sociétés en nom collectif ou en commandite doivent être constatées par des actes publics ou sous signature privée, en se conformant, dans ce dernier cas, à l'article 1325 du Code civil.

ART. 40.

Les sociétés anonymes ne peuvent être formées que par des actes publics.

ART. 41.

Aucune preuve par témoins ne peut être admise contre et outre le contenu dans les actes de société, ni sur ce qui serait allégué avoir été dit avant l'acte, lors de l'acte ou depuis, encore qu'il s'agisse d'une somme au-dessous de cent cinquante francs.

SOMMAIRE

343. — L'existence de la société est bien souvent pour les associés, mais surtout pour les tiers, d'une importance capitale. Cette importance grandissant à mesure que le commerce recevait des développements nouveaux, le législateur se trouva en mesure de la réglementer.

En droit civil, soit à Rome, soit en France, le contrat de société était considéré comme un contrat consensuel. Le consentement suffisait à sa perfection, quelle que fût la forme que lui donnaient les parties. *Societatem coire et re et verbis, et per nuntium posse nos, dubium non est* [1], ce qui signifie, disait le président Favre, *qu'il est permis de prouver la société par tous les moyens de preuve, par l'écriture solennelle on non solennelle, par les paroles et même par les faits societati consonantibus.*

Pendant longtemps, la société commerciale n'eut pas d'autres règles. En Italie, elle pouvait être tacite ; au témoignage de Straccha [2], elle ne reposait que sur la parole des contractants et sur les caractères de leurs livres. Cependant, sur certaines places de commerce, l'usage de la rédiger par écrit avait prévalu, sans cependant qu'aucune sanction pénale en recommandât l'observation.

544. — Le premier monument législatif prescrivant de rédiger par écrit les actes de société et de les publier est l'ordonnance de Blois de 1579. Mais comme, à cette époque, le commerce français était presque en entier entre les mains d'étrangers, d'Italiens notamment, c'est pour eux seuls que dispose l'édit, dont le but était de protéger les nationaux contre leur avidité et leurs fraudes.

Aussi l'article 357 leur défend-il de *lever banque sans qu'au préalable ils ayent baillé caution rescéante et solvable de la somme de quinze cents écus sol, laquelle, si besoin est, ils serout tenus de re-*

---

[1] L. 4, ff. *Pro socio.*

[2] *Decis. rotæ Genuæ*, 31, n° 2.

nouveler de trois ans en trois ans. A cette disposition, empruntée à l'article 38 de l'édit de Roussillon,
de janvier 1563, l'ordonnance ajoute : *Voulons que
toutes compagnies ja faites ou qui se feront cy a-
près entre les dits étrangers estant en notre roy-
aume soient inscrites et enregistrées aux registres
des bailliages, sénéchaussées et hostels communs des
villes, où ils seront tenus de nommer et déclarer
tous leurs partisans ou associés sous peine de faux.*

Cette précaution qu'on prenait contre les étrangers
devint bientôt nécessaire contre les régnicoles. Ceux-ci,
en empruntant aux premiers l'exercice du commerce,
les copiaient dans leurs fraudes. Dans maintes circonstances, le défaut de traces de la société permettait aux
associés, non-seulement de ne pas contribuer aux pertes, mais encore de venir, comme créanciers, prendre
part à la distribution de l'actif social.

Les plaintes qui avaient retenti contre les étrangers
se firent entendre contre le commerce français avec un
ensemble et une gravité tels que le législateur crut devoir les accueillir. L'ordonnance de janvier 1629, connue sous le nom de Code Michaud, article 414, disposa:
*Voulons que l'article 357 de l'ordonnance de Blois,
touchant la publication des associations entre marchands et désistement d'icelles, ait lieu entre nos
sujets, ainsi qu'il est ordonné pour les étrangers.*

Mais on sait les difficultés que cette ordonnance souleva, et la résistance que les Parlements mirent à l'enregistrer. Ce qui résulta de ces longs débats, c'est que,

profondément atteinte dans son autorité, l'ordonnance
demeura bientôt une lettre morte, même dans cette disposition dont l'utilité surgissait, des réclamations una-
nymes l'ayant provoquée.

345. — Au reste, une fois signalé, le principe exigeant une preuve écrite pour les sociétés devait fixer
l'attention du législateur : aussi le retrouvons-nous dans
la célèbre ordonnance de 1673.

Jusque-là l'acte écrit n'était qu'une conséquence forcée de la nécessité de le faire enregistrer. A partir de
1673, cet acte fut littéralement prescrit. L'article 1er du
titre 4 ne se contente pas de l'exiger, il proscrit, en
outre, toute preuve par témoins contre et outre le contenu en l'acte, ni sur ce qui serait allégué avoir été dit
avant, lors ou depuis. L'article 2 prescrit ensuite que
l'extrait de l'acte soit registré au greffe de la juridiction
consulaire, mais pour des sociétés entre marchands
seulement.

346. — La nécessité de cet enregistrement indiquait
que ces sociétés ne pouvaient être établies que par un
acte écrit et formel. En était-il de même pour les sociétés dispensées de l'enregistrement et du dépôt? L'article 1er s'opposait-il à l'admission de la preuve orale,
si, à défaut d'acte, il existait un commencement de
preuve par écrit?

La négative avait été sanctionnée par la doctrine et
la jurisprudence. L'article 1er, disait Merlin, ne dit que

ce que disait avant lui l'article 2 du titre 20 de l'ordonnance de 1669 , pour les contrats en général. Or , les
dispositions des lois antérieures, non contraires aux lois
postérieures, sont censées se retrouver dans celles-ci, et
doivent y être sous-entendues. Dès lors , l'article 3 de
l'ordonnance de 1669, titre 20, qui veut que la preuve
testimoniale dans les matières où elle est défendue par
l'article 2 , et conséquemment dans les sociétés dont
l'objet est au-dessus de cent livres , soit admise à l'aide
d'un commencement de preuve par écrit, n'est pas contraire à l'article 1er du titre 4 de l'ordonnance de 1673,
qui veut que les sociétés ne puissent pas être prouvées
par témoins. Il faut donc nécessairement adapter à cet
article l'exception que l'ordonnance de 1667 met par
son article 3 à son article 2. [1]

317. — Le Code de commerce a suivi les errements
de l'ordonnance de 1673. Les articles 39 et 41 établissent la nécessité de l'acte écrit. L'article 42 en exige
le dépôt , quelle que soit la qualité des parties contrac-
tantes.

Les termes de l'article 39 diffèrent quelque peu de
ceux de l'article 1er du titre 4 de l'ordonnance. Toutes
sociétés en nom collectif ou en commandite , dit le législateur nouveau, doivent être constatées par des actes
publics ou sous signature privée. Cette disposition , dit
Merlin , est plus impérieuse dans le Code qu'elle ne

---

[1] Voy. Delangle, n° 508.

l'était dans l'ordonnance. En conséquence, sous son empire, rien ne peut, pour les associés entre eux, tenir lieu de l'acte de société [1]. Telle est également l'opinion de M. Pardessus ; telle est la doctrine de la cour de cassation [2].

De là, on a conclu que le commencement de preuve par écrit, que l'aveu même de la partie ne pourrait être invoqué pour établir l'existence de la société.

Cette conclusion serait irréfragable s'il s'agissait, à l'aide d'une preuve orale, fondée sur un commencement de preuve par écrit, de faire maintenir la société pour l'avenir. Mais, dans cette hypothèse même, nous n'admettons pas la doctrine de MM. Merlin et Pardessus, de la cour de cassation. Nous croyons, en effet, que ce qui était admis sous l'empire de l'ordonnance ne saurait être repoussé sous le Code. A son tour, l'article 39 ne dit pas autre chose que ce qui est consacré par l'article 1341 du Code civil. On doit donc adapter à sa disposition l'exception consacrée par l'article 1347. Puisqu'en toute matière le commencement de preuve par écrit rend la preuve orale admissible, pourquoi ferait-on exception pour les sociétés ?

Ce qui devrait faire repousser la preuve orale dans notre hypothèse serait donc, non pas son irrecevabilité, mais son inefficacité. En effet, la validité de la société

---

1 *Répert.*, v° *Sociétés*, sect 3, § 2, art. 2.

2 12 décembre 1815 ; 18 décembre 1828. — D. P., 26, 1, 102; 29, 1, 69.

dans l'avenir ne tient pas seulement à l'existence de l'acte ou du fait de l'association , il faut encore que cet acte ait reçu la publicité exigée par l'article 42 , sous peine de nullité. Or , le commencement de preuve par écrit ne saurait faire que cette publicité eût existé. A quoi bon, dit l'ordonnance, la preuve d'une société qui, prouvée qu'elle fût, n'en devrait pas moins cesser d'exister ? *Frustra probatur , quod probatum non relevat.*

Mais repousser la preuve orale malgré le commencement de preuve , lorsque , la nullité de la société dans l'avenir étant admise , il ne s'agit plus que de fixer la nature des relations ayant existé jusque-là entre les parties, nous paraît une énormité. Quelles peuvent être, en effet , dans cette hypothèse , les conséquences de la preuve orale ? De constituer une créance . de créer une obligation , un droit , d'établir une libération ? Mais la loi civile elle-même ne répugne à aucun de ces résultats ; elle les consacre même lorsqu'il existe un commencement de preuve.

Pourquoi donc déciderait-on le contraire sous l'empire de la loi commerciale ? Pourquoi le commerçant actionné en remboursement d'une somme quelconque ne pourrait-il pas prouver qu'il ne l'a reçue qu'à titre de mise sociale, et qu'il ne doit dès lors la restituer que prélèvement fait de la contribution aux dettes sociales ? Comment l'éconduire, surtout si son allégation repose sur un commencement de preuve par écrit ?

Les termes de l'article 39 ne sauraient justifier une

pareille détermination ; et ce qui le prouve, c'est ce qui est admis en matière de sociétés civiles.

On a eu pour celle-ci à se demander si la preuve testimoniale était admissible dans le cas d'un commencement de preuve. Ceux qui soutenaient la négative ne manquaient pas de s'étayer des termes de l'article 1834 du Code civil; conçu dans des termes identiques à ceux de l'article 39. Puisque cet article, disaient-ils, veut que toute société dont l'objet excède cent cinquante francs soit rédigée par écrit, c'est qu'il a voulu exclure tout autre mode de constatation, et conséquemment la preuve orale qu'il y ait ou non un commencement de preuve par écrit. Mais cette doctrine, d'abord repoussée par la cour de Toulouse, le fut également par la cour de cassation, par arrêt du 12 décembre 1825. [1]

Donc, et nonobstant l'article 1834, la société civile peut, à défaut d'un acte écrit, être prouvée par témoins, s'il existe un commencement de preuve. Dès lors l'article 39, qui ne fait en quelque sorte que répéter la disposition de l'article 1834, ne saurait prescrire un résultat différent. On ne pourrait admettre le contraire sans tomber dans cette étrange contradiction, qu'on tolérerait la preuve testimoniale en matière civile, dans laquelle elle est prohibée, et qu'on la repousserait en matière commerciale, où elle est de droit commun.

Nous distinguons donc. S'agit-il de faire maintenir

1 D. P., 26, 1, 102.

la société pour l'avenir ; la preuve testimoniale, ne pouvant jamais suppléer aux formalités prescrites pour la
publicité, est inutile, et doit être repoussée dans tous
les cas. S'agit-il, au contraire, du règlement du passé,
de fixer la nature des rapports entre les parties jusqu'au
moment de l'instance en nullité, la preuve orale obéit
aux principes ordinaires, et le commencement de preuve
la rend admissible [1].

348. — La société doit donc être constatée par écrit.
Quant à la forme de l'acte, la loi distingue.

Les sociétés anonymes ne peuvent être constituées
que par acte public. « L'acte des sociétés anonymes,
dit M. Locré, n'étant pas signé par les actionnaires,
mais par ceux qui forment l'entreprise, il eût été très-
dangereux de permettre à ces derniers de ne faire que
des actes sous seing privé ; on leur eût donné la facilité de changer la condition de tous les porteurs d'actions. »

Dans son désir de trouver une raison plausible à la
disposition de l'article 40, M. Locré ne s'aperçoit pas
que celle qu'il donne est inadmissible. Si la substitution
dont il paraît se préoccuper est impossible quelque part,
c'est sans contredit dans la société anonyme. Le projet
d'acte n'est-il pas déposé à la chancellerie ? communi-
qué au conseil d'Etat ? Il n'y a d'acte de société que

---

[1] Conf. Delangle, n° 511. — Paris, 27 janvier 1825 ; D. P., 25, 2,
150.— Douai, 11 décembre 1845 ; J. du P., 46, 1, 455

celui qui est approuvé, et celui-là est inséré au *Bulletin
des lois* concurremment avec l'ordonnance d'autorisation. Comment donc, en cet état, se préoccuper de modifications ou d'altérations ?

En réalité, la disposition de l'article 40 ne répond à
aucun besoin. Cependant il est certain que la société
anonyme qui s'annoncerait par un acte sous seing privé
serait éconduite par le Gouvernement [1].

349. — Les sociétés en nom collectif ou en commandite peuvent être rédigées par actes authentiques
ou sous seing privé. Dans ce dernier cas seulement, les
parties doivent se conformer aux dispositions de l'article
1325 du Code civil.

Ainsi l'acte qui n'aurait pas été fait, ou qui ne men-
tionnerait pas qu'il a été fait en autant d'originaux qu'il
y a d'intérêts distincts, pourrait être annulé sur la ré-
quisition d'une des parties.

L'exception d'invalidité de l'acte n'est pas opposable
aux tiers. D'ailleurs elle ne saurait jamais avoir d'autre
résultat que d'entraîner la dissolution de la société,
c'est-à-dire de grever l'avenir. Quant au passé, l'existence inattaquée de la société la rendrait obligatoire pour
tous.

Ce passé pourrait même assurer l'avenir social, si
l'acte, revêtu d'ailleurs de toutes les formalités et publié

---

[1] Voy. article 21 de la loi du 24 juillet 1867.

conformément à la loi , avait été exécuté par celui qui l'attaque ; cette exécution créerait contre cette attaque une fin de non-recevoir péremptoire , aux termes de l'article 1325 lui-même.

350. — L'application de l'article 1325 aux actes de société conduit inévitablement à ces conséquences :

1° Cet article n'exigeant un original que pour chaque partie ayant un intérêt distinct , le même original suffit à toutes les parties ayant le même intérêt. Chacune d'elles aura sans doute un intérêt particulier et personnel , mais ce caractère n'a pas paru devoir entraîner la nécessité d'un original spécial.

Ainsi la cour de cassation a jugé que dans les commandites il n'y avait que deux intérêts distincts : celui du gérant , celui des commanditaires ; en conséquence, quelque nombreux que soient ceux-ci, l'acte de société fait à double original seulement est parfaitement régulier [1].

2° Dans tous les cas, il n'est pas nécessaire que l'acte relate exactement le nombre d'originaux. Il suffit qu'il exprime que l'acte est fait en autant d'originaux qu'il y a de parties ayant un intérêt distinct , ou même qu'il y a de parties intéressées [2].

3° Que jusqu'à l'enregistrement de l'acte, l'associé qui en est dépositaire peut le compléter en y ajoutant la

[1] 20 décembre 1830 ; — D. P., 31, 1, 16.
[2] Bordeaux, 22 mai 1832 : — Cass., 4 juillet 1833.

II   9

mention exigée par l'article 1325. Signer un acte de
société , en rendre un des signataires dépositaire , avec
la charge de remplir les formalités voulues par la loi,
c'est conférer à celui-ci le mandat formel de faire tout
ce que la régularité de l'acte exige [1].

350 bis. — La faculté de rédiger les contrats de société par acte sous seing privé reçoit-elle exception dans
l'hypothèse de l'article 854 du Code civil ? On connaît
cette disposition : il n'est pas dû rapport pour les associations faites sans fraude entre le défunt et l'un de ses
héritiers, lorsque les conditions en ont été réglées par
un acte authentique. Cette exigence rend-elle la forme
authentique substantielle ? Permet-elle d'y suppléer notamment par l'enregistrement de l'acte sous seing privé,
par son dépôt au greffe du tribunal de commerce et son
insertion dans les journaux ?

Un grand nombre d'auteurs se sont prononcés dans
ce dernier sens [2]. Leur opinion se fonde : 1° sur l'absence dans l'article d'une clause pénale ; 2° sur l'esprit
de la loi ; 3° enfin sur les articles 39 et 42 du Code de
commerce.

En présence de si nombreuses et de si graves autorités , il semble que toute contradiction devient impossi-

---

[1] Grenoble, 11 avril 1840.

[2] Malleville et Chabot sur l'article ; — Toullier, t. 4, n° 477 ; — Mal-
pel, p. 584, 585 ; — Duranton, t. 7, n° 339 ; — Poujol , *Des success.*,
art. 854 , n° 3 ; — Dalloz , *Répert.*, 1re édition, t. 12, p. 422 ; — Mar-
cadé, sur l'article 854, n° 339.

ble. Mais cette contradiction existe en doctrine. MM.
Delvincourt et Delangle, le premier sur l'article 854,
celui-ci sur l'article 39 du Code de commerce, adoptent
et enseignent l'opinion contraire.

C'est pour la substantialité de la forme authentique
que nous nous prononçons avec ces deux éminents jurisconsultes. A notre avis, les raisons sur lesquelles on
appuie le contraire ne sont ni concluantes ni admissibles.

1° Absence de clause pénale. Nous ne rencontrons
là qu'une conséquence directe du caractère de l'article.
En matière de successions, le principe général, posé
d'ailleurs par l'article 843 du Code civil, est l'obligation
pour chaque successible de rapporter tout ce qu'il a
reçu directement ou indirectement de la part du défunt.

Ce principe comportait des exceptions. La première
et la plus naturelle naissait de l'exercice de la faculté
laissée à l'auteur de disposer du rapport jusqu'à concurrence de la quotité disponible.

Puis s'offrait la double hypothèse régie par les articles 853 et 854. Un père peut être amené à contracter
avec ses enfants, à s'associer l'un d'eux. Les profits de
ces conventions ne sont pas soumis à rapport, mais à
condition que la vente, le bail, etc., ne présentaient aucun avantage indirect lorsqu'on les consentait ; que la
société faite sans fraude ait été réglée par un acte authentique.

A la mort du père, ces exceptions seront réclamées
par le fils qui est en mesure d'en invoquer le bénéfice.

Ainsi, lorsqu'il s'agira d'une association , celui qui ré-
sistera à la demande en rapport des profits invoquera
l'article 854 et voudra se placer sous son égide , mais
il ne pourra le faire que s'il se trouve dans les conditions que cet article exige, notamment si les conditions
de l'association ont été réglées par un acte authentique.

À défaut, ses cohéritiers lui diront avec raison : Comment vous admettrait – on à vous retrancher derrière
une disposition spéciale et limitative. Vous ne pourriez
réclamer le bénéfice de l'exception que si vous aviez
vous-même accompli les devoirs que la loi vous impo-
sait. Subissez donc le sort que vous vous êtes fait vous-
même.

Voilà la véritable sanction pénale de l'article 854 , il
n'avait pas à en consacrer une autre. Les successibles
tenus au rapport doivent justifier l'exception dans laquelle ils veulent se placer. Celui qui se prévaudra de
celle consacrée par l'article 854 ne sera admissible et
recevable que s'il remplit les conditions auxquelles cet
article attache exclusivement l'exception.

Il faut donc de toute nécessité un acte authentique, et
il n'y a de tel que celui qui réunit les conditions prescrites par l'article 1317 du Code civil.

On a voulu qu'on pût suppléer à cet acte par l'enregistrement du sous seing privé ; ceci nous amène à examiner la seconde objection que les partisans de l'opinion que nous combattons tirent de l'esprit de la loi.

Ce que l'article 854 a voulu prévenir, disent-ils, c'est

le préjudice qui pourrait résulter pour les cohéritiers
par une association après coup, antidatée, et convenue
postérieurement aux bénéfices acquis. Dès lors si l'acte
de société sous seing privé a été enregistré, déposé au
greffe et publié, toute crainte de ce genre disparaissant,
l'application de l'article 854 devient réellement sans
objet.

Que les dangers résultant de l'incertitude de la date
soient entrés dans les prévisions du législateur, c'est ce
qui ne saurait être raisonnablement contesté ; mais que
tel ait été son but unique, c'est ce que nous ne pouvons
admettre. S'il en était ainsi, il s'en fût nettement expli-
qué, en faisant suivre les mots « acte authentique »
de ceux-ci : « ou ayant acquis date certaine. » L'absence de cette locution prouve que l'article a voulu autre chose.

L'acte sous seing privé peut être rédigé par le fils,
signé par le père sans le lire, cédant ainsi à l'entraine-
ment ou à une surprise. Les conditions de l'association seront ainsi le fait unique de la partie intéressée
qui n'aura pas manqué de se les rendre exclusivement
favorables.

Le concours de l'officier public est une garantie contre ce grave inconvénient. De plus, ce concours attestera
la liberté, la spontanéité du consentement du père. Tout
cela valait la peine d'être recherché.

N'est ce pas un motif de ce genre qui a fait consacrer l'article 931 au titre des donations. Pourquoi n'aurait-on pas voulu pour la société ce qu'on exigeait pour

la donation la plus minime ? L'association est bien plus
dangereuse pour la famille que la donation elle-même;
celle-ci portera toujours sur un objet certain , sur une
somme déterminée. L'association s'étend à la fortune
entière de l'auteur commun, et elle produira souvent cet
effet que par une collusion facile à supposer, cette fortune passera sur la tête de l'associé.

La facilité de cette fraude devait éveiller toute la sol-
licitude du législateur ; elle lui prescrivait de veiller au
moins à ce que le consentement du père fût certain,
spontané, et non le résultat de l'irréflexion, de l'entraînement ou de la surprise. Or , où puiser cette certitude, sinon dans le concours de l'officier public et dans
la solennité de l'acte ?

Contester ces motifs , c'est, à notre avis, méconnaître
l'évidence, c'est s'arrêter à l'écorce et négliger l'essence;
c'est enfin inexactement interpréter les termes si formels
et si positifs de l'article 854.

On excipe enfin des articles 39 , 42 et suivants du
Code de commerce , on veut que le premier ait abrogé
l'article 854 , et l'on prétend que l'exécution des derniers a rendu authentique l'acte sous seing privé.

Sans doute, au moment où l'on discutait l'article 854
on était censé ignorer les dispositions futures du Code
de commerce. Mais à cette époque, le droit commun des
sociétés était ce qu'il a été depuis. La faculté de les rédiger par acte sous seing privé était formellement consacrée par l'ordonnance de 1673. Donc , en dérogeant
à cette faculté , l'article 854 dérogeait à toute disposi-

tion de la même nature que l'avenir pouvait faire sanctionner.

Notons la place que l'article 854 occupe dans nos Codes; il est au titre des successions à la section des rapports. La société dont il parle n'est pas la société civile exclusivement, mais encore la société commerciale essentiellement, puisque le rapport est dû à la succession d'un commerçant comme à celle de toute autre personne. Pourquoi donc en refuser l'application à cette dernière société ?

Parce que, dit-on, l'article 1107 dispose que les règles particulières aux transactions commerciales sont établies par les lois relatives au commerce. Nous convenons que s'il s'agissait d'une transaction commerciale, nous ne pourrions chercher les raisons de décider que dans ces lois ; mais qu'ont de commun avec le commerce les rapports à une succession ? N'est-ce pas là une matière essentiellement civile, et sur laquelle le législateur commercial n'a jamais eu ni juridiction ni compétence ?

Que la société même commerciale reste soumise, sous certains rapports, à la législation civile; comment en douter, en présence de l'article 18 du Code de commerce lui-même ? C'est bien la société commerciale que cet article a en vue, et tout aussitôt et avant de l'organiser le législateur nous apprend que cette société se règle par **le droit civil**, par les lois particulières au commerce et par les conventions des parties.

La combinaison des articles 1107 du Code civil et 18 du Code de commerce nous amène donc à cette dis- tinction : que les rapports que la société créa entre les associés entre eux et à l'endroit du public seront réglés exclusivement par la loi commerciale. Ce sont ces rap- ports que les articles 39 , 42 et suivants établissent, et régissent. Mais, quant aux effets purement civils que cette société peut faire naître, c'est par le droit commun qu'ils doivent être exclusivement arrêtés.

En conséquence , la matière des successions n'étant jamais entrée dans le domaine du législateur commer- cial ne saurait obéir à ses prescriptions. Les articles 39 et suivants du Code de commerce n'ont donc jamais pu abroger l'article 854. Celui-ci est resté la règle unique des rapports entre cohéritiers, et cela en vertu de l'ar- ticle 18 du Code de commerce lui-même.

Quant à la prétention de faire résulter l'authenticité de l'acte sous seing privé de l'enregistrement, du dépôt et de la publication de l'extrait , avons-nous besoin d'y répondre ? L'enregistrement, le dépôt sont le fait d'une des parties et quelquefois d'un tiers étranger à l'acte. De manière que l'officier public qui reçoit l'un ou l'au- tre n'est pas même en position de garantir la véracité des signatures apposées , soit sur l'acte , soit au bas de l'extrait.

Aussi qu'arrivera-t-il ? Supposez que celui à qui on oppose un acte sous seing privé enregistré et publié ré- gulièrement dénie sa signature, sera-t-il obligé de s'in- scrire en faux ? On n'oserait pas même le soutenir. Cependant cette inscription serait indispensable, si l'acte était devenu authentique.

Comprendrait-on d'ailleurs que l'authenticicité pût résulter d'une formalité qui ne créerait pas même un commencement de preuve par écrit, autorisant la preuve testimoniale si ce titre venait à se perdre.

Voyez, en effet, l'article 1336 du Code civil; si le titre authentique ne peut être représenté, la transcription sur un registre public pourra bien servir de commencement de preuve, mais à la condition : 1° qu'il soit constant que toutes les minutes du notaire de l'année dans laquelle l'acte paraît avoir été fait soient perdues, ou que l'on prouve que la perte de la minute de cet acte a été faite par un accident particulier ; 2° qu'il existe un répertoire en règle du notaire qui constate que l'acte a été fait à la même date.

Or, ces conditions ne pouvant se réaliser pour l'acte sous seing privé, sa transcription sur un registre public ne pourra jamais constituer le commencement de preuve. Comment concilier ce résultat avec l'authenticité qu'on prétend en induire ?

Évidemment donc aucune des formalités que l'acte sous seing privé peut subir, dans l'objet d'en constater l'existence, d'en répandre la connaissance, ne saurait en changer le caractère et le rendre authentique. En conséquence, l'association entre successibles par un acte sous seing privé, même enregistré et publié, ne présentera pas la condition requise par l'article 854, et

rendra l'associé non recevable à en revendiquer le bénéfice.

Cette doctrine, enseignée par MM. Delvincourt et Delangle , a été consacrée par la jurisprudence. Ainsi la
cour de Montpellier s'étant prononée dans le sens contraire , son arrêt a été formellement cassé par la cour
suprême , comme violant les articles 854 et 1317 du
Code civil [1].

Depuis, la question s'étant représentée devant le tribunal de Paris y a reçu une décision analogue. Ce jugement ayant été déféré à la cour de Paris fut par elle
confirmé le 28 décembre 1854.[2]

Jusqu'à présent donc, la jurisprudence est uniforme;
et comme nous la croyons dans le vrai, on peut prévoir
qu'elle ne changera pas.

351. — L'acte de société devient , du jour de la
mise en activité de celle-ci , la loi définitive de toutes les
parties. C'est ce qui résulte de l'article 41 , prohibant
toute preuve par témoins contre et outre le contenu
en l'acte , ou de ce qui aurait été dit avant , lors ou
depuis.

Résulte t-il de là que l'acte pourrait être modifié, si
la modification était établie par écrit, ou si un commencement de preuve venait rendre la preuve testimoniale
admissible ?

---

[1] Cass , 26 janvier 1842 ; — D. P., 42, 1, 121.
[2] *Journal des notaires*, 1855, p 155.

Cette question doit être résolue par le caractère spécial de l'acte de société. Cet acte intéresse non-seulement les contractants, mais encore le public devant se conformer aux dispositions qui y sont contenues. Mais pour qu'un pareil effet pût se produire, il fallait bien que le public connût l'acte, et nous allons voir les formalités que la loi a prescrites à cet effet.

Il est donc évident qu'on ne saurait, d'une manière ou d'autre, le placer dans une autre position. Ce dont on peut uniquement se prévaloir contre lui, c'est l'acte apparent. Toute modification, fût-elle établie par écrit, ne serait qu'une contre-lettre sans valeur, nulle pour le passé, sans effets pour l'avenir, si elle n'avait reçu la publicité prescrite par les articles 42 et 46.

352. — D'associé à associé, les modifications à l'acte social dont la preuve écrite serait rapportée devraient sortir à effet. Elles constitueraient des engagements ordinaires, qu'aucun motif raisonnable ne saurait faire méconnaître et surtout annuler.

Mais ces modifications n'obligent que l'associé, et non pas la société. L'exécution n'en peut être poursuivie que contre le signataire personnellement, alors même que ce signataire serait le gérant. L'emploi ; dans cette hypothèse, de la raison sociale ne serait qu'un abus incapable de créer une obligation ou un droit. La mission du gérant ne va jamais jusqu'au pouvoir d'aliéner les prérogatives que chaque associé puise dans sa qualité personnelle.

353. — Les conditions de l'article 39 et les dispositions de l'article 44 ne concernent que les associés entre eux. Les tiers ne pourraient être victimes d'une négligence qui ne peut leur être imputable. Ils sont donc recevables, lorsqu'ils y ont intérêt, à prouver la société avec laquelle ils prétendent avoir contracté, même par témoins et par présomptions. Ce principe est tellement équitable et juste, qu'il avait été admis et consacré sous l'empire de l'ordonnance de 1673, quoique tout son texte rendît les tiers responsables de l'inobservation des formes qu'elle prescrivait.

354. — Suffit-il aux tiers d'alléguer l'existence d'une société? Doit-on, au contraire, exiger que le titre dont ils sont porteurs indique par son contexte un engagement social?

Se prononcer dans le premier sens, ce serait, dit M. Delangle, pousser l'application du principe hors de toute limite; ce serait faire supporter à la société la dette personnelle du commerçant, et conférer au créancier des garanties sur lesquelles il n'avait pas compté en traitant.

Il faut donc se prononcer pour le second terme de la question, et exiger que le titre soit souscrit d'un nom social, ou que de sa teneur il résulte qu'il concerne une société [1].

Nous ne craignons pas de le dire, une pareille solu-

---

[1] N° 517.

tion rend irréalisable la faculté qu'on reconnaît aux
Tiers. Cette faculté répond surtout à la prévision d'une
fraude ayant pour objet de dissimuler l'existence de la
société dans l'intérêt de certains associés. Cette fraude
se réalisant, comment veut-on que le titre soit signé
d'un nom social, ou que son contexte divulgue cette
société qu'on a tant d'intérêt à cacher ?

C'est cependant dans cette hypothèse que les tiers auront intérêt à recourir à la preuve testimoniale. La leur
refuser, comme le fait M. Delangle, c'est singulièrement
interpréter la loi.

Est-ce à dire cependant qu'il suffira d'alléguer l'existence d'une société pour être admis à la prouver par
témoins ? Les principes généraux répondent à cette objection. Pour que la preuve testimoniale soit ordonnée
dans les cas où elle est recevable, les magistrats exigent
avec raison qu'on articule des faits précis et concordants, donnant dès à présent au fait à prouver un caractère de vraisemblance qu'il serait injuste de négliger.
Celui-là donc qui alléguera l'existence de la société co-
tera les faits dont il entend la faire résulter. La perti-
nence de ces faits est abandonnée à l'arbitrage du juge,
et du résultat de cette appréciation dépendra la décision à rendre sur l'admission ou le rejet de la preuve
offerte.

En pareille matière donc il est impossible de se référer à une règle précise et absolue. Ce qui est certain,
c'est que dans aucun cas on se bornera à alléguer purement et simplement la société ; qu'on voudra la faire

résulter de certaines circonstances. Or , il en est de ces circonstances comme du résultat de la preuve. Les juges apprecieront. Sans doute on n'admettra pas que Paul est associé , parce qu'il a plu à Pierre de signer Pierre et Paul. Mais vouloir tracer à ce sujet des règles quelconque , c'est quelque peu empiéter sur la conscience du juge , qui n'a qu'à suivre dans chaque espèce ses propres inspirations.

ART. 42.

L'extrait des actes de société en nom collectif ou en commandite doit être remis dans la quinzaine de leur date au greffe du tribunal de commerce de l'arrondissement dans lequel est établie la maison du commerce social, pour être transcrit sur le registre et affiché pendant trois mois dans la salle des audiences.

Si la société a plusieurs maisons de commerce situées dans divers arrondissements, la remise, la transcription et l'affiche seront faites au greffe du tribunal de commerce de chaque arrondissement.

Ces formalités seront observées , à peine de nullité, à l'égard des intéressés ; mais le défaut d'aucune d'elles ne pourra être opposé à des tiers par les associés.

SOMMAIRE

355. — Nous avons déjà dit que l'édit de Blois de 1579 s'était le premier occupé de la publicité des sociétés, en soumettant à l'enregistrement et au dépôt celles qui existaient, ou qui existeraient par la suite.

Nous avons fait remarquer que cette disposition était prise exclusivement pour les étrangers, qui étaient alors en possession de presque tout le commerce ; qu'elle était une précaution en faveur des nationaux , qu'on voulait défendre contre les fraudes que la clandestinité des sociétés rendait faciles.

Nous avons dit , enfin , que les développements du commerce amenèrent chez les nationaux les fraudes auxquelles on s'était trouvé exposé de la part des étrangers, ce qui fit invoquer contre les uns le remède qu'on avait appliqué aux autres. Sur les réclamations les plus réitérées, l'ordonnance de juin 1623 rendit obligatoires pour les Français l'enregistrement et le dépôt des actes de société.

Chose remarquable , cette disposition ne reçut aucune exécution sérieuse. Ceux-là même qui avaient le plus ardemment réclamé n'en tinrent aucun compte. Aussi, et bien avant 1673, était- elle tombée en désuétude complète.

356. — Le législateur de cette dernière époque , convaincu de l'utilité de la mesure , en renouvela la prescription, en la réduisant toutefois aux sociétés entre marchands ; mais il ne fut pas plus heureux que son prédécesseur. Quelques années s'étaient à peine écou-

lées, qu'au témoignage de la doctrine et de la jurisprudence son œuvre était généralement délaissée.

Ce résultat déplorable était, il faut le dire, la conséquence de la manière dont la disposition avait été for-
mulée, et qui la rendait mauvaise et injuste. N'attei-
gnant pas même le but sur un point essentiel, elle le
dépassait considérablement sur un autre.

En effet, elle ne soumettait à l'enregistrement et au
dépôt que les sociétés entre marchands, c'est-à-dire et le
plus généralement, les sociétés en nom collectif. Elle en
exemptait celles entre marchands et non marchands,
c'est-à-dire les sociétés en commandite.

Or, ce qui est évident, c'est que les premières devaient nécessairement laisser après elle des traces saisissables, soit dans le fait d'une exploitation dans un
intérêt commun, soit dans les livres et écritures des divers associés. Ces traces et le droit des tiers de prouver
par témoins l'existence de la société amoindrissaient
l'inconvénient du défaut de publicité.

Il n'en était pas ainsi dans la commandite ; rien
dans celle-ci ne pouvait suppléer à cette publicité. En
effet, comme l'observe Savary, le commerçant comman-
dité ne porte pas sur son livre comme fonds capital la
somme de deniers à fournir par le commanditaire, il
se borne à en créditer celui-ci, auquel il a ouvert un
compte courant, comme son créancier ; de sorte que s'il
arrive que le marchand tombe en faillite, l'associé, paraissant créancier, entre dans le contrat d'accommode-
ment avec les autres créanciers, ou bien il partage avec

eux au sol la livre les effets du failli. Cependant, si les
tiers avaient connaissance de l'acte par son enregistrement, cette fraude serait impossible ; l'associé se verrait
contraint de participer aux dettes dans la proportion
exigée par l'article 8 du titre 4 de l'ordonnance. La dispense de l'enregistrement de l'acte a donc pour effet de
rendre cet article illusoire [1].

Savary, qui s'exprimait ainsi, était cependant un des
auteurs de l'ordonnance. Il agissait donc en connaissance de cause, lorsqu'il admettait la dispense ; et certes il dut éclairer ceux qui agissaient avec lui. Le législateur de cette époque serait donc sans excuse s'il
n'en trouvait une dans les mœurs du moment. Les pré-
jugés nobiliaires exigeaient que la commandite demeu-
rât ensevelie dans le plus profond secret , et c'est à ce
préjugé qu'on sacrifiait , en la dispensant de toute formalité. On laissait ainsi subsister un inconvénient grave ; mais , en admettant le contraire , on risquait de
sacrifier l'institution ; on ne crut donc pas devoir hésiter.

Mais ce qui ne se conçoit pas , c'est la malheureuse
pensée de rendre les tiers victimes de la négligence et
de la faute des associés. En effet, comme sanction de ses
dispositions , l'article 2 frappait la société de nullité,
tant entre les associés qu'à l'endroit de leurs créanciers
ou ayants cause. Une pareille peine ne pouvait avoir

---

[1] *Parfait négociant*, t 1, liv 1 ; — *Des sociétés*, p. 24.

qu'un seul résultat : rendre les tiers responsables d'une fraude dirigée contre eux , et qu'ils n'ont jamais eu la faculté d'empêcher. Or , c'était là blesser l'équité et la morale. Aussi ne doit-on pas s'étonner que la conscience publique eût repoussé énergiquement une pareille énormité. C'est ce qui explique comment, peu après sa promulgation, l'ordonnance était déjà tombée en désuétude à cet égard [1].

357. — Les auteurs du Code de commerce profitèrent de la leçon, convaincus de la haute utilité et de l'indispensable nécessité de la publicité des sociétés , ils la prescrivirent dans toutes les sociétés commerciales et en firent la condition *sine qua non* de leur validité. Mais obéissant à un sentiment de justice , ils proclamèrent que la nullité résultant du défaut de publication, ou d'une publication irrégulière ou insuffisante , ne pourrait, en aucun cas, être opposée aux tiers.

C'étaient là des modifications heureuses. Mais quoique améliorant la législation sur la matière , ces modifications étaient loin d'assurer au public ces garanties efficaces qu'il était en droit d'attendre et d'exiger. Dans le système de l'article 42, tout se passait entre l'associé et le greffier du tribunal de commerce , l'un déposant, l'autre recevant l'extrait de l'acte de société, qu'il transcrivait sur un registre spécial. Il est vrai que cet extrait devait rester , pendant trois mois , affiché dans la

---

[1] Merlin, *Quest. de droit*, v° *Société*, § 4, et autorités qu'il cite.

salle d'audience du tribunal. Mais le public qui fréquente cette salle est rarement celui qui aurait intérêt à connaître les conditions de la société. Sans compter que la place que l'affiche occupait et le grillage qui la protégeait en rendait la lecture difficile sinon impossible. Il fallait donc se transporter au greffe, compulser le registre et consacrer à cette recherche un temps qu'on préférait consacrer à ses affaires.

On l'avait si bien senti que dans l'objet d'établir un moyen de publicité plus facile, un décret du 18 février 1814 prescrivait l'insertion dans un journal de l'extrait de l'acte social.

Mais la constitutionnalité de ce décret avait été l'objet de nombreuses contestations. La cour de cassation qui s'était d'abord prononcée pour le décret, finit par en consacrer l'inconstitutionnalité, par un arrêt des chambres réunies du 3 mars 1832. [1]

C'en était fait de l'insertion au journal malgré que, comme moyen de vulgarisation, elle l'emportât sur toutes les autres formalités. Une loi qui suivit immédiatement l'arrêt de la cour de cassation, mais que la clôture de la session ne permit de discuter qu'en 1833 et qui fut promulguée le 31 mars de cette même année, vint la prescrire, et cette fois très-légalement.

Tout le système de publicité du Code de commerce consistait donc dans le dépôt au greffe du tribunal de

[1] D. P., 32, 2, 113.

commerce d'un extrait de l'acte de société ; dans la transcription de cet extrait dans un registre spécial , dans son affiche pendant trois mois dans la salle d'audience, et par son insertion dans le journal que le tribunal de commerce désignait annuellement pour recevoir ces insertions.

On sait les vives attaques et les nombreuses réclamations dont ce système avait été l'objet. Cependant le projet de loi de 1867, tout en le modifiant pour les sociétés en commandites par actions, anonymes ou à capital variable , le maintenait pour les sociétés en nom collectif ou en commandite simple.

Mais la commission du Corps législatif ne crut ni avantageux ni convenable d'admettre divers modes de publication variant suivant la nature de la société. Frappée de ce que , dans l'enquête commerciale , une foule d'hommes spéciaux avaient fortement insisté sur la nécessité de simplifier la publicité des sociétés, de la rendre en même temps plus efficace et moins coûteuse, elle crut devoir satisfaire à ce vœu , et saisissant l'occasion qui s'offrait dans ce sens , elle arrêta une série de dispositions qui , accueillies par le conseil d'Etat et le Corps législatif sont devenues le titre 4 de la loi du 24 juillet 1867.

Aux dispositions de l'article 42, cette loi substitue les prescriptions suivantes :

« ARTICLE 55.

» Dans le mois de la constitution de toute société

» commerciale , un double de l'acte constitutif s'il est
» sous seing privé , ou une expédition s'il est notarié,
» est déposé aux greffes de la justice de paix et du tri-
» bunal de commerce du lieu dans lequel est située la
» société.

» A l'acte constitutif des sociétés en commandite par
» actions et des sociétés anonymes sont annexées :
» 1° une expédition de l'acte notarié constatant la sou-
» scription du capital social et le versement du quart ;
» 2° une copie certifiée des délibérations prises par
» l'assemblée générale dans les cas prévus par les arti-
» cles 4 et 24.

» En outre , lorsque la société est anonyme , on doit
» annexer à l'acte constitutif la liste nominative , due-
» ment certifiée, des souscripteurs contenant les noms,
» prénoms, qualité, demeure et le nombre d'actions de
» chacun d'eux.

» ARTICLE 56.

» Dans le même délai d'un mois, un extrait de l'acte
» constitutif et des pièces annexées est publié dans l'un
» des journaux désignés pour recevoir les annonces lé-
» gales.

» Il sera justifié de l'insertion par un exemplaire du

» journal certifié par l'imprimeur, légalisé par le maire
» et enregistré dans les trois mois de sa date.

  » Les formalités prescrites par l'article précédent et
» par le présent article seront observées à peine de nul-
» lité à l'égard des intéressés ; mais le défaut d'aucune
» d'elles ne pourra être opposé aux tiers par les asso-
» ciés. »

Ces dispositions constituent évidemment un progrès
et consacrent quelques nouvelles mesures excellentes.
Donneront-elles enfin au public cette garantie efficace
qu'on a cherché à lui assurer ? Il faudrait pour le croire
qu'elles eussent modifié ce qui est peu modifiable, la
nature des choses.

Quelque précautions qu'on prenne on ne parviendra
jamais à faire de la publicité des sociétés une vérité absolue. La rapidité inévitable des opérations commerciales, leur caractère, l'éloignement des parties contrac-
tantes, restreindront nécessairement cette publicité dans
un cercle assez étroit, à l'exclusion, bien souvent, des
personnes qui y auraient le plus grand intérêt.

« Si les formalités prescrites pour la publication des
» actes de société, disait le second exposé des motifs
» de la loi de 1867, les faisaient, en effet, connaître
» de tous ceux qui sont intéressés à savoir ce qu'ils
» contiennent ; ou même s'il était possible à chacun,
» au moment où il contracte avec une société, de s'en-
» quérir des stipulations insérées dans les statuts, on

» devrait moins se préoccuper des intérêts qui seraient
» en mesure de se protéger eux-mêmes. Mais, d'une
» part, il y aura toujours, quoi qu'on puisse faire, en-
» tre la publicité de droit et la publicité de fait, une
» différence qu'il ne faut ni méconnaître ni oublier ;
» d'un autre côté, au milieu des transactions si rapides
» et si nombreuses du commerce, personne ne peut
» parvenir à connaître les combinaisons si variées des
» actes de société et· à se prémunir contre leurs ef-
» fets. »

Sans doute, il y a entre la publicité de droit et la
publicité de fait une différence qu'on ne parviendra pas
à faire disparaître. Cette différence, toutefois, ne gît pas
dans l'impuissance de connaître la nature et les conditions de la société avec laquelle on traite. Ce qui la détermine, c'est le manque de temps, c'est le défaut de
moyens pour réaliser les démarches et les recherches
auxquelles il faudrait se livrer.

Comment, en effet, les précautions prises au siége de
la société pourraient-elles être de quelque efficacité
pour ceux qui demeurent à cinquante, à cent lieues de
ce siége? Comment un négociant lisant aujourd'hui
dans son journal l'annonce d'une société, aura-t-il dans
six mois, dans un an, assez présentes à l'esprit la date
du numéro du journal et la teneur de l'annonce? Faudra-t-il, avant de conclure une opération, se transporter, quélle que soit la distance, soit au greffe du tribunal de commerce du ressort, soit au greffe de la justice
de paix du canton? Sera-t-on fondé à reprocher de

s'en être abstenu , à celui qui ayant traité par courtier ou agent de change, n'a connu l'opération qu'après l'opération conclue et définitivement arrêtée ?

L'efficacité absolue de la publicité des sociétés est donc une véritable chimère. Cependant tout en l'admettant ainsi, le législateur ne pouvait pas laisser cette publicité sans effets. S'il était impuissant à faire que tout le monde sut, il devait mettre tout le monde à même de savoir , et prendre des mesures pour que ceux qui auraient la volonté et le temps de se livrer à des recherches pussent y parvenir le plus facilement et à moins de frais possible.

357 bis. — Dans ce but, au lieu de l'extrait qu'exigeait l'article 42 du Code de commerce , la loi nouvelle prescrit le dépôt de l'acte lui-même , en original s'il est sous seing privé, en une expédition s'il a été reçu par un notaire.

On pourra donc, à l'avenir, consulter le pacte social dans son entier, en vérifier toutes les clauses, en pénétrer les arcanes, en apprécier les conditions. Entre autres avantages , cette prescription a celui de rendre tout malentendu impossible , de mettre un terme aux difficultés et au procès auxquels avait donné lieu la question de savoir si telle ou telle clause de l'acte devait ou non être publiée.

Dans les sociétés en nom collectif ou en commandite simple, il n'y a à déposer qu'une seule pièce : l'acte de société. Du jour, en effet, que cet acte est agréé et si-

gné par les intéressés, la société est définitivement constituée , et sa mise en mouvement n'est subordonnée à
aucune autre formalité.

Dans les sociétés en commandite par actions ou anonymes , la constitution de la société exige d'abord une
déclaration notariée par le gérant ou les fondateurs,
que l'entier capital a été souscrit et le versement du quart
du montant de chaque action opéré.

De plus, si des apports en nature ont été fait ou des
avantages particuliers stipulés , une première assemblée
générale nomme une commission qui apprécie les uns
et les autres, et sur son rapport une seconde assemblée
générale approuve ou non les apports ou les avantages
particuliers [1].

L'accomplissement de ces formalités régularise seul la
constitution de la société. Aussi la loi exige-t-elle qu'à
l'acte de société soient annexées : une expédition de la
déclaration notariée, et, s'il y a lieu, une copie certifiée
des délibérations sur les apports en nature et les avantages particuliers.

Le législateur nouveau a donc voulu que les tiers fussent mis à même de s'assurer de la régularité de la
constitution de la société. On pourrait se demander où
en était la nécessité , puisque la nullité résultant de
l'irrégularité ne peut jamais leur être opposée.

Mais à côté des associés existent les créanciers per-

---

[1] Voir notre *Commentaire de la loi du 24 juillet* 1867, art. 4 et 24.

sonnels de chacun d'eux, et ce que les premiers ne sauraient faire, ceux-ci sont admis à s'en prévaloir. Les
créanciers personnels, en effet, sont des tiers que la société lèse plus ou moins, car ce que leur débiteur y a
versé devient par privilége affecté aux créanciers sociaux. Ils sont donc exposés à perdre une partie de
leur gage, et par conséquent fondés à prétendre ne devoir subir cette perte que si la société a été régulièrement
constituée.

Donc, la régularité de la constitution de la société
intéresse à un haut degré tous ceux qui sont appelés à
traiter ave elle. Ce n'est qu'à cette condition que sera
acquis leur privilége sur l'actif de la société. Il était
donc convenable et juste de les mettre à même d'apprécier cette régularité, et de refuser de traiter si l'inac-
complissement de la loi leur faisait craindre d'être obligés de venir seulement en concours avec les créanciers
personnels des associés.

Enfin, si la société est anonyme, on doit encore annexer à l'acte la liste nominative, dûment certifiée, des
souscripteurs, contenant les noms, prénoms, qualités,
demeure et le nombre d'actions de chacun d'eux.

Ici l'intérêt est évident. La société anonyme est une
société de capitaux et non de personnes; il n'y a pas de
responsabilité indéfinie, et, comme tous les autres associés, les administrateurs ne sont tenus que jusqu'à concurrence de leur mise. Il est donc rationnel que le public, qui n'a d'autre gage, d'autre garantie que le capital déclaré, soit mis à même de vérifier si les souscrip-

teurs sont sérieux et solvables , et dispensé , le cas é-
chéant, de se livrer à des recherches plus ou moins faciles.

Il est vrai que, quoique sur une échelle moindre, le
même intérêt existe dans la commandite. Mais il est de
l'essence de cette société que le ncm des commanditaires
restent ignorés et inconnus du public. La responsabilité
solidaire et indéfinie du gérant est d'ailleurs une garantie , car il ne pourrait , sans en être victime , favoriser
quelques-uns de ses associés et amoindrir ou dénaturer
leurs engagements.

Les commanditaires ne pouvant être directement poursuivis qu'en cas de faillite de la société, les tiers créanciers ne sont intéressés à les connaître qu'à cette époque. Or , la loi y a pourvu en exigeant le dépôt d'un
double de l'acte, et en prescrivant d'annexer la liste des
souscripteurs à la déclaration notariée à faire par le gérant, de la souscription de l'entier capital et du versement du quart au moins des actions. Le ministère forcé
du notaire et le dépôt de l'annexe dans ses minutes
sont une suffisante garantie contre toutes modifications
ou altérations ultérieures.

357 ter. — L'acte et, s'il y a lieu , les annexes sont
déposés non-seulement au greffe du tribunal de commerce du ressort, mais encore au greffe de la justice de
paix du lieu dans lequel est établie la société. Le dépôt
au greffe de la justice de paix atténue singulièrement
l'inconvénient que peuvent présenter l'incertitude du

*tribunal dont ressort la société et l'éloignement de ce tribunal. On n'aura désormais qu'à se rendre au chef-lieu du canton qui sera toujours connu et fort à portée d'un certain public, et on y trouvera les renseignements qu'on n'aurait pas même recherché si un voyage, quelque court qu'il fût, avait été nécessaire.

En rendant les recherches plus simples et plus faciles on les encourage. Ce but que la loi nouvelle s'est proposée, ses dispositions sont de nature à l'atteindre.

Si la société a plusieurs maisons de commerce, le dépôt prescrit doit être effectué dans chacun des divers arrondissements où existent ces maisons. Cette prescription que l'article 42 du Code de commerce consacrait, avait donné lieu à rechercher ce qu'il fallait entendre par maison de commerce. Par exemple, faut-il, dans les sociétés pour entreprise de travaux, considérer comme un établissement distinct le lieu où s'exécutent les travaux et où la société a des ouvriers et des agents pour l'exécution et la direction de ces travaux, ou la perception des produits en vue desquels ils ont été entrepris et exécutés ?

Un arrêt de la cour de Paris, du 24 décembre 1842, se prononce pour la négative. M. Delangle approuve fort cette solution. « Ce serait, dit-il, pousser les cho-
» ses à l'excès que d'imposer la nécessité des publica-
» tions partout où la société a des rapports avec les
» tiers et se livre aux travaux qui doivent la conduire
» à son but. Il faut encore, pour que la loi soit appli-
» cable, qu'il y ait un domicile social, une maison de

» commerce. On ne peut pas entendre par une maison
» de commerce le lieu où les travaux s'exécutent. [1] »

Nous sommes de l'avis de M. Delangle , et , comme
lui , nous croyons irréfutable la doctrine de l'arrêt de
Paris. On doit donc l'appliquer encore sans hésiter , la
loi nouvelle n'ayant rien modifié en ce point à l'article
12 du Code de commerce, et laissant aux termes *maison de commerce* l'acception qu'ils avaient reçue sous
l'empire de celui-ci.

De même que l'article 42 du Code de commerce, l'article 59 de la loi nouvelle suppose non des rapports
plus ou moins fréquents avec les tiers , pas même des
opérations plus ou moins nombreuses, mais des établissements permanents, tenant magasins ou bureaux, s'annonçant au public par une enseigne portant la raison
sociale , en d'autres termes , des succursales régulièrement organisées et faisant , dans les localités où elles
sont établies , tout ce que la maison mère fait au siége
de la société.

Dès lors, les raisons d'utilité et d'intérêt publics qui
faisaient prescrire la publication de la société à ce siége
exigeaient cette publication dans chacune des localités
où fonctionnent les succursales , et l'on comprend très-bien que le législateur de 1867 ait reproduit et se soit
approprié la disposition du Code de commerce à ce
sujet.

---

[1] *Des sociétés*, n° 529.

Dans le premier paragraphe de l'article 59 , le mot arrondissement est pris dans l'acception qu'on lui attribue dans le langage judiciaire : il désigne donc le ressort assigné aux tribunaux de première instance. Le département des Bouches-du-Rhône , par exemple , a trois arrondissements : Marseille, Aix, Arles. La société qui aurait des maisons de commerce dans chacune de ces villes, ou dans des localités en ressortissant, devrait opérer le dépôt prescrit au greffe du tribunal de commerce de l'arrondissement et au greffe de la justice de paix du canton.

Le second paragraphe du même article 59 emploie encore le terme arrondissement, mais dans une acception fort différente. La division d'une ville en arrondissements ne se rencontre guères que pour Paris et Lyon. Partout ailleurs les villes , quelle que soit leur importance , se divisent par cantons dont chacun est desservi par une justice de paix spéciale. C'est à cette division que se réfère l'article 59.

Fallait-il, dès qu'une société avait des maisons dans des quartiers situés dans des cantons différents , l'obliger à déposer l'acte de société et , s'il y a lieu , ses annexes, au greffe de la justice de paix de ces divers cantons ? On ne l'a pas pensé , et avec juste raison. On ne voit pas, en effet, l'utilité de cette multiplicité de dépôts dans une même ville.

Il suffit donc , dans ce cas , d'un dépôt au greffe de la justice de paix du principal établissement , et l'on

considèrera comme tel celui que l'extrait inséré au journal désignera comme siége de la société.

358. — Nous avons déjà dit que, de même que le
législateur du 31 mars 1833, le législateur de 1867
prescrivait, outre le dépôt dont nous venons de parler,
l'annonce de la société dans les journaux.

Cette exigence souleva une controverse au Corps législatif, non sur le principe en lui-même que tous con-
sidéraient comme utile et nécessaire, mais sur le mode
d'exécution qu'il convenait de lui donner.

« Est-ce que, disait M. Jules Simon, quand on veut
» imposer la publication aux sociétés, c'est afin qu'el-
» les soient connues du plus grand nombre de person-
» nes, et qu'elles trouvent un plus grand nombre d'a-
» dhérents? Est-ce que c'est afin que leurs affaires s'é-
» tendent? Ce n'est pas cela du tout; c'est afin que
» personne ne puisse être trompé, et que ceux qui
» ont besoin de savoir quels sont les statuts de la so-
» ciété, le sachent parfaitement sans la moindre diffi-
» culté.

» Eh bien! pour cela que faut-il? Il faut qu'on
» puisse trouver ces renseignements dans le même lieu,
» et, pour ainsi dire, à la même place. Vous n'avez
» pas besoin pour cela d'un journal répandu, tout au
» contraire; le renseignement qu'il vous faut sera noyé
» dans un pareil journal; on l'y trouvera difficilement,
» après de longues et fastidieuses recherches que tout
» le monde ne peut pas faire. Il est mille fois préféra-

» ble d'avoir un répertoire unique où tous les éléments
» réunis et méthodiquement classés rendent les recher-
» ches et les comparaisons faciles.· »

En conséquence , M. Jules Simon proposait la création d'un bulletin unique destiné à recevoir et à centra-
liser l'annonce de toutes les sociétés qui se créeraient sur
tous les points de la France.

Ce système localisait en quelque sorte les recherches,
mais ne les rendait pas plus faciles , surtout pour ceux
qui résidaient loin du lieu où se publiait le bulletin.
Aussi la commission lui préférait – elle , avec raison,
l'emploi des journaux de la localité. Mais elle demandait que parmi ceux désignés pour recevoir les annonces
légales , on en indiquât un spécialement et exclusivement chargé de l'insertion des annonces relatives aux
sociétés. « La liberté du choix, disait-elle, pourra faire
» que les insertions pour la même société soient adres-
» sées à différents journaux , tandis qu'avec un seul
» journal devant concentrer toutes les annonces, les re-
» cherches sont aussi faciles , aussi simples , aussi peu
» coûteuses que possible. »

Cette proposition repoussée par le conseil d'Etat , fut
combattue, au Corps législatif, par le ministre du commerce comme créant, sans nécessité, une dérogation au
droit commun.

« Remarquez, disait le ministre, que les publications
» des sociétés , quelque intéressantes que soient les so-
» ciétés, ne sont pas plus importantes que les publica-

» tions qui touchent à l'intérêt des mineurs, à l'intérêt
» des interdits , aux divers intérêts auxquels s'applique
» la publicité légale. Pourquoi donc vouloir une publi-
» cité spéciale pour les sociétés ? pourquoi vouloir des
» garanties que le droit commun n'exige pas pour les
» autres sortes de publications ? Nous n'en avons pas
» apperçu le motif. »

Ce motif était cependant assez visible. Ce que la commission demandait n'était ni une publicité spéciale , ni
de garanties autres que celles que le droit commun accorde aux autres publications légales. Son but unique
était de rendre les recherches plus simples et plus faciles, ce qu'exigeait impérieusement le caractère des transactions commerciales. C'est en cette matière surtout
qu'on peut dire que le temps est de l'argent , et celui
qu'on perdrait en feuilletant divers journaux , sans inconvénient lorsqu'il s'agit de mineurs, d'interdits , de
femmes mariées , pourrait exercer la plus fâcheuse influence sur l'opération projetée , et même la rendre inutile ou impossible.

Quoiqu'il en soit, la majorité du Corps législatif suivant docilement l'avis du ministre , repoussa la proposition de M. Jules Simon et l'amendement de sa commission. En conséquence, dans les localités où plusieurs
journaux ont été désignés pour recevoir les annonces
légales, les intéressés ont la liberté de choisir l'un d'eux
à leur gré, pour toutes les insertions exigées par la société.

Au reste, cette liberté sera bientôt illimitée. Le systè-

me de désignation des journaux par l'administration n'a
jamais été qu'une mesure politique, et il est à peu près
certain qu'il tombera avec l'odieux régime qui nous l'a-
vait imposé.

358 bis. — Si l'insertion au journal avait dû comprendre l'acte de société et ses annexes , la mesure eût
été fort coûteuse : aussi la loi se contente-t-elle d'exiger
un extrait de l'un et des autres.

Nous allons bientôt voir les indications que doit contenir l'extrait de l'acte de société..

Quant à l'extrait des sociétés anonymes , la loi garde
le plus complet silence : elle s'en remet donc à ce sujet
à l'appréciation des associés qui font l'insertion.

Ce que doit être celle-ci , la nature de l'anonyme
l'indique suffisamment. Ce qui importe aux tiers c'est
de savoir, non dans quelle forme il a été procédé, mais
uniquement si les conditions tracées par la loi ont été
remplies.

En conséquence, il suffira de mentionner cet accomplissement , et cette mention résultera des indications
suivantes :

Par acte du..., notaire M*..., enregistré, M. ...,
gérant ou MM. ..., fondateurs de la société , ont déclaré que le capital social avait été en entier souscrit, et
le versement du quart des actions opéré;

Par délibérations des..., l'assemblée générale a fait
apprécier et approuver les apports en nature faits par

M. ..., ou les avantages particuliers stipulés en faveur de....

Quant à la liste nominative des souscripteurs que la loi exige dans l'anonyme , il est évident qu'elle n'est pas susceptible d'extrait. Dès lors la loi ne demandant qu'un extrait , il est évident que cette liste ne doit pas figurer dans l'insertion.

359. — Cette insertion est prouvée par la production d'un exemplaire du journal certifié par l'imprimeur et légalisé par le maire.

Il semble que cette double formalité devait suffire, car en supposant qu'on eût surpris la signature du maire sur un exemplaire fabriqué après coup , l'exemplaire qu'on a dû déposer au parquet ferait facilement découvrir la fausseté de la date et établirait la certitude de la fraude.

Cependant la loi ne s'en est pas contentée : elle veut en outre que le numéro du journal soit enregistré dans les trois mois de sa date.

Nous ne voyons pas ce que cet enregistrement peut ajouter à la publicité de la société ; cependant il résulte de la discussion de la loi qu'il a été prescrit , non dans un but de fiscalité , mais pour assurer aux actes de société une publicité loyale et sincère. D'où la jurisprudence a conclu que le défaut d'enregistrement entraînait la nullité de l'acte , alors même que l'insertion aurait eu lieu ; et que cette nullité étant d'ordre public, ne se-

rait pas couverte par l'exécution que la société aurait
reçue [1].

Cette jurisprudence est sévère. On pourrait peut-être
lui reprocher de confondre l'absence de publicité avec
le défaut des moyens tendant à la justifier ; de faire
produire à ce défaut un effet qui ne devrait résulter que
de l'absence de publicité ; l'enregistrement n'étant qu'un
moyen de prouver que la publicité a été donnée à la
société, et ne constituant pas lui-même cette publicité,
n'est-ce pas par trop rigoureux qu'il ne puisse être suppléé par rien ? N'est-ce pas d'autre part pousser jusqu'à ses dernières limites l'idolâtrie de la forme que
d'annuler l'acte, alors que, de l'aveu de tous, l'insertion a eu lieu dans le délai voulu ? A quelle nécessité
répond alors cette nullité ?

Ces considérations ne manquent pas de gravité, et il
eût été à désirer qu'en revisant notre système de publicité, le législateur de 1867 les eût examinées, et jugé
des conséquences qu'elles devaient entraîner. Comme
les documents législatifs sont muets à cet égard, de ce
silence il s'induit qu'en s'appropriant la disposition de
l'article 42 du Code de commerce, la loi nouvelle laisse
toute son autorité à la doctrine des cours de cassation
et de Bordeaux.

360. — Le délai de quinze jours que le Code de

---

[1] Cass., 30 janvier 1839 ; Bordeaux, 5 février 1841 ; — D. P., 31,
1, 90 ; 41, 2, 185.

commerce accordait pour le dépôt et l'insertion au journal, a été porté à un mois par la loi nouvelle, et ce
mois court, non plus de la date de l'acte, mais du jour
de la constitution de la société.

Le Code de commerce avait pu prendre la date de
l'acte pour point de départ du délai, car, sous son empire, dès que cet acte était parfait, la société était constituée, et cela non-seulement pour la société en nom
collectif et en commandite simple, mais encore pour
la commandite par actions, à moins que, dans cette
dernière, l'acte ne stipulât que la société ne serait
constituée que lorsque un nombre d'actions serait souscrit.

Dans ce cas, à ne consulter que les termes de l'article 42, c'était encore de la date de l'acte que devait
partir le délai. Mais cette interprétation juridique bles-
sait la raison. A quoi bon en effet publier une société
qui n'était encore qu'un projet, qui pouvait ne pas recevoir la condition *sine qua non* de son existence ?

Aussi la jurisprudence avait-elle admis non-seulement
que le délai ne court que du jour de la constitution de
la société, mais encore que la publication faite avant
l'événement de la condition devait être renouvelée après
sous peine de nullité de la société.

Un arrêt de la cour de cassation, du 4 août 1847,
juge que lorsqu'un associé stipule pour ses coassociés,
sans présenter leurs pouvoirs et seulement avec promesse de fournir leur ratification, la société n'est définitivement constituée au regard des tiers que lorsque la

ratification est donnée, et que la publicité donnée à la
société avant la ratification ne produit aucun effet.

« Attendu, porte l'arrêt, que c'est seulement du jour
» où l'acte de société est devenu définitif par l'appro-
» bation ou la ratification de ceux dont le consente-
» ment est nécessaire pour la validité de la société, que
» court le délai de quinzaine pour sa publication;

» Qu'en conséquence la publication et le dépôt au
» greffe antérieurement aux ratifications restent dé-
» pourvues d'efficacité, en ce qu'ils se rattachent à un
» acte imparfait, et jusqu'à la publication régulière de
» l'acte ainsi ratifié et ainsi complété, les associés de-
» meurent personnellement propriétaires des immeu-
» bles apportés par eux en société, et dès lors capables
» de les hypothéquer. [1] »

L'honorable M. Duvergier avait délibéré, en faveur
de l'opinion contraire, une consultation dans laquelle
il soutenait que la ratification, ayant eu un effet rétro-
actif, avait rendu la société définitive à l'origine de
l'acte, et, par conséquent, donné toute efficacité à sa
publication ; qu'on devait d'autant plus le décider ainsi
que les droits du créancier n'avaient été acquis qu'a-
près la ratification qui avait rendu toute nouvelle publication inutile.

Mais la cour de cassation répond : « Que la règle
» qui assimile la ratification au mandat, quoique ap-

[1] J. du P., 47, 1, 557.

» plicable aux associés qui ont traité en connaissance
» de cause et en acceptant les éventualités de la pro-
» messe de ratification , n'empêche pas que , jusqu'à
» cette ratification, l'acte de société n'ait pour le public
» qu'une existence incertaine et subordonnée à un con-
» sentement qu'on peut donner ou refuser ; que tant
» que ce consentement n'est pas intervenu, la publica-
» tion des actes de société en exécution de l'article 42
» du Code de commerce n'ajoute aucune force à cet
» acte , et le laisse dans l'état d'imperfection où il s'est
» trouvé au moment de sa confection. »   .

La loi nouvelle tranche toute controverse et exclut
tout doute. Elle ne fait courir le délai de la publication
que du jour de la constitution de la société. Sous son
empire, donc, on doit de plus fort se ranger à la doctrine de la cour de cassation. La publication d'une société dont l'existence serait subordonnée à une condition quelconque, avant l'événement de la condition serait sans efficacité , et la société serait nulle à l'égard
des tiers si la publication n'en avait été renouvelée dans
le mois de cet événement.

Or, les sociétés en commandite par actions ou anonymes ou à capital variable étant soumise par la loi à
des formalités spéciales , ne sont constituées définitivement qu'après l'accomplissement de ces formalités , et
c'est de ce jour seulement que court le délai d'un mois
accordé pour la publication. La publicité que la société
aurait reçue avant, quelque complète qu'elle eût été, ne

mettrait pas la société à l'abri de l'action en nullité soit
de la part des associés, soit de la part des tiers.

361. — Le délai d'un mois est-il fatal ? Son expiration est-elle un obstacle à toute publication ultérieure,
de telle sorte que malgré cette publication on pût toujours demander et faire prononcer la nullité de la société? En d'autres termes, le retard équivaut-il au défaut de publication ; en produit-il les effets ?

L'affirmative a trouvé des partisans et des défenseurs.
En cette matière, a-t-on dit, la nullité est d'ordre public ; elle est acquise par le seul fait de l'expiration du
délai. Comment donc admettre que l'acte d'un des associés en fait perdre le bénéfice aux autres, alors que
ceux-ci ne pourraient valablement renoncer à s'en prévaloir ?

Ces considérations sont décisives dans l'hypothèse
d'une demande en nullité introduite en l'état de l'absence de toute publication, ou d'une publication incomplète. Dans ce cas, en effet, et tant que cet état dure,
chaque associé est en droit de faire prononcer la nullité, et il a été jugé, avec raison, qu'aucune fin de
non - recevoir contre sa demande ne saurait résulter de
l'exécution qu'il aurait personnellement donnée à la
société [1].

Cela se conçoit facilement. La publication des socié-

---

[1] Toulouse, 22 mars 1837 ; Rennes, 22 juin 1837. — D. P., 37, 2,
164.

tés est exigée dans un intérêt public et général. On a voulu éviter les fraudes, qui pourraient après coup être tentées soit contre certains associés, soit contre les tiers. Or, tant que cette publication n'a pas été réalisée, la désobéissance à la loi est flagrante, ses conséquences en sont acquises, et il ne saurait être qu'un fait postérieur à la demande judiciairement intentée pût en arrêter l'effet.

Mais il n'en est plus ainsi lorsque, quoique tardivement, la loi a été obéie et toutes ses prescriptions remplies avant qu'une poursuite en nullité ait été intentée. Alors, en effet, le danger en vue duquel la publicité a été prescrite, n'existe plus ni dans l'avenir ni même pour le passé. La publicité que l'acte reçoit détermine la position de tous les intéressés et régularise cette position vis-à-vis des tiers. En d'autres termes, le but que se propose la publication des sociétés est de leur assurer une notoriété telle qu'aucun doute ne puisse surgir ni sur leur existence, ni sur leurs conditions. Or, ce but n'est-il pas atteint dès que toutes les formalités prescrites ont été remplies ?

Qu'importe qu'elles l'aient été après le mois de la constitution de la société ? Le sont-elles moins pour cela ? Le public en est-il moins suffisamment éclairé ? La nullité serait donc en réalité un effet sans cause. Sans doute le droit de la faire prononcer jusque-là était incontestable. Mais le silence qui a permis que la société fût enfin publiée, a dû et doit être considéré comme une renonciation à l'exercer.

La pensée du législateur à ce sujet se manifeste dans la discussion législative de l'article 42 du Code de commerce, dont la disposition relativement au délai n'a été modifiée par la loi nouvelle que pour ce qui concerne sa durée. Cette discussion, en effet, prouve qu'on s'était beaucoup plus préoccupé des formalités en elles même, que du délai dans lequel elles devaient être accomplies. Cependant il fallait déterminer ce délai pour remédier à un abus que l'ordonnance de 1673 avait autorisé. Du silence qu'elle gardait à ce sujet, on avait conclu que les formalités pouvaient être utilement remplies à toute époque, même après l'introduction de l'action en nullité, qui devait dès lors être repoussée.

Cette fin de nou recevoir ainsi née après coup parut inique, et c'est uniquement pour la proscrire qu'on proposat et qu'on admit le délai de quinzaine. En réalité donc, l'article 42 ne consacrait que ceci : Le délai de quinzaine expiré sans que l'acte eût été publié, le droit de faire prononcer la nullité était acquis aux intéressés et ne pouvait être modifié par une exécution de la loi postérieure à son exercice. Mais de là à conclure que cet exercice pouvait encore avoir lieu nonobstant la publication qui l'avait précédé, la distance est énorme, et la doctrine n'a pas cru devoir la franchir.

« Ainsi, dit M. Delangle, dès qu'il s'est écoulé quinze » jours de la date de la société sans que la publication » ait eu lieu, les associés sont en faute, et chacun d'eux » est maître de rompre le contrat. Mais si, dans l'ori-» gine, ils gardent le silence, et qu'au moment où la

» plainte se fait entendre toutes les négligences aient
» été réparées , la nullité n'existe plus. L'inobservation
» du délai n'était qu'une chose purement secondaire;
» elle n'empêche pas que le jour où le débat s'engage
» il y ait une société régulière au fonds comme en la
» forme, valable, inattaquable. [1] »

Cette doctrine fondée en raison interprète sainement
la pensée du législateur , à laquelle la loi de 1867 n'a
ni voulu ni pu rien changer. Désormais donc , l'expiration du délai d'un mois à partir de la constitution de
la société ouvre aux intéressés l'action en nullité. Mais
si cette action n'est exercée que plus tard et qu'après
que la société a été régulièrement publiée , cette publication quoique faite hors le délai , n'en crée pas moins
une fin de non recevoir contre la demande.

361 bis. — Ce qui est vrai pour le délai de la publication ne saurait pas ne pas l'être pour celui donné
pour l'enregistrement du numéro du journal dans lequel l'extrait prescrit a été inséré. Ainsi, si trois mois se
sont écoulés depuis la date du journal sans qu'il ait été
procédé à son enregistrement , chaque intéressé a le
droit de se pourvoir en nullité , et l'exercice actuel de
ce droit aboutirait fatalement à cette nullité.

Mais , si au moment de cet exercice le numéro a été
enregistré , la demande en nullité est non recevable et
devrait être repoussée.

---

1 *Des sociétés*, n° 537.

Il est vrai qu'en 1839 et 1841, les cours de cassation et de Bordeaux ont déclaré que la nullité résultant du défaut d'enregistrement dans les trois mois était
d'ordre public, et n'était pas couverte par l'exécution
que la société a reçue [1].

Mais ce qu'il faut remarquer, c'est que dans l'une et
l'autre espèce il s'agissait non d'un retard dans l'enregistrement mais d'un défaut absolu, que cette formalité
n'avait été remplie ni avant ni depuis la demande, et
c'est dès lors très-juridiquement qu'il était déclaré que
l'exécution donnée à la société n'avait pu suppléer à
cette formalité ni couvrir la nullité.

Qu'aurait-on décidé si, après les trois mois mais a-
vant l'introduction de l'instance, l'enregistrement avait
été requis et réalisé ?

Nous ne pouvons, en ce qui concerne la cour de cassation, que nous livrer aux conjectures qu'autorise la
doctrine qne nous venons d'exposer. Quant à la cour de
Bordeaux, il apparaît de son arrêt qu'elle aurait repoussé la nullité.

En effet, nous lisons dans cet arrêt : « Attendu que
» le numéro du journal n'a pas été enregistré dans les
» trois mois de sa date ; qu'on ne rapporte pas non
» plus la preuve de cet enregistrement avant la deman-
» de en nullité. » N'est-il pas évident que si cette dernière preuve avait été rapportée, la cour de Bordeaux,

1 Voy. *supra* n° 59.

au lieu d'accueillir la demande l'aurait repoussée ? Il nous paraît impossible d'interpréter autrement ce motif de son arrêt.

Loin donc de repousser notre doctrine, l'arrêt de Bordeaux la confirme implicitement.

362. — Les prescriptions de la loi relativement aux diverses formalités qui, dans leur ensemble, constituent la publicité légale, devaient se recommander aux intéressés par la gravité et l'énergie de la sanction pénale attachée à leur inobservation. Or, celle qui s'offrait naturellement à l'esprit était la nullité de la société, c'est celle que consacra l'article 42 du Code de commerce.

La nullité est attachée non pas seulement au défaut de publication, mais encore à la publication insuffisante ou incomplète. Chacune des formalités qui constituent cette publication est recommandée au même titre et doit être observée sous la même peine.

La loi de 1867 a laissé, à cet égard, les choses sur le pied où les avait mises l'article 42, ce qui, sous l'empire de celui-ci, faisait encourir la nullité, l'entraînerait encore depuis et sous la loi nouvelle.

La nullité n'a non plus rien perdu de son caractère. Elle continue à n'être la conséquence de l'inobservation des formalités qu'à l'égard des associés. Le défaut d'aucune d'elles ne peut être opposé aux tiers, et c'était juste.

En effet, la responsabilité d'une faute ne peut peser

que sur ceux à qui cette faute est imputable. Or, comment reprocher aux tiers le défaut de publication régulière ? Est-ce qu'ils ont le devoir d'en remplir les formalités ? Est-ce qu'ils sont en position de le faire ?

La publication de la société ne peut être réalisée que par les associés. Eux seuls doivent donc subir les conséquences de son omission.

362 bis. — Ces termes : *à peine de nullité à l'égard des intéressés*, avaient suscité une controverse. Signifiaient-ils que la nullité pouvait être invoquée par les associés entre eux , ou bien que l'acte valable entre associés n'était, dans aucun cas, opposable aux tiers ?

M. Delvincourt s'était prononcé dans ce dernier sens. La nullité , disait-il , est prononcée, non pas en faveur des associés, mais contre eux. On n'aurait pu faire autrement sans blesser la raison. La nullité n'étant dès lors que le résultat d'une faute générale et commune, ne doit dans aucun cas profiter aux auteurs de la faute.

Cette doctrine était , dès le 2 juillet 1817, expressément condamnée par la cour de cassation. Elle n'a, depuis, trouvé aucun défenseur ni en doctrine ni en jurisprudence.

Ce qui est universellement admis , c'est que l'acte de société nul pour défaut de publication , ne saurait produire aucun effet , pas plus entre associés qu'à l'égard des tiers. Sans doute la faute est générale et commune, et imputable aux associés sans distinction. Mais la nullité qui en résulte étant d'ordre public , tout le monde, y compris les auteurs de la faute, peuvent s'en prévaloir, parce qu'il n'a jamais appartenu à personne d'autoriser ce que la loi prohibe, et que les nullités de cette nature ne sont susceptibles ni de reconnaissance , ni de ratification, ni de convention.

362 ter. — L'effet de la nullité à l'égard des tiers ne saurait créer aucune difficulté. La société , si leurs intérêts l'exige, aura , pour ce qui les concerne , existé valablement. Dans le cas contraire, ils la feront considérer comme n'ayant jamais eu d'existence , et n'ayant pu imposer à certains droits les modifications que leur aurait fait subir une société régulière.

Ainsi nous venons de voir que, par arrêt du 4 août 1847, la cour de cassation déclarait valable l'hypothèque concédée sur l'immeuble mis en société par le propriétaire même postérieurement à la mise en société, si cette société n'a pas été régulièrement publiée [1].

Ainsi encore les créanciers personnels des associés sont admis à exercer leurs droits sur l'apport de leur débiteur et sur la part qu'il peut avoir à prendre sur l'actif social. La nullité de la société laissant sans effets possibles le privilége que la régularité de la société aurait permis aux créanciers sociaux d'exercer sur l'un et sur l'autre.

---

[1] Voy. *supra* n° 360.

363. — Quels seront, entre associés, les effets de la nullité pour défaut de publication régulière ? M. Locré répond : On jugera comme s'il n'y avait pas de société, c'est-à-dire qu'il n'y aura pour le passé comme pour l'avenir ni solidarité active entre les associés, ni communauté de pertes et de gains [1].

Mais il en est de cette opinion comme de celle de M. Delvincourt sur l'exception de nullité par les associés entre eux, elle n'est soutenue par personne. Le fait est ici d'une puissance décisive. Rien ne saurait faire qu'il n'y ait eu société jusqu'à la constatation de sa nullité, et par conséquent, en ce qui concerne le passé, solidarité active et passive entre associés, communauté de pertes et de gains.

Tout ce qui peut résulter du défaut de publication régulière, c'est, pour chaque associé, la faculté et le droit de revenir sur l'adhésion qu'il avait donnée à la société, de faire annuler l'acte, et de se dégager pour l'avenir de l'obligation de l'exécuter. Mais l'acte n'est que l'instrument destiné à prouver l'existence de la société qui est légalement résultée du consentement des intéressés, et qui a été parfaite dès que ce consentement est régulièrement intervenu, et tant qu'on n'en a ni poursuivi ni obtenu la rétractation.

« La nullité dont le défaut de publication frappe la société ne saurait rétroagir ; les actes n'en conservent

---

[1] *Esprit du Code de commerce*, art. 42.

pas moins leur nature d'actes de société pour tous les
faits accomplis au cours de la communauté d'intérêts et
avant la demande en nullité. [1] »

Il résulte de là que la liquidation doit se réaliser
conformément aux stipulations de l'acte de société ; que
notamment les bénéfices doivent être partagés et les
pertes supportées dans les proportions déterminées , à
moins que ces proportions ne constituassent le pacte
léonin sévèrement proscrit par la loi.

364. — Au reste, le respect des stipulations du contrat se restreint aux dispositions concernant les faits irrévocablement accomplis avant la demande. Toutes les
clauses se référant à des mesures à prendre au moment
de la dissolution, ou à des droits puisant leur origine
dans le fait de la dissolution , tombent avec l'acte lui-
même. Leur observation donnerait à l'acte une autorité
que la nullité lui a de plein droit retirée.

La cour de Rennes méconnaissant cette règle avait
jugé que la nullité de l'acte ne faisait pas obstacle à ce
que la clause par laquelle les parties avaient déclaré
que les arbitres jugeraient en dernier ressort , reçut son
exécution. Mais son arrêt ayant été frappé de pourvoi,
était cassé le 21 juin 1841 par les considérations suivantes :

« Attendu que si on peut dire qu'une société com-

---

[1] Cassation, 13 juin 1832

» merciale exécutée est , par la nécessité des choses, un
» fait accompli dont les conséquences doivent être ; en
» vertu de la disposition de l'article 51 du Code de
» commerce, jugées par des arbitres, il est de droit que
» le jugement arbitral soit sujet à l'appel si la renon-
» ciation n'a pas été stipulée ;

    » Attendu qu'à la vérité l'acte souscrit par les par-
» ties porte à son article 6 : que les différends qui
» pourront survenir concernant les affaires de la so-
» ciété seront jugés par les arbitres sans appel ; mais,
» qu'à moins de rendre illusoire et vaine la lettre ex-
» presse de la loi , on ne saurait attribuer à un acte
» frappé de nullité le pouvoir de créer une juridiction
» sans appel. [1] »

La cour d'Angers à laquelle la cour de cassation avait
renvoyé le litige , à l'exemple de celle-ci a déclaré que
la nullité de l'acte entraînait la chute de la clause autorisant les arbitres à prononcer en dernier ressort [2].

365. — Ce qui a été jugé pour le choix et le caractère de la juridiction , doit être également consacré
pour toutes les stipulations accessoires que l'éventualité
de la rupture du lien social peut avoir inspirées. Par
exemple , la clause qu'en cas de dissolution avant le
terme convenu , celui des associés qui l'aura requise
paiera à l'autre une somme convenue.

---

[1] D. P., 41, 1, 275.
[2] Ibidem, 12, 2, 98.

Dans cette hypothèse, ce n'est plus seulement la règle de droit commercial qui légitime l'invalidité de la clause, c'est encore la disposition formelle de l'article 1227 du Code civil. Une stipulation de cette nature constitue une clause pénale. Or, aux termes de cet article, sa nullité est la conséquence forcée de la nullité de l'acte.

La cour de Lyon méconnaissait donc tous les principes lorsque, par arrêt du 27 février 1828, elle jugeait que la nullité de l'acte de société pour défaut de publication ne s'opposait, en aucune façon, à ce que la promesse d'indemnité reçût sa pleine et entière exécution.

Cette doctrine, si elle pouvait prévaloir, aboutirait à rendre à peu près irréalisable la poursuite en nullité pour défaut de publication et à permettre d'éluder les prescriptions de la loi à ce sujet. Bientôt, en effet, la clause d'une indemnité en cas de rupture deviendrait de style dans les actes de société, et cette indemnité serait portée à un chiffre tel, que l'obligation de la payer opposerait un obstacle invincible à une poursuite que la loi appelle dans un intérêt public.

La cour de Lyon déclare que le défaut de publication étant imputable aux deux associés, l'un d'eux ne peut pas se prévaloir de cette irrégularité au préjudice de l'autre.

Sans doute, l'imputabilité de la faute contre la partie qui réclame peut devenir l'origine d'une fin de non recevoir et faire repousser la réclamation. *Nemo auditur turpitudinem suam allegans.*

Mais cette règle reçoit exception dans les matières intéressant l'ordre public. Lorsqu'il s'agit d'une nullité de ce caractère, celui-là même qui a concouru à l'acte qui en est atteint est recevable et fondé à s'en prévaloir. Sa réclamation, dans ce cas, n'est que l'exercice d'un droit formellement reconnu par la loi, et comment l'exercice d'un droit pourrait-il devenir l'origine d'une allocation de dommages-intérêts ?

D'ailleurs, en proclamant que dès que la faute était commune l'un des associés ne pouvait s'en prévaloir au préjudice de l'autre, la cour de Lyon condamnait explicitement la conclusion qu'elle va consacrer. Que l'un des associés ne pût exciper de sa faute pour se libérer, soit. Mais alors pourquoi permettre à l'autre de puiser dans sa propre faute le moyen d'acquérir ? Dès que la faute est commune, il ne saurait exister de différence, et si l'un n'est pas admissible à s'en prévaloir, l'autre ne saurait l'être. La même fin de non recevoir les écarte également.

C'est ce qu'un arrêt de la cour de Paris, du 23 décembre 1831, établit et consacre fort juridiquement.

Dans cette espèce, une clause de l'acte de société portait qu'un dédit de dix mille francs serait payé par la partie qui voudrait se retirer de la société avant le terme convenu.

Cet acte n'ayant reçu aucune publicité, l'un des associés en poursuit et en fait prononcer la nullité. L'autre, alors prétendant que le cas prévu dans la stipulation s'est réalisé, demande le paiement du dédit de dix mille francs.

Cette contestation est soumise à MM. Vivien et Belhmont, arbitres choisis par les parties. Ces honorables jurisconsultes la repoussent par les considérations suivantes :

« Attendu que le seul fait de l'exercice d'un droit ne » saurait donner lieu contre son auteur à une action » en dommages-intérêts ; que d'ailleurs le dédit de dix » mille francs stipulé ne peut être réclamé en vertu » d'un acte nul pour défaut de publicité , puisque le » dédit devait être payé par celui qui se retirait de la » société avant le terme convenu , ce qui suppose une » société ayant une existence légale et non une société » radicalement nulle qu'il ne s'agit pas de dissoudre » prématurément, mais d'anéantir.

« Que, la société annulée, les conventions accessoi- » res sont nulles par le fait même que le lien de droit » résultant du contrat ne subsiste plus ; et que dès lors » aucune des parties ne peut se prévaloir de conven- » tions annulées , pour réclamer des dommages-inté- » rêts , en se fondant sur le fait unique de l'inexécu- » tion. »

Cette sentence fut vainement frappée d'appel. La cour de Paris n'hésite pas à s'en approprier les motifs et à la confirmer purement et simplement.

Des deux monuments de jurisprudence que nous venons de rappeler , celui qui émane de la cour de Paris

est seul légal , seul juridique. La solution admise par
l'arrêt de Lyon blesse la raison non moins que le droit.
Comment, en effet , comprendre qu'un contrat déclaré
ne contenir aucun lien obligatoire s'impose néanmoins
aux parties pour les conventions qui y sont accessoire-
ment stipulées ? Comment admettre que l'inexécution
d'un acte nul de plein droit puisse donner lieu à une
allocation de dommages-intérêts contre l'un et en faveur
de l'autre des intéressés ?

Le caractère de la nullité proteste de plus fort contre
un pareil résultat. Elle est d'ordre public , et par conséquent en dehors de toute convention. Nul ne peut directement en faire la matière d'une transaction, renoncer à s'en prévaloir. Or, s'interdire en quelque sorte de
l'invoquer en attachant à son exercice l'obligation de
payer des dommages-intérêts, ne serait-ce pas faire indirectement ce qu'on ne peut faire directement.

Si sortant des principes spéciaux des sociétés , nous
nous en référons au droit commun, nous aboutissons à
un résultat identique. En thèse, l'exercice d'un droit ne
peut devenir l'élément d'une condamnation à des dommages-intérêts. Sans doute on peut s'engager sous une
clause pénale à ne pas user d'un droit ; mais un pareil
engagement n'est valablement contracté que s'il s'agit
d'un droit privé, purement personnel et auquel le créancier est libre de renoncer. Or , la nullité de l'obligation principale entraîne celle de la clause pénale [1]. Si

1 Article 1227 du Code civil.

donc la renonciation s'appliquant à une matière d'ordre
public doit être infirmée, on ne saurait faire sortir à effet la clause pénale sans rendre illusoire et vaine la lettre
expresse de la loi.

Un autre principe non moins certain c'est qu'il n'est
dû aucune indemnité à celui qui se prétend lésé, si le
fait dont il se plaint lui est directement imputable et le
constitue personnellement en faute. Or, le défaut de publication de la société est la faute commune de tous les
associés. En punir l'un en faveur de l'autre serait ré-
compenser l'autre et lui rendre sa faute profitable , ce
qui ne serait ni raisonnable ni juste.

366. — En résumé , celui qui poursuit la nullité
d'une société non publiée, exerce un droit que la loi lui
confère expressément et qui intéressant l'ordre public ne
peut devenir la matière d'une transaction.

L'interdiction d'en user ne saurait s'induire de la
clause de l'acte de société, par laquelle les associés auraient stipulé une peine en cas de rupture de la société
avant le terme convenu.

La nullité de cette clause est la conséquence rigoureuse et forcée de la nullité de l'acte lui-même qui,
dès lors atteint dans toutes ses parties, ne saurait produire le moindre effet.

La société nulle pour défaut de publication n'a jamais légalement existé. En faire prononcer la nullité, ce
n'est donc pas sortir de la société avant terme.

Si l'acte nul régit le passé , c'est qu'une société de

fait est indéniable ; que son existence est le fait commun
de tous les associés qui doivent dès lors suivre les règles
qu'ils s'étaient eux-mêmes tracées.

367. — La nullité de la société pour défaut de publication est, entre associés et pour ce qui les concerne,
viscérale et absolue. Il était indispensable qu'il en fût
ainsi, pour que la sanction pénale sous la garantie de
laquelle la loi a placé ses prescriptions, eût ce caractère
énergique qu'il convenait de lui assurer. Voici en effet
la position que la nullité fait aux associés.

Pour ce qui les concerne, la société n'a qu'une existence au jour le jour. Chacun d'eux a le droit de la
faire dissoudre, et cela à toute époque et malgré le préjudice qui pourrait naître de l'interruption forcée des
opérations en cours d'exécution.

Relativement aux tiers, ils ne pourront jamais leur
opposer l'acte de société et se prévaloir contre eux des
avantages que la régularité de la société leur eût as-
surés.

Ainsi, par exemple, l'article 1872 du Code civil applique au partage entre associés les règles des partages
de successions et lui en rend les effets communs. Dès
lors, aux termes de l'article 883 du même Code, l'associé qui reçoit dans son lot ou qui se fait adjuger un immeuble de la société, étant censé l'avoir toujours pos-
sédé, cet immeuble se trouve en ses mains franc et quitte
de toutes les charges qui pourraient le grever du chef
de l'ancien propriétaire.

Cet avantage la nullité de la société ne permet pas de s'en prévaloir. Cette société non publiée n'ayant jamais existé légalement , chaque associé est resté personnellement propriétaire des immeubles qu'il apporte dans la société, et qui restent par conséquent affectés aux charges dont il les a grevés , même après leur mise en société [1].

Les créanciers personnels des associés ne peuvent saisir exécuter les choses que leur débiteur a apportées à la société et qui sont tombées dans l'actif social. Mais à la demande en main levée de la saisie ils opposeront l'irrégularité de la société, irrégularité qui fera inévitablement repousser cette demande. Les exécutions ne pourraient en effet être annulées , que si la société régulièrement publiée avait légalement existé [2].

Enfin, ceux qui ont traité avec la société sont recevables et fondés à se prévaloir des stipulations de l'acte. En effet, la nullité n'existe que s'ils l'invoquent. Quant à la faculté de la leur opposer , la loi la refuse expressément.

Ainsi, les associés ne peuvent exciper de la nullité contre personne autre que leurs coassociés, et empêcher que tous ceux qui y ont intérêt ne la leur opposent. C'est-à-dire qu'exposés à subir toutes les charges de l'état social , ils ne peuvent en revendiquer les avantages.

---

[1] Casssation, 3 mars 1825 ; 4 août 1847 ;—Voy. *supra* n° 360.
[2] Poitiers, 4 mars 1840; — D. P., 40, 2, 143.

Ils ont donc le plus grand intérêt à l'observation rigoureuse des prescriptions de la loi qui en donnant à
leur société une existence régulière leur permettront de
jouir de ceux-ci en compensation de celles-là.

368. — Les tiers qui invoquent l'acte de société
pour établir qu'un tel est associé, devront-ils accepter
l'acte dans son entier ou bien le diviser et refuser d'admettre la qualité de commanditaire que ce même individu aurait reçue ?

La question d'indivisibilité ou de divisibilité de l'acte
invoqué malgré sa nullité doit être diversement résolue
suivant la nature des stipulations qu'on prétendrait repousser.

Ainsi, il est certain que quoique un acte de société
ait été annulé pour défaut de publicité, il peut être con-
sulté pour savoir si l'individu poursuivi comme tel était
réellement associé. Mais, dans ce cas, l'acte est indivisible, et l'on ne pourrait faire considérer comme associé
pur et simple celui que cet acte déclarerait associé commanditaire seulement [1].

Mais, pas plus que les associés solidaires, le commanditaire ne pourrait se prévaloir des dérogations au droit
commun que l'acte stipulerait en sa faveur, et ne saurait prétendre qu'en invoquant l'acte pour établir la
qualité d'associé le créancier doit le subir sans divisibi-

[1] Paris, 23 juillet 1828,

lité. Accueillir cette prétention serait porter atteinte à l'un des deux principes qui, en cette matière, s'imposent à la justice elle-même.

PREMIER PRINCIPE : On ne peut pas déroger à ce qui est de l'essence du contrat. L'associé en nom collectif, les gérants de la commandite, par exemple, sont de plein droit responsables et solidairement tenus envers les créanciers sociaux. C'est là un effet qui se produit par la seule force de la loi, et qui est tellement inhérent à leur qualité qu'on ne saurait concevoir celle-ci sans celui-là. Aussi toute clause par laquelle le gérant aurait stipulé qu'il ne serait pas solidairement responsable, celle par laquelle les associés en nom collectif auraient déclaré que le préposé à l'administration serait seul tenu des engagements par lui souscrits, et que les tiers n'auraient action que contre lui et contre le fonds social, serait radicalement et de plein droit, nulle et sans effets, censée non écrite alors même qu'elle eût été publiée conformément à la loi [1].

Il en serait de même de celle qui dispenserait l'associé commanditaire de toutes ou de quelques-unes des obligations attachées à sa qualité.

DEUXIÈME PRINCIPE : Aucune dérogation au droit commun, lorsqu'elle est licite par elle-même, ne saurait être opposée aux tiers si elle n'a été publiée dans les formes prescrites par la loi. Comme exemple de ces

---

[1] Delangle, *Des sociétés*, nos **228** et suiv.

dérogations, nous citerons la clause par laquelle les associés en nom collectif conviennent que les engagements à contracter ne lieront la société que s'ils sont signés par eux tous ; celle par laquelle les commanditaires se réservent le droit de payer leur mise par une compensation totale ou partielle avec ce qui leur est du par le gérant.

La publicité régulière que ces stipulations auraient reçue les rendrait incontestablement obligatoires pour les tiers eux-mêmes qui seraient censés en avoir eu une suffisante connaissance, à défaut elles seraient non avenues ; elles ne sauraient profiter à leurs bénéficiaires qui ne seraient ni recevables ni fondés à s'en prévaloir contre les tiers.

Peu importe qu'elles soient expressément écrites dans l'acte. Cela pourrait bien les rendre obligatoires pour tous ceux qui ont concouru à cet acte. Mais pour qu'elles fussent opposables aux tiers la loi exigeait autre chose : leur publication.

Donc le tiers qui invoque l'acte nul pour établir la qualité d'associé, ne saurait être obligé d'accepter cet acte dans les clauses qui dérogent aux obligations inhérentes à cette qualité. Lo défaut de publicité de ces clauses les fait considérer par rapport à lui comme non écrites.

369. — La nullité résultant du défaut de publication est acquise par cela seul que toutes les formalités prescrites n'ont pas été remplies. Les associés ne pour-

raient s'y soustraire en offrant de prouver que celui
qui l'invoque avait une parfaite connaissance de la société.

Cette exception interdite aux associés , ne l'est pas
moins aux créanciers sociaux qui pourraient être tentés
de l'opposer aux créanciers personnels des associés.
Ainsi la cour de Paris jugeait avec raison , le 4 mars
1840 , que les créanciers d'une société qui n'a pas été
publiée suivant les formalités prescrites, ne sont pas recevables à opposer à la femme d'un des associés, réclamant la reprise de ses droits sur l'actif social , la connaissance qu'elle avait de l'association contractée par
son mari [1].

Cette doctrine s'induit logiquement du texte et de l'esprit de la loi. Dès l'instant que le défaut de publication
régulière annule la société , il n'est pas possible que
cette nullité ne fût pas également acquise à tous ceux
qui y ont intérêt. On ne comprendrait pas qu'une société non existante pour l'un , fût censée exister pour
l'autre. D'ailleurs que de difficultés, que de longueurs,
que de frais, si l'exception qu'on a connu l'existence de
la société pouvait être proposée et accueillie.

370. — Il est vrai que le défaut de publicité n'est
pas imputable aux créanciers sociaux. Mais ces créanciers opposant la société aux créanciers personnels des

---

[1] J. du P., 40, 1, 385.— Conf. Rouen, 5 avril 1839 ; — J du P., 39,
1, 542.

associés, réclament en réalité un privilége sur l'actif social. Or , en ce qui concerne les tiers , un privilége n'est admissible que s'il est établi par la loi, que s'il réunit toutes les conditions auxquelles cette loi subordonne son existence.

Que les créanciers personnels des associés soient des tiers vis-à-vis des créanciers sociaux , c'est ce qui ne saurait être contesté. On ne pourrait dès lors leur refuser le droit de discuter le privilége que ceux-ci réclament, et de le faire rejeter si la nullité de la société lui enlève tout fondement.

Qu'importe qu'ils aient connu la société, et qu'ils aient gardé le silence pendant un temps plus ou moins long. D'abord cette connaissance et ce silence n'ont pu faire que les formalités qui pouvaient seule vivifier le privilége aient été remplies. Ensuite pourquoi auraient-ils réclamé ? Ne leur suffisait-il pas de savoir que la société non régulièrement publiée ne leur était pas opposable et ne pouvait en rien leur nuire ?

Vainement encore prétendrait-on que les créanciers personnels exercent les droits de leurs débiteurs et ne peuvent se prévaloir d'une nullité que ceux-ci sont non recevables à opposer. En distrayant de son actif particulier les sommes ou les choses qu'il verse dans la société , l'associé a diminué , peut-être même anéanti le gage de ses créanciers personnels. Donc l'action de ceux-ci cherchant à ressaisir ce gage repose sur un droit personnel qu'il n'a jamais été permis au débiteur d'engager et dont il n'a jamais pu disposer.

Donc , que les créanciers personnels aient ou non connu la société , si cette société n'a pas été régulièrement publiée leur droit sur tout l'actif de leur débiteur n'a reçu aucune atteinte. Ils sont, par rapport aux créanciers sociaux, de véritables tiers , et tout ce que peuvent ceux-ci c'est de venir en concours avec eux dans la distribution de cet actif[1].

ART. 43.

L'extrait doit contenir :

Les noms , prénoms , qualités et demeures des associés autres que les actionnaires ou commanditaires ;

La raison de commerce de la société ;

La désignation de ceux des associés autorisés à gérer, administrer et signer pour la société;

Le montant des valeurs fournies ou à fournir par actions ou en commandite :

L'époque où la société doit commencer, et celle où elle doit finir.

SOMMAIRE

Voy. notre *Traité du dol et de la fraude*, n° 520.

        11   13

370 bis. — L'article 43 est abrogé , la loi du 24
juillet 1867 lui substitue les dispositions suivantes :

« ARTICLE 57.

» L'extrait doit contenir :

» Les noms des associés autres que les actionnaires
» ou commanditaires ;

» La raison de commerce ou la dénomination adop-
» tée par la société et l'indication du siége social ;

» La désignation des associés autorisés à gérer, ad-
» ministrer et signer pour la société ;

» Le montant du capital social et le montant des
» valeurs fournies ou à fournir par les actionnaires ou
» commanditaires ;

» L'époque où la société commence, celle où elle doit
» finir, et la date du dépôt fait aux greffes de la jus-
» tice de paix et du tribunal de commerce.

» ARTICLE 58.

» L'extrait doit énoncer que la société est en nom
» collectif ou en commandite simple , ou en comman-
» dite par actions, ou anonyme ou à capital variable.

» Si la société est anonyme, l'extrait doit énoncer le
» montant du capital social en numéraire et en autres

» objets, la quotité à préléver sur les bénéfices pour
» composer le fonds de réserve.

» Enfin si la société est à capital variable, l'extrait
» doit contenir l'indication de la somme au dessous de
» laquelle le capital social ne peut être réduit.

» ARTICLE 59.

» Si la société a plusieurs maisons de commerce si-
» tuées dans divers arrondissements, le dépôt prescrit
» par l'article 55 et la publication prescrite par l'article
» 56 ont lieu dans chacun des arrondissements où exis-
» tent les maisons de commerce.

» Dans les villes divisées en plusieurs arrondisse-
» ments, le dépôt sera fait seulement au greffe de la
» justice de paix du principal établissement. »

En rapprochant les anciennes dispositions des nouvelles, on arrive facilement à se convaincre qu'il s'agit
non d'abrogation, mais de modification. L'utilité incontestable des formalités prescrites par le Code de commerce les recommandait au nouveau législateur, et celui-ci qui n'avait en vue que d'améliorer la publicité
devait, non les repousser, mais les compléter en com-
blant certaines lacunes regrettables.

371. — Les exigences du législateur relativement
aux énonciations de l'extrait étaient en quelque sorte

imposées par le but qu'il se proposait. La publication
des actes de société est surtout dans l'intérêt du public
qui doit être mis à même d'apprécier les ressources de
l'être moral qui fait appel à sa confiance, de calculer le
crédit qu'il doit accorder. Il est dès lors évident que
cette publication devait indiquer tout ce qui pouvait satisfaire à cette nécessité.

A ce titre on ne saurait méconnaître que les indications prescrites réunissent cette qualité et sont de nature
à pourvoir à ce besoin. Il est facile de s'en convaincre
en les examinant successivement, et en recherchant l'objet réel de chacune d'elles.

572. — En premier lieu, l'extrait doit contenir les
noms, prénoms, qualités et demeures des associés.

La première chose, en effet, que doit faire une société se révélant au public est de faire connaître sa
composition. C'est par les noms de ceux qui en font
partie qu'on jugera d'abord de la nature probable de
son administration, de la moralité de ses rapports, des
chances heureuses qu'elle est dans le cas de puiser dans
les antécédents et la capacité commerciale de ses membres.

Cette première exigence de la loi a un autre but.
L'associé ordinaire répond sur tous ses biens des dettes
et engagements sociaux. La connaissance personnelle
des associés met donc sur-le-champ le public à même
d'apprécier la solvabilité de l'association. La notoriété
publique indiquera, en effet, la position de fortune de

chacun de ceux qui seront nommés, et les garanties de
la société, consistant dans la réunion de toutes ces fortunes particulières se trouvent ainsi nettement déterminées.

Ce but explique pourquoi la loi restreint l'obligation
de nommer aux associés ordinaires, tels que les membres d'une société en nom collectif ou les gérants d'une
commandite. Les commanditaires ou actionnaires ne
sont jamais tenus que dans des proportions déterminées ; dès lors la connaissance de leurs personnes et de
leur fortune présumable resterait sans efficacité réelle.

D'ailleurs, il fallait nécessairement se préoccuper
d'une hypothèse dans laquelle l'exécution de la loi aurait été impossible. Par exemple, celle où le capital de
la commandite aurait été divisé par actions. Comment
publier les noms lorsque la négociation des actions introduit dans les intéressés de si nombreux et de si rapides changements ? Comment surtout le faire lorsque
les actions auraient été créées au porteur ?

Aucun intérêt réel ne s'attachait donc à la divulga-
tion des noms des commanditaires ; ce qui importait,
c'était la connaissance des valeurs que chacun d'eux a-
vait fourni ou devait fournir à la société, et nous verrons bientôt que le législateur ne l'a pas négligée [1].

L'obligation de faire connaître tous les associés ordinaires, outre qu'elle est indicative des ressources de

---

1 Voy. infra n° 331.

la société , a encore cet avantage de diriger les exécutions des créanciers contre les véritables débiteurs. Au
point de départ de la société , on ne saurait supposer
une dissimulation frauduleuse ; tandis que l'insolvabilité arrivant , une collusion intéressée pourrait faire
omettre d'indiquer l'associé peut-être le mieux en position de répondre des engagements sociaux ; c'est ce
danger que l'observation littérale de l'article 43 tend à
prévenir.

573. — Mais cette observation pouvait offrir un
danger d'un autre genre. Dans le commerce , un nom
est une richesse, une chance assurée de succès. Le même nom peut cependant appartenir à plusieurs personnes. Il pouvait donc devenir d'une part un objet de
spéculation , de l'autre une occasion de confusion et
d'erreur. C'est contre cette éventualité que le législateur
a exigé que l'énonciation des noms et prénoms fût suivie de l'indication de la qualité et de la demeure des
associés.

Ici le but de la loi fixe la portée de sa disposition.
Ce qu'elle entend par demeure , c'est le lieu réellement
habité par l'associé et sa famille. Se borner, en effet, à
déclarer qu'il demeure dans telle ville, ce n'est pas empêcher la confusion qu'il importait d'éviter. L'indication
de la demeure ne peut donc s'entendre que de la désignation de la rue et du numéro de la maison réellement occupée. Avec de tels renseignements , comment
confondre les personnes sans se déclarer coupable de la

plus incroyable négligence ? Là devait s'arrêter la vigilance du législateur, qu'il n'était pas d'ailleurs possible de pousser plus loin.

373 bis. — La loi nouvelle ne reproduit plus les exigences de l'article 43 du Code de commerce relativement aux prénoms, qualités et demeure des asssociés. Elle se contente de prescrire l'indication des noms.

·Faut-il en conclure que la publication serait régulière et inattaquable, si l'extrait se bornait à mentionner les noms sans autre moyen de constater l'identité ?

L'affirmative ne nous paraît pas admissible. Le résultat auquel elle aboutirait offrirait un danger qui ne peut être entré dans la pensée du législateur.

Nous venons de le dire , il n'est pas rare de trouver dans une ville une foule de gens portant le même nom, quelques-uns de ces noms renommés par leur fortune ou ayant acquis une imposante notoriété dans le commerce ou l'industrie sont dans le cas de faire la fortune d'une maison qui se fonde.

Aussi arrive-t-il souvent que dans l'impossibilité de s'en assurer le concours, on s'associe avec des homonymes, véritables hommes de paille qui ne sont recherchés que pour profiter de la confusion qu'on espère créer à l'aide de la conformité de noms.

Comment le public se garantira-t-il de ce piége , si, en donnant le nom , l'extrait ne présente pas des indications suffisantes pour établir l'identité ? On ne peut admettre que le législateur de 1867 n'ait pris aucune précaution contre ce danger. Une pareille négligence serait inconciliable avec son intention , avec sa volonté bien arrêtée de rendre la publication des sociétés plus efficace.

Quels que soient les termes employés , ce que la loi veut en réalité c'est que l'extrait fasse connaître les associés , et par conséquent indique tout ce qui est indispensable pour arriver à cette connaissance. Ce but serait manqué si au nom on n'ajoutait pas les prénoms, qualités et demeure. L'exigence de ces indications si elle n'est pas explicitement exprimée dans le nouvel article s'y trouve implicitement.

374. — En deuxième lieu, l'extrait doit indiquer la raison sociale.

La société est un être moral , distinct des associés, qu'elle personnifie cependant , puisque c'est pour leur compte qu'elle opère ; cette réunion , cet ensemble doit avoir un nom particulier, distinctif , dont l'emploi indiquera par lui-même le caractère de l'opération. Ce nom, nous l'avons déjà dit, c'est la raison sociale.

Donc la société se manifestant au public, après avoir fait connaître le personnel dont elle se compose , doit indiquer le nom sous lequel elle exploitera son commerce et son industrie. Comment , sans cette précaution, les tiers ayant traité avec elle pourraient-ils exiger que leur titre en fournît la preuve ?

Il n'y a donc pas de publicité réelle si l'extrait ne mentionne pas la raison sociale. La disposition de l'article 43 exigeant cette mention était donc indiquée par la force des choses. Elle se recommande au double point de vue de l'intérêt des tiers, de celui des associés eux-mêmes.

375. — Le titre, délivré sous la raison sociale, oblige de plein droit la société. Il constitue un engagement dont tous les associés ordinaires sont solidairement tenus. L'absence de cette raison rend le titre personnel au souscripteur, sauf la preuve à faire par le créancier que la société a réellement profité de la chose faisant la matière de l'engagement.

Ceux-là donc qui traitent avec la société et qui veulent échapper à l'obligation de cette preuve doivent exiger la signature sociale. Or, pour qu'ils puissent le faire, on devait les mettre à même de la connaitre.

376. — Pour les associés, l'exécution de l'article 43 a cet avantage que tout ce qui n'est pas revêtu de la signature sociale est présumé ne les concerner en rien. Vainement le créancier prétendrait-il avoir ignoré le nom social, ou avoir été trompé, on lui répondrait qu'en traitant avec un individu il devait s'assurer de sa condition et surtout de son nom ; qu'il pouvait se renseigner suffisamment au greffe du tribunal de commerce ; qu'il doit donc seul répondre des conséquences de la négligence qu'il a mise dans l'exécution de ce devoir.

Les coassociés trouvent donc, dans la publicité donnée à la raison sociale , le moyen assuré de ne pas répondre des dettes personnelles au gérant. Cette formalité, nous avons raison de le dire , est surtout dans leur intérêt. Comment en douter d'ailleurs , en présence des conséquences que son omission entraînerait.

Dans ce cas, en effet, il n'y aurait pas de raison sociale vis-à-vis des tiers , autre que la signature que chacun d'eux aurait pu croire ou aurait cru telle. Vainement exciperait-on de la clause de l'acte social désignant cette raison. Sur ce point l'acte ne serait obligatoire contre les tiers que s'il avait reçu la publicité que prescrit l'article 43. On n'est pas obligé de consulter l'acte. Ce que le public doit subir, ce sont exclusivement les indications renfermées dans l'extrait qui doit être déposé et affiché. Conséquemment , si, contrairement à la loi, cet extrait ne fait nulle mention de la raison sociale , c'est comme s'il n'en existait aucune , ou plutôt elle est dans la signature que les tiers ont reçue et dont ils n'ont pu contrôler la sincérité.

Ainsi la prescription de l'article 43 est plutôt dans l'intérêt des associés que des tiers. Ces derniers ne peuvent jamais éprouver aucun préjudice , tandis que les coassociés se trouveront exposés à répondre des dettes pouvant être personnelles au gérant, sans pouvoir exiger la preuve que les sommes réclamées ont profité à la société.

576 bis. — La loi nouvelle exige de plus que l'article 43 du Code de commerce , que l'extrait énonce, à

défaut de raison sociale , la dénomination adoptée par
la société, et indique le siége social.

On sait que la société anonyme n'a d'autre raison
sociale que la désignation de l'objet de son entreprise.
Evidemment, en ce qui la concerne, l'obligation d'indiquer sa dénomination résultait suffisamment de ce que
cette dénomination constituait la raison sociale.

Mais la société anonyme n'est pas la seule qui puisse
se manifester par la désignation de son objet. La société en nom collectif elle-même peut faire de cette désignation sa raison sociale. Ce qui est en effet exploita-
ble par une société anonyme , peut parfaitement être
exploité par une société en nom collectif.

Dans cette hypothèse et malgré le silence gardé par
l'article 43, l'extrait devait mentionner la dénomination
adoptée par la société , puisque, comme pour la société
anonyme, cette dénomination devenait la raison sociale.
L'extrait qui n'aurait contenu ni l'une ni l'autre eût été
évidemment irrégulier.

Quoi qu'il en soit , la loi nouvelle a cru devoir s'en
expliquer et prescrire la mention de la raison sociale ou
de la dénomination adoptée par la société.

L'indication d'une dénomination et l'absence d'une
raison sociale pourraient tromper sur le caractère de la
société et faire croire à une société anonyme , aujour-
d'hui surtout qu'une ordonnance d'autorisation n'étant
plus nécessaire, les prescriptions de l'article 45 du Code
de commerce relatives à l'affiche de l'ordonnance se
trouvent abrogées.

Dans la prévision de la possibilité de cette erreur et pour la prévenir , l'article 58 de la loi nouvelle prescrit d'annoncer dans l'extrait si la société est en nom collectif, en commandite simple, ou en commandite par actions, ou anonyme, ou à capital variable [1].

L'exigence de l'indication du siége social est une innovation heureuse et comble une lacune regrettable qu'on pouvait reprocher au Code de commerce.

En effet, c'est-devant le tribunal de ce siége que doivent être portées les actions contre la société. Aucun doute ne pouvait naître lorsqu'il n'existait qu'une seule maison. Mais lorsque la société avait des établissements dans des localités différentes, la difficulté de déterminer quel était le principal , exposait à perdre beaucoup de temps et occasionnait beaucoup de frais inutiles. Témoins les nombreux procès que cette difficulté avait fait naître et les fréquentes demandes en règlement de juges pour savoir devant quel tribunal devaient s'acccomplir les opérations de la faillite.

Prévenir ces difficultés , empêcher ces procès était aussi nécessaire qu'utile, et on ne peut qu'applaudir au législateur d'y avoir pourvu. L'indication du siège social dans l'extrait inséré au journal s'impose au tiers comme à la société elle-même, et indique le juge devant lequel on doit se pourvoir avec une certitude que personne ne peut ni méconnaître ni contester.

1 Voy. *infra* n° 391.

577. — En troisième lieu , l'extrait doit contenir la désignation de ceux des associés autorisés à gérer , administrer et signer pour la société.

Contracter une société commerciale, c'est se constituer réciproquement mandataires les uns des autres , c'est recevoir et donner le pouvoir de gérer la chose commune, de l'engager vis-à-vis des tiers.

Le droit d'administrer est donc la conséquence immédiate du fait de l'association ; il appartient à un même titre à tous les associés. Mais il en est de ce droit comme de toutes les dispositions introduites dans un intérêt privé. Les bénéficiaires peuvent le répudier expressément ou tacitement.

Cette répudiation est expresse lorsque l'acte de société interdit formellement à tels associés le droit d'administrer. Elle est tacite lorsque l'acte se borne à conférer exclusivement ce droit aux associés qu'il désigne.

Dans l'un et l'autre cas l'effet est le même. Ainsi, les associés exclus de l'administration n'obligent pas la société si , violant leur devoir , ils s'immiscent dans l'administration ; et cela quand bien même ils auraient traité au nom de la société , et signé de la raison sociale. S'il en était autrement, les sociétés commerciales pourraient être ruinées par l'infidélité ou l'incapacité de certains de leurs membres, malgré toutes leurs précautions.

Mais pour que les tiers qui auraient traité avec eux subissent l'application de cette règle, il faut qu'on les

ait mis en position de connaître la prohibition de gérer, et son acceptation par les associés qu'elle atteint;
Or, cette connaissance, ils ne sont légalement présumés
l'avoir que si l'extrait déposé et publié fait connaître les
associés autorisés à gérer, administrer et signer pour la
société. Indiquer nommément ceux-ci, c'est exclure
tous les autres, c'est avertir conséquemment les tiers
qu'ils n'auront réellement contracté avec la société que
lorsqu'ils auront traité avec les associés désignés. Dès
lors celui qui, malgré cette publicité, aurait traité avec
un autre, resterait sans aucun droit contre la société,
eût-il reçu la signature sociale.

378. — La sanction de ces prescriptions se trouve
dans les conséquences que leur violation entraîne. Le
défaut d'indication des associés autorisés à gérer, administrer et à signer pour la société, laisserait les choses
sous l'empire du droit commun. Il suffirait que celui
qui a traité avec les tiers fût associé, qu'il eût signé de
la raison sociale, pour que la société fût réellement engagée, alors même que l'acte social eût formellement
prohibé à cet associé de s'en servir. Il est donc du plus
haut intérêt pour les associés solidaires de veiller à
l'exacte observation de la loi. Ils pourraient sans cela
se trouver ruinés par le fait de celui-là même dont l'incapacité avait été un motif de lui retirer le droit d'administrer.

379. — Au reste, l'extrait doit contenir non-seulement le nom des associés autorisés à gérer, mais encore

les conditions qui doivent accompagner l'exercice de ce droit, s'il en a été stipulé quelques unes.

Ainsi, il arrive quelquefois que les gérants étant au nombre de deux ou de trois, il est stipulé qu'ils devront agir collectivement, et qu'il n'y aura d'obligatoires pour la société que les engagements portant leurs signatures réunies. Cette clause est régulière et valable. Sans nul doute, elle serait obligatoire pour les tiers, si elle a été publiée au désir de la loi. Dès lors, le porteur d'un titre non signé par tous les gérants ne pourrait légalement agir contre la société. Il en serait autrement si cette clause de l'acte n'avait reçu aucune publicité.

En résultat donc l'acte de société règle les rapports d'associés à associés. Mais, pour ce qui concerne les tiers, cet acte n'a par lui-même aucune force, son efficacité se trouvant subordonnée à la publication ; les tiers ne connaissent légalement que ce que l'extrait déposé et publié leur a fait connaître. Tout ce qui ne s'y trouve pas inséré est comme s'il n'avait jamais existé.

380. — L'indication des associés autorisés à gérer, à administrer et à signer pour la société, est surtout utile dans les sociétés en nom collectif, où, à défaut de conventions contraires, chaque associé a qualité et droit pour traiter au nom de la société et pour l'engager. Il est évident que s'il s'agissait d'une commandite n'ayant qu'un seul associé responsable, la désignation de celui-ci comme gérant équivaudra à la mention exigée par la

loi. On sait très bien, en effet, que les commanditaires sont de droit exclus de toute gestion.

Cependant, comme dans la commandite, il peut y avoir plusieurs associés solidaires ; l'extrait devrait contenir la désignation des gérants, si tous n'avaient pas reçu cette faculté. Il n'y a plus à distinguer alors ; car la société est en nom collectif à l'égard des associés responsables et solidaires [1].

381. — En quatrième lieu, l'extrait doit contenir le montant des valeurs fournies ou à fournir par actions ou en commandite.

Nous l'avons déjà dit : dans les sociétés en nom collectif, le public n'a aucun intérêt à savoir quel est le capital social, et dans quelle proportion chaque associé est tenu d'y contribuer. La responsabilité indéfinie que chaque associé encourt l'oblige sur sa fortune tout entière, qui devient le gage des engagements sociaux. Ce qu'il importe dès lors de connaître, c'est l'importance de cette fortune ; et c'est pour faciliter cette connaissance que la loi a prescrit de publier les noms, prénoms, qualités et demeures de ces associés

Mais quelle que soit leur fortune, les commanditaires et les actionnaires ne sont jamais tenus au delà d'une somme déterminée. La réunion de toutes ces sommes forme le capital social destiné à faciliter les opérations

---

[1] Article 24 du Code de commerce.

sociales, et à éteindre le passif pouvant en résulter. En
cet état, nommer les commanditaires ou actionnaires,
en le supposant possible, c'était ne rien faire d'utile,
c'était même exposer le public à un danger, celui de
confondre ces associés avec les associés ordinaires, et
de considérer leur fortune entière comme la garantie
des dettes.

D'ailleurs, dans les commandites, la confiance s'attache sans doute à la personne du gérant, qu'on sait
être indéfiniment responsable, mais elle est surtout acquise au capital social dont le gérant va disposer. Fonder une commandite, c'est reconnaître l'insuffisance de
ses propres ressources, c'est indiquer que les développements de l'industrie tiennent à l'importance des fonds
qu'on va réaliser dans cette intention. En conséquence,
ce qui devait appeler sur la société nouvelle la confiance et le crédit, c'était la quotité de ces fonds, et
c'est aussi ce qui a motivé l'obligation de l'indiquer
dans l'extrait.   .

382. — Toutefois, il y avait dans cette indication
un danger à prévenir, une fraude à prévoir. Bien souvent le capital annoncé n'est souscrit que pour une
fraction minime. Il n'est pas rare non plus que, pour
augmenter le nombre des souscripteurs, on divise les
paiements en des termes plus ou moins rapprochés, de
telle sorte que, dans l'intervalle d'un paiement à l'autre, beaucoup d'actionnaires, perdant toute confiance,
se refuseront à solder les termes échus de leurs actions.

Dans l'un comme dans l'autre cas , les tiers , trompés par l'extrait qui leur annonçait un capital certain , ne trouveraient que déceptions et procès, au lieu du gage sur lequel ils devaient compter.

C'est pour éviter ce mécompte que notre article fait un devoir d'indiquer tant les valeurs fournies que celles à fournir. Ainsi , si un certain nombre d'actions sont actuellement souscrites, l'extrait doit le faire connaître. Si les souscriptions ont été payées en partie , et que terme ait été accordé pour le reste , l'extrait doit également le mentionner. La chance d'un paiement futur pouvant tourner contre la société, il est juste que le public puisse la faire entrer dans ses prévisions, lorsqu'il est mis en demeure de traiter avec la société.

Ainsi , ce qui doit être porté à la connaissance du public , c'est l'état réel des choses au moment de la mise en activité de la société ; c'est le chiffre du capital, la quotité et le prix des actions , le nombre de celles qui sont actuellement souscrites, les paiements qui ont dû être réalisés comptant , les divers termes dans lesquels les autres devront s'opérer. Tout cela forme des éléments d'appréciation dont on ne saurait équitablement priver le public.

Les précautions ordonnées par la loi de 1856 d'abord , par celle de 1867 en dernier lieu, ont affaibli ce danger. La société ne pouvant être constituée qu'après la souscription du capital entier et le versement du quart, la déclaration qu'il a été satisfait à ces conditions indique les garanties sur lesquelles les tiers doivent

compter et qui ne sauraient leur échapper à moins de
supposer des souscriptions signées par des hommes de
paille, sans solvabilité et sans garantie.

382 bis. — Au reste la loi nouvelle a effacé toute distinction. Elle exige que l'extrait mentionne non-seulement les valeurs fournies ou à fournir , mais encore le
capital social ; et comme elle dispose pour toutes les sociétés commerciales sans distinction, il n'est pas permis
de douter de l'applicabilité de la prescription à la société en nom collectif, comme à la commandite soit simple soit par actions, et à l'anonyme.

Le Code de commerce avait eu raison de ne pas l'exiger. Est-ce que dans ces trois dernières sociétés l'indication des valeurs fournies ou à fournir ne faisait pas
connaître suffisamment le capital social ? Est-ce que
cette connaissance était de quelque utilité possible dans
la société en nom collectif ?

Sans doute le capital social est un élément du crédit
à faire à la société. Mais dans la société en nom collectif
ce qui le provoque et le détermine c'est la fortune des
associés, qui, suppléant à l'insuffisance du capital, constitue elle-même en réalité ce capital.

Le législateur ne pouvait se faire illusion à ce sujet,
et probablement aurait-il gardé le silence sur l'indication du capital , si les remaniements dont la commandite par actions et la société anonyme avaient été l'objet en 1856 d'abord, en 1867 en dernier lieu, l'avaient
permis.

Nous avons déjà dit qu'on a voulu mettre le public à même d'apprécier la régularité de la constitution de la société [1]. Or cette régularité exigeant que le taux des actions variât suivant que le capital était inférieur ou supérieur à deux cent mille francs, la mention du capital apprenait si les proportions prescrites avaient été observées.

Sans doute on aurait pu ne la prescrire que dans la commandite par actions et dans l'anonyme. Mais la volonté bien arrêtée de créer un mode de publicité uniforme devait l'emporter avec d'autant plus de raison, que si dans la société en nom collectif cette mention ne fait aucun bien, il ne saurait évidemment en résulter aucun mal. Ce qui abonde ne nuit pas [2].

383. — Quelle sera la conséquence de la violation de cette prescription de l'article 43 ? M. Delangle résout cette question en enseignant que l'associé commanditaire serait déchu de sa qualité, et tenu solidairement de toutes les dettes [3].

Cette décision nous paraît beaucoup trop sévère. Elle fait peser sur la tête du commanditaire une responsabilité n'ayant aucune base équitable. Sans doute, le commanditaire, intéressé à ce que l'acte de société soit

---

[1] Voy. *supra* n° 357 bis.

[2] Voir notre *Commentaire de la loi du 24 juillet* 1867, n° 598, pour ce qui concerne la conversion des actions.

[3] N° 559.

régulièrement publié, doit veiller à ce que les formalités soient exactement accomplies. Mais enfin on ne
doit pas oublier qu'il doit rester complétement étranger
à la publication. Il ne pourrait même la rectifier. Serait-il donc juste de le rendre dans tous les cas victime
d'une omission, pouvant même n'être qu'une fraude
contre lui ?

Déjà nous avons rappelé que la jurisprudence a admis qu'à défaut de publicité les juges peuvent avoir é-
gard aux énonciations de l'acte non publié, lorsqu'il
s'agit de la qualité réelle de celui qu'on poursuit comme associé solidaire [1]. Pourquoi donc, dans l'hypothèse
actuelle, ne laisserait-on pas à la conscience du juge à
déterminer la nature des torts imputables au commanditaire, et la gravité des conséquences qu'ils doivent entraîner ?

384. — Ainsi, l'omission dans l'extrait de l'indication des sommes fournies ou à fournir n'entraîne pas
de plein droit la perte de la qualité de commanditaire.
Nous serions donc tout disposé à approuver l'arrêt
rendu dans ce sens par la cour de Douai, le 8 janvier
1814.

Mais, il faut en convenir, cet arrêt n'a de juridique
que le résultat, en tant cependant qu'on la séparerait
des motifs de décision sur lesquels il se fonde, et qui
sont inadmissibles. Ainsi nous ne saurions admettre en

[1] Voy. supra n° 368.

doctrine que la violation de l'article 42 ne puisse jamais avoir pour résultat la privation de la qualité de commanditaire.

Nous ajoutons que si le contraire est admissible dans certains cas, il devait l'être dans l'espèce jugée par la cour de Douai. Là, en effet, l'extrait déposé portait la signature du commanditaire, ce qui était de sa part une usurpation des fonctions réservées aux associés solidaires. Que cette usurpation restât sans effet si les tiers n'avaient pu se méprendre, on pourrait l'admettre. Mais, loin qu'il en fût ainsi, l'extrait ne mentionnait pas les sommes fournies ou à fournir. Rien donc ne venait inspirer l'idée d'une commandite. Il y avait, dès lors, d'autant moins à hésiter, que le prétendu commanditaire ayant directement agi avait personnellement induit les tiers en erreur.

385. — En cinquième lieu, enfin, l'extrait doit indiquer l'époque où la société doit commencer et celle où elle doit finir.

La société constituant un être moral distinct des associés n'existe légalement que dans l'intervalle séparant la constitution de la dissolution. Il n'y a donc d'engagements valables que ceux qui se sont réalisés dans cet intervalle même.

L'utilité d'une détermination de cette double époque ne saurait être ni méconnue ni contestée. Elle empêchera les tiers de traiter avec la société avant qu'elle commence ou après qu'elle a pris fin. L'acceptation qu'ils feraient de la signature sociale , contrairement aux indications de l'extrait , ne leur conférerait aucun droit contre les associés futurs , ou contre les anciens associés.

Pour les associés , l'exécution de ce paragraphe de l'article 43 aura pour effet de les mettre à couvert de l'abus de confiance du gérant qui pourrait devançant sa mission ou la prolongeant au delà de son terme, les rendre responsables des engagements qu'il contracterait.

￩ 386. — L'inobservation de la loi aurait infailliblement ce résultat. Ainsi , taire au public le moment où la société commence et celle où elle finit , c'est placer les tiers dans l'impossibilité de juger de la légalité de l'emploi de la raison sociale, et conséquemment les autoriser à l'accepter avec toutes ses conséquences ordinaires.

Les associés seraient donc solidairement tenus alors même qu'en fait , l'emploi de la raison sociale aurait précédé la constitution de la société ou suivi sa dissolution. Ils ne pourraient même, pour échapper à la responsabilité, exciper de la connaissance que le tiers aurait eue de la vérité des choses.

387. — Cependant cette règle ne peut être absolue, car elle pourrait conduire à un résultat absurde. Ainsi, l'acte du gérant faisant survivre ses pouvoirs à la société elle-même est de nature à constituer un délit punissable aux yeux de la loi criminelle. Il est donc évident que

le tiers qui aurait sciemment assumé la complicité de ce délit ne saurait s'en faire un titre contre ceux qui doivent en être les victimes.

Ainsi , comme le fait observer M. Delangle , la connaissance légale seule oblige. La notoriété de fait n'est rien. On doit penser, quand l'époque où la société doit finir est omise dans la publication, qu'après avoir fait une convention à cet égard , les associés l'ont abandonnée.

Mais cette présomption cède devant la preuve du contraire. L'offre de justifier que le tiers a colludé avec le gérant pour faire revivre une société qu'il savait être dissoute serait toujours recevable , et cette preuve rapportée , l'engagement demeurerait sans effets contre les anciens associés au préjudice desquels il aurait été frauduleusement préparé.

388. — Au reste, cette même fraude peut être tentée par un autre moyen beaucoup plus facile, par l'antidate de l'obligation. Cette fraude n'est jamais présumée, et foi étant due au titre, la date apparente est ordinairement admise. Mais les intéressés sont recevables à en prouver la fausseté, même par témoins. Cette preuve peut résulter des livres de la société, sur lesquels, à moins d'une insertion après coup , l'opération ne sera pas indiquée à la date qui lui a été donnée. La conviction du juge acquise, l'engagement devra être annulé à l'égard des anciens associés. Dans l'espèce, la complicité du tiers résulterait de l'antidate elle-même. Celui qui fait une opération légitime ne la dissimule pas sous l'apparence d'un titre mensonger.

Ainsi, la règle que la connaissance de fait ne saurait prévaloir sur le défaut de publicité reçoit des exceptions, dans tous les cas de dol et de fraude notamment [1].

On sait que l'article 1844 du Code civil dispose qu'à défaut de convention sur la durée de la société, elle est censée contractée pour toute la vie des associés. Cette disposition est-elle applicable aux sociétés commerciales ?

On pourrait, pour l'affirmative, exciper de l'article 18 du Code de commerce et soutenir que puisque, en cette matière, le contrat se règle par le droit civil, c'est à ce droit qu'on doit recourir lorsque la loi spéciale est muette.

Mais la disposition de l'article 18 doit se restreindre dans de justes limites. On ne saurait notamment s'en prévaloir, lorsque la loi commerciale fait de la formalité qu'il s'agirait de suppléer une condition substantielle du contrat. Or, c'est ce qui se réalise pour l'indication de la durée de la société.

Ainsi, l'article 56 de la loi de 1867 prescrit la publication de l'extrait à peine de nullité, et cet extrait n'est régulier que s'il réunit les conditions exigées par l'article 58. A défaut, l'article 56 n'est pas obéi et la peine de nullité est acquise aux intéressés.

[1] Voy. *supra* n° 155 et suiv.

D'ailleurs, on comprend une société à vie entre associés civils, puisque le jour où l'un des associés voudra y
mettre fin , il n'aura , aux termes de l'article 1869 du
Code civil , qu'à notifier sa volonté. Mais en commerce
cette faculté n'existant pas, enchaîner les associés pour
toute leur vie, serait méconnaître le caractère des sociétés et imposer leur continuation alors que les dissenti-
ments et la discorde auraient remplacé les sentiments
d'union et les convenances qui les ont motivées.

C'est donc avec juste raison que la cour de Lyon vient
de juger que le refus d'exécuter un acte de société qui
n'énonçait pas la durée de celle-ci ne pouvait donner
lieu à des dommages-intérêts ; qu'un pareil acte ne contient, en effet, ni un pacte de société obligatoire, ni une
promesse de société valable, ni même une obligation de
faire.

« Attendu, dit l'arrêt, qu'en matière de société com-
» merciale, la durée de la société est un élément essen-
» tiel du contrat ; qu'elle doit être fixée par la volonté
» des parties ; que le législateur en cette matière n'a
» pas, comme il l'a fait en matière de société civile par
» l'article 1844 du Code civil , donné à la société une
» durée légale, à défaut de la convention, et que le ju-
» ge, en cette matière, n'a pas reçu non plus de la loi
» le pouvoir de compléter un contrat que les parties
» ont volontairement laissé imparfait [1]. »

Or, si l'omission de l'indication de la durée de la so-

_____

[1] 24 juin 1870 ; — J. du P., 71, 1, 291.

ciété dispense le signataire de l'acte de l'obligation de
réaliser la société, et annulle de plein droit le projet de
la constituer, on ne saurait distinguer. La nullité incontestable avant cette constitution ne saurait être contestée après, et devrait être prononcée dès qu'elle est requise par un des associés.

D'ailleurs, si l'article 1844 du Code civil était applicable, l'article 1869 le serait également, et la demande
de l'associé équivalant à la manifestation de la volonté
de dissoudre la société, cette dissolution ne pourrait être
refusée que si elle était demandée de mauvaise foi et
à contre-temps.

388 bis. — La loi de 1867 ajoutant aux prescriptions de l'article 43 du Code de commerce, exige que
l'extrait contienne la date des dépôts faits aux greffes
de la justice de paix et du tribunal de commerce.

Cette date était fort indifférente lorsque ce qui devait
être déposé était seulement un extrait identique à celui
qui était inséré au journal. Quel besoin avait-on d'aller
au greffe du tribunal de commerce et qu'avait-on à y
faire, lorsqu'on était assuré de n'y trouver autre chose
que ce qu'on avait dans la main et sous les yeux. Personne ne pouvait être tenté de se livrer à une démar-
che sans résultat possible et ne pouvant qu'entraîner
une perte de temps fort inutile.

Aujourd'hui, ce qui est déposé c'est l'acte dans son
entier, en un original s'il est sous seing privé, en une
expédition s'il a été reçu par un notaire ; ce sont les

pièces importantes que la loi prescrit d'y annexer. Leur
vérification promet et donne des conditions de l'association une connaissance bien autrement complète que
celle qu'on reçoit de l'extrait inséré au journal. Dès
lors on pouvait facilement supposer la pensée et le besoin de se livrer à cette vérification , et dans cette sup-
position , il convenait d'en faciliter les moyens , de la
rendre aussi prompte, aussi facile que l'exigeaient les
nécessités commerciales.

L'indication de la date du dépôt arrive à ce résultat.
Elle dispense, en effet, de la nécessité de fouiller des
registres , de compulser des archives , c'est-à-dire de
perdre un temps plus ou moins long, ce qui surtout répugne au commerce.

Lorsque la société ayant des maisons de commerce
situées dans divers arrondissements , le dépôt et l'annonce dans les journaux doivent être réalisés dans chacun de ces arrondissements, il est peu probable que le
dépôt puisse avoir lieu partout le même jour. On peut
donc se trouver en présence de dates différentes.

Faudra-t-il que l'extrait les mentionne toutes ? Nous
ne le croyons pas. Quelle apparence, en effet, que celui
qui peut trouver l'objet de ses recherches à la justice
de paix ou au tribunal de commerce de son arrondissement , aille se livrer à ces recherches dans un autre
arrondissement. Le but de la loi est donc rempli par l'indication de la date du dépôt fait dans l'arrondissement
et dans le journal duquel a lieu l'insertion de l'extrait.
C'est là, en effet et non ailleurs, que ceux qui ont traité

avec la maison située dans l'arrondissement peuvent être tentés de se livrer à des recherches.

388 ter. — L'obligation d'indiquer dans l'extrait si la société est en nom collectif, en commandite simple ou par actions, anonyme ou à capital variable est, nous l'avons déjà dit, motivée par le désir légitime d'empêcher toute confusion, lorsque la société en nom collectif n'ayant d'autre raison sociale que la dénomination par elle adoptée, la publication de cette dénomination pourrait faire croire à une société anonyme. Elle a en outre cet avantage de prévenir toute difficulté sur le caractère de la société soit de la part des tiers, soit entre les associés.

La déclaration de ce caractère suffit si la société est en nom collectif ou en commandite soit simple, soit par actions. Il n'en est plus ainsi, si elle est anonyme ou à capital variable.

Dans le premier cas, l'indication du caractère de la société doit être suivie de la mention du capital social en numéraire et en autres objets, et de celle de la quotité à prélever sur les bénéfices pour composer le fonds de réserve.

Si la société est à capital variable, il faut ajouter la mention de la somme au dessous de laquelle le capital social ne peut être réduit [1].

---

[1] Voy. notre *Commentaire de la loi de 1867*, art. 58, n° 603 et suiv.

ART. 44.

L'extrait des actes de société est signé, pour les actes publics, par les notaires, et pour les actes sous seing privé, par tous les associés, si la société est en nom collectif, et par les associés solidaires ou gérants, si la société est en commandite, soit qu'elle se divise ou ne se divise pas en actions.

ART. 45.

L'ordonnance du roi qui autorise les sociétés anonymes devra être affichée avec l'acte d'association et pendant le même temps.

ART. 46.

Toute continuation de société, après son terme expiré, sera constatée par une déclaration des coassociés.

Cette déclaration, et tous actes portant dissolution de société avant le terme fixé pour sa durée par l'acte qui l'établit, tout changement ou retraite d'associés, toutes nouvelles stipulations ou clauses, tout changement à la raison de la société sont soumis aux formalités prescrites par les articles 42, 43 et 44.

En cas d'omission de ces formalités, il y aura lieu à l'application des dispositions pénales de l'article 42, troisième alinéa.

SOMMAIRE

389. — Ces articles , dans le Code de commerce, complétaient le système de publicité que ce code avait cru devoir adopter. Leurs dispositions en ce qu'elles avaient de réellement utile , pouvaient et devaient être respectées.

Mais l'article 45 devait disparaître. La liberté absolue de l'anonymat, consacrée et proclamée par la loi nouvelle, arrivait forcément à cette conséquence. Dès l'instant que la société anonyme n'avait plus à être l'objet d'une ordonnance d'autorisation, toutes les dispositions relatives à la publicité de cette ordonnance devenaient vaines et inutiles.

. Le législateur de 1867 tout en conservant les obligations imposées par les articles 44 et 46, a profité de la refonte du système de publicité des sociétés, pour ajouter aux garanties que ces articles pouvaient offrir celles que nécessitait la réalisation du but qu'il s'était proposé : rendre la publicité plus efficace et moins coûteuse. Voici donc les dispositions qui remplacent ces deux articles.

« ARTICLE 59.

» Si la société a plusieurs maisons de commerce si-
» tuées dans divers arrondissements, le dépôt prescrit
» par l'article 55 et la publication prescrite par l'arti-
» cle 56 auront lieu dans chacun des arrondissements
» où existent les maisons de commerce.

» Dans les villes divisées en plusieurs arrondisse-
» ments, le dépôt sera fait seulement au greffe de la
» justice de paix du principal établissement.

» ARTICLE 60.

» L'extrait des actes et pièces déposés est signé : pour
» les actes publics, par le notaire, et, pour les actes

» sous seing privé , par les associés en nom collectif,
» par les gérants des sociétés en commandite ou par les
» administrateurs des sociétés anonymes.

» ARTICLE 61.

» Sont soumis aux formalités et aux pénalités pres-
» crites par les articles 55 et 56 :

» Tous actes et délibérations ayant pour objet la mo-
» dification des statuts , la continuation de la société
» au delà du terme fixé pour sa durée , la dissolution
» avant ce terme et le mode de liquidation, tout chan-
» gement ou retraite d'associés et tout changement de
» raison sociale.

» Sont également soumises aux dispositions des ar-
» ticles 55 et 56 , les délibérations prises dans les cas
» prévus par les articles 19 , 37 , 46 , 47 et 49 ci-
» dessus. »

390. — La disposition de l'article 59 est empruntée à l'article 42 du Code de commerce, et cet emprunt
s'explique et se justifie par la nature des prescriptions
qui y sont édictées.

Ceux qui traitent, dans une localité, avec une société
commerciale qui y a maison ouverte , peuvent ignorer
et ne sont pas obligés de savoir que cette société a des
maisons et même son siége principal dans d'autres lo-

calités. Donc, lorsqu'ils éprouveront le besoin de se renseigner sur le caractère et les conditions de cette société,
ils se rendront naturellement au greffe soit de la justice
de paix , soit du tribunal de commerce du lieu où ils
sont appelés à contracter , ou dans lequel ils ont traité
avec elle.

Il était donc nécessaire et juste qu'ils pussent y trouver les documents qu'ils viennent y consulter , à moins
de leur interdire toute possibilité de s'éclairer dans l'impuissance où ils seraient de deviner en quel lieu ces documents ont été déposés.

Nous avons déjà indiqué ce qu'il fallait entendre par
maisons de commerce relativement à la nécessité du
dépôt. Y revenir, serait nous livrer à une répétition inutile. Nous renvoyons donc à nos précédentes observations [1].

L'insertion de l'extrait dans un des journaux de chaque localité où la société exploite des maisons de commerce était la conséquence de ce qui était prescrit pour
le dépôt. Les motifs qui militaient en faveur de celui-
ci, légitimaient évidemment celle-là. A quels journaux
se seraient adressés ceux qui ignoreraient que la société
a d'autres maisons que celle avec laquelle ils sont ou
vont se mettre en rapport ?

L'identité de motifs commandait un résultat identique, ce qui rend raison de la prescription de l'article 42

---

[1] Voy. *supra* n° 357 ᵗᵉʳ.

du Code de commerce, et de celle de la loi de 1867 relativement à la nécessité d'opérer le dépôt et l'insertion au journal dans chaque localité où la société a des maisons de commerce.

391. — L'article 60 de la loi nouvelle n'est également que la répétition de l'article 44 du Code de commerce. Seulement il le complète en réglant ce qui doit se réaliser pour les sociétés anonymes.

Le Code de commerce n'avait pas à s'en préoccuper. Sous son empire, en effet, l'autorisation du gouvernement, sans laquelle la société anonyme ne pouvait exister, avait donné naissance à une publicité spéciale que prescrivait l'article 45.

L'abrogation des articles 37 et 45 du Code de commerce rangeant désormais la société anonyme dans la catégorie des autres sociétés commerciales, la soumettait aux mêmes formalités de publication, et c'est ce que consacre l'article 60, quant à la signature de l'extrait.

Si l'acte de société est authentique, l'extrait doit être signé par le notaire. Cette disposition fort rationnelle et qui avait une légitime raison d'être sous l'empire du Code de commerce, a quelque peu perdu de ce caractère depuis la loi nouvelle.

On comprend, en effet, que lorsqu'il ne devait être déposé au greffe du tribunal de commerce qu'un extrait de l'acte de société, on eût pris toutes les précautions qui devaient garantir la sincérité et l'exactitude des in-

dications de cet extrait. A ce titre la signature du notaire était de nature à rassurer tous les intérêts.

Aujourd'hui ce qu'il faut déposer, c'est l'acte lui-même, en une expédition s'il est authentique, et cette expédition sera nécessairement signée par le notaire. La
rédaction d'un extrait n'a d'autre but que son insertion
au journal; et en quoi cette formalité intéresse-t-elle le
notaire? Évidemment la délivrance de l'expédition a é-
puisé le role de l'officier public qui se trouve même
dans l'impossibilité de remplir toutes les prescriptions
de la loi à cet égard.

Remarquons, en effet, que la loi exige non-seulement
l'extrait de l'acte, mais encore celui des pièces qu'elle
ordonne d'y annexer. Or, ces pièces ne sont pas en la
possession du notaire, et si les associés ne veulent pas
les publier, s'ils s'opposent à l'insertion au journal même de l'extrait de l'acte, quels moyens aura le notaire
pour les contraindre?

Cependant c'est lui qu'on punirait, car si la rédaction
de l'extrait est pour lui un devoir et s'il ne le remplit
pas, il commet une faute dont les conséquences seront
de l'obliger à réparer le préjudice que le défaut de publication de l'extrait aura pu occasionner.

Ainsi, la cour de Douai jugeait, le 21 novembre 1840,
que le notaire qui, dans l'extrait de l'acte d'une société
commerciale publié conformément à l'article 42 du Code
de commerce, a omis d'énoncer la clause restrictive de
la signature sociale, est responsable des obligations plus
étendues dont la société se trouve chargée, contre son

vœu, envers les tiers qui ont contracté avec les associés
dans l'ignorance de cette clause.

Dans l'espèce, une clause de l'acte social portait que
la société ne serait tenue des engagements pris en son
nom que s'ils portaient la signature des deux associés.
C'est cette clause que le notaire avait omis de mentionner dans l'extrait. Après faillite de la société, plusieurs
créanciers, porteurs d'effets souscrits de la raison sociale, mais signés par l'un des associés seulement, ayant
dû être admis au passif de la faillite, le syndic poursuit le notaire pour le faire condamner au remboursement de tous ces effets. Cette demande repoussée, comme non recevable, par le tribunal de Cambrai, est, sur
l'appel, accueillie et consacrée par la cour de Douai [1].

Responsable d'une simple omission, le notaire l'aurait été à plus forte raison du défaut absolu de l'extrait.
La faute dans ce cas eût été bien plus lourde que dans
le premier.

Mais si, comme l'avait admis la doctrine, le concours
du notaire n'était requis que pour certifier par sa signature la sincérité des énonciations de l'extrait, il faut
convenir que la loi nouvelle exigeant le dépôt de l'acte
en expédition régulière, ce concours n'a plus la même
raison d'être. Aujourd'hui, il faut distinguer le dépôt de
l'insertion au journal, ce que le Code ne pouvait pas
faire, puisqu'une pièce unique, l'extrait de l'acte était

[1] D. P., 41, 2, 67.

la matière du dépôt et de l'insertion, et s'il est vrai que l'office du notaire ne cesse qu'au moment où les actes qu'il a reçus sont extérieurement à l'abri des attaques, cette condition n'est-elle pas remplie par la délivrance régulière de l'expédition ?

A notre avis, on devait d'autant plus dispenser le notaire d'intervenir à l'extrait, qu'on ne saurait exiger de lui le dépôt prescrit. En effet, il ne pourrait jamais déposer autre chose qu'une expédition, et cela ne suffit pas. Nous venons de voir les pièces qui doivent y être annexées, et ces pièces comment les obtiendra-t-il, si, reculant devant la publicité, les associés refusent à leurs risques et périls de remplir les formalités qu'exige cette publicité ?

Tout cela, certes, méritait d'être pris en sérieuse considération, et pouvait, en ce qui concerne le notaire, motiver une modification dans les termes de l'article. Mais en l'état et en l'absence de toute modification, il est permis de douter qu'on pût décider aujourd'hui autrement que sous l'empire du Code.

392. — Si l'acte de société est sous seing privé, l'extrait doit être signé par *tous* les associés, disait l'article 44 du Code de commerce, par les associés en nom collectif, porte l'article 60 actuel. La suppression du mot *tous* n'innove en rien à ce qui devait se pratiquer sous le Code. Seulement ce qui était explicitement exprimé par celui-ci, se trouve implicitement dans l'article 60. En effet, en exigeant que l'extrait soit signé par

les associés , cet article n'excepte aucun d'eux et les comprend tous. S'il eût entendu le contraire , il n'eût pas manqué d'ajouter *ou par l'un d'eux*, ce qu'il ne fait pas.

Toutefois , ce qui n'est pas dans la loi peut se trouver dans la convention. La clause de l'acte qui chargerait spécialement un ou plusieurs des associés du soin et du devoir de rédiger et de publier l'extrait requis, se--rait incontestablement régulière et légale.

Il y a mieux encore, le mandat tacite serait, en pareille matière, facilement présumé. Ceux qui contractent une société sont censés vouloir la rendre régulière et vouloir qu'elle sorte à effet , par conséquent autoriser toutes les mesures qui peuvent déterminer ce résultat. La preuve testimoniale étant de droit commun en matière commerciale, l'existence du mandat tacite pourrait s'induire des présomptions, notamment de l'exécution donnée à la société par celui ou ceux qui n'auraient pas signé l'extrait.

S'il en était autrement , si l'absence de quelques signatures au bas de l'extrait entraînait fatalement la nullité de la société, il faudrait admettre que la loi a entendu livrer le sort de la société au caprice des intéressés. Celui d'entre eux, en effet, qui voudrait revenir sur ses engagements , n'aurait qu'à refuser sa signature , à empêcher ainsi tout extrait régulier, ce qui déterminerait infailliblement la rupture du contrat. Nous ne saurions admettre qu'un pareil résultat soit entré dans les prévisions du législateur.

393. — Si la société est en commandite ou anonyme, l'extrait est signé par les gérants ou par les administrateurs. Sans doute ceux-ci ne sont ni responsables indéfiniment ni solidaires. Mais des associés de ce genre il n'en existe aucun dans les sociétés anonymes, et comme cependant il fallait que quelqu'un signât l'extrait, on était naturellement amené à confier ce soin et ce devoir aux administrateurs.

L'interdiction faite aux commanditaires de signer l'extrait, tient à la volonté de leur conserver l'incognito plus ou moins apparent qui les abrite, et de sauvegarder les tiers contre l'erreur de croire associé en nom celui qui n'est que commanditaire. Aussi le commanditaire qui, en signant l'extrait, rendrait cette erreur possible, serait exposé à perdre les immunités résultant de sa qualité.

Tout ce qui pourrait advenir de la signature qu'un associé actionnaire dans une société anonyme apposerait sur l'extrait, serait de le faire considérer comme administrateur. Comme tel il ne serait pas tenu au delà de sa mise, mais on pourrait le déclarer responsable aux termes de l'article 44 de la loi de 1867 soit des infractions aux dispositions de la loi, soit des fautes qu'on pourrait lui imputer [1].

394. — Aucune sanction pénale n'est attachée à l'injonction de la loi relativement à la signature de l'ex-

---

[1] Notre *Commentaire de la loi de* 1867, article 44.

trait. Quelles que soient les omissions qu'on pourrait signaler dans ces signatures, elles ne pourraient ni motiver, ni faire admettre une demande en nullité, si un extrait a été réellement publié et s'il renferme toutes les indications exigées.

Par qui d'ailleurs serait poursuivie cette nullité? Par les tiers? Mais 'quel préjudice pourraient-ils alléguer? En ce qui les concerne, la publicité ne laisse en réalité rien à désirer, car l'absence de la signature de tels ou de tels ne les empêchera pas de les poursuivre et d'obtenir contre eux une condamnation de ce qui peut leur être dû ;

Les associés? De quoi se plaindraient-ils? Leurs intérêts sont réglés par le pacte social, et les termes de l'extrait ne peuvent ni les altérer ni les modifier.

D'ailleurs, en excipant du défaut de leur signature sur l'extrait, ne se prévalent-ils pas de leur faute personnelle peut-être calculée et préméditée, et pourraient-ils être recevables à prétendre en recueillir un profit quelconque?

Enfin *quis mandat ipse fecisse videtur*. Et s'il est vrai, comme nous venons de le dire, qu'en cette matière le mandat verbal soit facilement présumé, la fin de non recevoir qui repousse les associés serait de plus fort évidente.

En dernière analyse, si l'extrait publié est conforme à la loi et contient toutes les indications prescrites, l'absence de quelques signatures ne saurait donner ouverture ni à une action en nullité, ni à une poursuite en dommages-intérêts.

395. — Les prescriptions de l'article 46 étaient naturellement amenées par celles déjà consacrées aux articles précédents. Le système de précautions que le caractère exceptionnel du contrat de société avait inspiré voulait être suivi jusqu'au bout, sous peine de devenir complétement illusoire. A quoi bon, en effet, prescrire la publication des statuts sociaux à l'origine de la société, si, pendant sa durée, des conventions affranchies de cette publicité pouvaient en altérer, en modifier les dispositions les plus essentielles et faire ainsi disparaître, une à une, toutes les garanties d'abord offertes au public ?

Le devoir qui naissait d'une considération de ce genre était tout tracé ; il fallait que les obligations imposées au moment de la constitution de la société l'accompagnassent dans toutes les phases de son existence ; que l'efficacité de tous accords nouveaux, ayant pour objet de changer les clauses de l'acte primitif, fût soumise et subordonnée à la publicité prescrite pour cet acte lui-même. C'est ce que l'article 46 a entendu et voulu consacrer.

Cet article est donc le complément naturel des dispositions précédentes, en même temps qu'une nouvelle et énergique sanction de ce principe de publicité sans lequel les sociétés ne seraient plus que de vastes, d'odieures déceptions.

L'article 46 envisage d'abord les modifications que la société peut faire subir dans sa durée : sa continuation après le terme expiré, sa dissolution avant cette expiration ; il s'occupe ensuite des conventions prises pendant la durée de la société , se référant au changement ou à la retraite d'un associé , à l'adoption de clauses abrogeant celles de l'acte primitif , enfin aux modifications que subit la raison sociale. Examinons chacun de ces faits, déterminons-en la nature.

396. — 1° Continuation après le terme expiré.

La société finit naturellement et de plein droit par l'échéance du terme stipulé pour sa durée. Cette échéance se réalisant, l'acte a produit tous ses effets , il ne renferme plus aucun lien obligatoire , chaque partie reprend toute sa liberté.

Voilà en droit les conséquences de l'expiration du terme ; mais en fait et en droit également , les associés ne sont pas obligés de les subir. La continuation des relations anciennes peut être commandée par les convenances des parties , par les résultats avantageux déjà obtenus, par l'intérêt même de tous les associés. En effet , le terme peut expirer au milieu d'une crise commerciale , ou dans un moment où la société est engagée dans de nombreuses et importantes opérations , de telle sorte qu'une liquidation effective et immédiate ne saurait être poursuivie qu'au prix des plus grands sacrifices.

La loi ne pouvait méconnaître ni ces convenances,

ni cet intérêt. A quel titre, d'ailleurs, eût-elle contraint
à la dissolution ? Les parties pouvant contracter une
société nouvelle, peuvent évidemment continuer celle
qu'ils ont déjà fondée ; on ne pouvait le méconnaître
sans violer le grand principe de la liberté des conventions.

La continuation est donc laissée à l'appréciation souveraine et absolue des associés eux - mêmes. Tout ce
qu'exige la loi c'est que son existence soit constatée par
une déclaration des associés, et que cette déclaration
soit déposée et publiée dans les formes et les délais vou-
lus par l'article 42.

397. — Cette double exigence s'explique parfaitement. L'acte écrit ! la continuation de la société n'est
pas la constitution d'une société nouvelle, mais l'acte
qui la constate n'en est pas moins pour l'avenir un acte
social. Pourquoi donc n'aurait-on pas fait pour lui ce
qu'on faisait pour celui-ci ?

La publicité ! sa nécessité ressortait avec éclat des effets que la continuation de société produit contre les
tiers. L'expiration du terme d'abord adopté mettant fin
à la société, il s'opère dans la condition des associés et
dans la nature de leurs droits un changement capital.
A l'être moral distinct des associés, ayant ses droits et
ses actions à part, succède une communauté simple,
une indivision ordinaire. La personne civile a complétement disparu, il n'y a plus que des communistes. C'est
ce qui s'induit explicitement des articles 529 et 1872
du Code civil.

Dès lors toute liberté est rendue non-seulement aux associés , mais encore à leurs créanciers même personnels. Ceux-ci peuvent désormais former des oppositions, intervenir dans les opérations du partage , assister aux licitations , et , selon l'événement , se faire attribuer la chose qui , tombant dans le lot de leur débiteur , est censée lui avoir toujours appartenu, ou la soulte qui la remplace [1].

Tout cela est rendu impossible par la continuation de la société. Il était , dès lors , naturel et juste de subordonner cet effet à la publicité qu'elle reçoit ; on ne pouvait dépouiller les tiers clandestinement et sans les avoir mis en demeure de prendre les mesures que leur intérêt exigera.

598. — Les exigences de l'article 46 sont donc marquées au coin de la justice et de la raison. Quel sera l'effet de leur inobservation ?

D'associé à associé , la nullité complète de tout ce qui aurait été convenu. Ainsi, vainement la continuation de la société aurait - elle été consentie , vainement aurait-elle été exécutée. Chaque associé peut même, après cette exécution, poursuivre la nullité de l'acte non publié , et obtenir ainsi la liquidation immédiate de la société.

599. — Mais cette nullité ne pourrait être opposée aux tiers ; auxquels on ne saurait reprocher le défaut

---

1 Troplong, n° 1004. — Delangle, n° 571.

de publicité. Cette prescription de l'article 42 reçoit ici son entière application par une identité de raisons incontestable.

Il en résulte que les tiers, ayant intérêt à ce que la société ait continué, peuvent en prouver la prorogation tant par témoins que par présomptions. Il faut même convenir que son existence éprouvera moins de difficultés que celle d'une société. Lorsqu'il s'agit, en effet, non plus d'établir des rapports entre personnes jusque-là étrangères les unes aux autres, mais de constater la continuation de relations existant depuis plusieurs années, la présomption devient plus facile. D'ailleurs, la nature des opérations accomplies depuis l'échéance du terme, l'absence de toute liquidation matérielle deviennent tout autant d'éléments précieux pour la conscience du juge.

400. — Pourrait-on faire résulter de la continuation de la société, sans publicité, une modification dans la qualité des parties ? En d'autres termes, serait-on recevable à soutenir que le commanditaire a par cela seul pris la qualité d'associé solidaire et responsable ?

L'affirmative a été soutenue ; on la fondait sur ce principe, que la commandite n'étant qu'une exception doit être prouvée par écrit. Or, l'acte non publié étant nul, cette preuve n'existe pas ; il n'y a plus qu'une société de fait, dont les effets sont souverainement régis par le droit commun.

Nous avons déjà dit que la jurisprudence avait modifié la rigueur du principe [1]. En fût-il autrement, qu'on ne devrait pas hésiter à le déclarer inapplicable dans notre hypothèse.

De deux choses l'une, en effet : ou les tiers soutiendront que la société s'est continuée , et que c'est avec elle qu'ils ont traité ; mais alors pourront-ils seulement alléguer qu'ils ont été trompés sur la qualité des parties ? Est-ce que les relations antérieures ne sont pas là pour déterminer la position de chacun ?

Ou ils soutiendront qu'il s'est formé une société nouvelle. Dans cette hypothèse, ils seront obligés de prouver leur prétention. Or, comment rapporter cette preuve , si en fait la société n'a fait que suivre ses anciens errements, si chaque associé a absolument gardé la position que l'acte primitif lui faisait ?

En l'absence de cette preuve, on se retrouverait donc en présence d'une continuation pure et simple ; or, on ne pourrait donner à l'inobservation de l'article 46 l'effet de modifier l'ancien état des choses. Cet article , en effet, n'a édicté d'autre peine, contre son inobservation, que l'application du troisième alinéa de l'article 42. Il n'a fait, disait la cour de Paris, aucune distinction entre la société en commandite et la société en nom collectif , qui changerait la nature de l'une ou de l'autre, et la position respective et individuelle des associés vis-à-vis des tiers. Il suppose donc que la société se conti-

---

[1] Voy. *supra* nᵒ 368.

nue dans sa spécialité originelle, à moins de circonstances qui en modifieraient la nature[1]. ·

Ainsi, l'absence de publicité pour la continuation n'empêchera pas les tiers de se prévaloir de sa réalité et d'en prouver l'existence ; ils pourront même prouver que les associés ont modifié leur position, notamment que le commanditaire s'est immiscé ; si cette preuve n'est pas articulée, si elle n'est pas rapportée, il pourra y avoir continuation de la société. Mais l'inobservation de l'article 46 n'aura jamais pour effet de modifier l'état des personnes et des choses.

401. — Le droit des tiers de prouver par témoins la continuation de la société concerne exclusivement les associés, il ne pourrait être exercé contre leurs créanciers personnels.

Nous l'avons déjà dit, les créanciers personnels de l'associé sont de véritables tiers dans le sens de l'article 42, auxquels on ne saurait opposer une société irrégulièrement contractée[2]. Il en serait de même de sa continuation ; ils ne devraient en subir les effets que si elle avait été revêtue des formes exigées par l'article 46. La preuve que les créanciers sociaux prétendraient faire d'une continuation de fait serait donc écartée : ne pouvant jamais avoir aucune efficacité, elle

---

1 17 avril 1839 ; — D. P., 39, 2, 426.

2 Voy. *supra* n° 370.

serait inutile. *Frustra probatur, quod probatum non relevat.*

402. — 2° Dissolution avant terme.

L'intérêt que les tiers ont à connaître l'instant où la société cesse d'exister est incontestable. Cette connaissance est acquise lorsque la dissolution est amenée par l'échéance du terme. La publication régulière de la société en a expressément déterminé la durée. Les tiers sont donc dûment prévenus; tout ce qu'ils peuvent exiger, c'est d'être instruits de la prorogation si celle-ci est consentie.

Mais de même que les associés peuvent adopter cette prorogation, de même ils peuvent dissoudre, avant le terme par eux fixé. Indépendamment de la mobilité de la volonté humaine, indépendamment de la cessation des sentiments de confiance sans lesquels il ne saurait exister de société, la dissolution avant terme peut avoir un motif loyal et hautement avouable : l'insuffisance du capital, conséquence des pertes déjà éprouvées, le désir de ne pas compromettre les tiers en risquant de perdre ce qui reste.

Quel qu'en soit d'ailleurs le motif, la dissolution conventionnelle n'est opposable aux tiers que si elle est prouvée par écrit, et que si l'acte en a été publiée dans les formes voulues par l'article 42.

403. — Doit-on assimiler à la dissolution conventionnelle celle que la loi fait résulter de la mort civile ou naturelle d'un associé, de son interdiction ou de sa faillite?

Il est évident qu'aucun de ces faits ne s'accomplit sans acquérir une notoriété, une publicité certaine. Les gens de la localité ne sauraient les ignorer. Quant à ceux qui habitent au loin , il est difficile d'admettre qu'ils ne les aient pas connus, soit s'ils étaient déjà en relation avec la société par une annonce directe ou in- directe , soit par les renseignements qu'ils ont dû re- cueillir si leurs relations n'ont commencé que postérieu- rement.

Cette présomption admise, la question que nous avons posée doit se résoudre par la négative , et c'est dans ce sens qu'elle l'a été généralement.

404. — Cependant la présomption de connaissance n'est pas admise par tous les auteurs, le célèbre M. Tro- plong veut que cette connaissance soit prouvée ; à dé- faut de cette preuve et en l'absence de toute publication, M Troplong veut que les héritiers , même mineurs de l'associé décédé, soient tenus solidairement des dettes contractées depuis le décès.

Cette conclusion , dit M. Troplong, peut être sévère, mais elle ne manque pas de points d'appui. Ainsi et malgré la faveur dont il avait entouré le mineur , le droit romain l'avait consacrée. *Sed si pupillus heres extiterit ei qui præposuerat, æquissimum erit pu- pillum teneri quamdiu præpositus manet. Remo- vendus enim fuit à tutoribus , si nollent opera*

ejus uti [1]. Déjà la même règle avait été enseignée par
le jurisconsulte Paul : *Si impuber patri habenti in-*
stitores hœres extiterit, deinde cum his contrac-
tum fuerit, dicendum est in pupillum dari actio-
nem propter utilitatem promiscui usus [2].

Telles sont les règles par lesquelles les Romains donnaient protection à leur commerce; nous ne sommes
pas moins accessibles que ce peuple à ces grandes raisons d'utilité et de loyauté. Pourquoi donc consacrerions-
nous le contraire ?

M. Troplong trouve la justification de son système
dans un principe incontestable en matière de mandat.
Les obligations contractées par le mandataire, dans l'i-
gnorance du décès du mandant, obligent les héritiers
même mineurs. Or, l'application de ce principe à la société n'a jamais été contestée entre associés, mandataires les uns des autres ; les opérations que quelques-uns
d'eux feraient, de bonne foi et dans l'ignorance du décès
de l'autre, lieraient les héritiers de celui-ci, mineurs ou
majeurs, sans distinction : *Tunc eadem distinctione*
utemur quam in mandato, et si quidem ignota
fuerit mors alterius, valeat societas. Si nota, non
valeat [3].

Dans ce cas là, donc, l'ignorance produira les mêmes
effets que dans le mandat, la société est censée durer

---

[1] L. 11, ff. *De instit. act.*.
[2] L. 24, § 1, ff. *De minorib.*
[3] L. 65, § 10, ff. *Pro socio.*

malgré le décès. Par la même raison , elle doit se continuer fictivement à l'égard des tiers qui ont contracté
avec elle dans l'ignorance de la dissolution. Il n'est pas
possible de trouver un motif de différence entre les deux
situations ; les raisons de conformité sont, au contraire,
nombreuses et palpables [1].

M. Troplong conclut que la mort civile ou naturelle,
l'interdiction ou la faillite doit être publiée. Cependant,
le défaut de publication ne saurait empêcher qu'on prou-
vât que le tiers en avait connaissance; car , à son avis,
la connaissance de fait équivaut ici à la connaissance
légale , et doit faire repousser toutes prétentions contre
les héritiers mineurs.

Quoi qu'en dise M. Dalloz, l'argument que M. Troplong puise dans les principes du mandat est puissant.
S'il est vrai que le texte de la loi romaine se réfère uniquement à l'hypothèse du mandataire agissant dans l'i-
gnorance de la mort du mandant , le même effet n'en
pourra] pas moins être réclamé par les tiers ayant agi
dans la même ignorance. C'est, au reste, ce qu'il n'est
pas permis de révoquer en doute en présence de l'article 2009 du Code civil.

Le système de M. Troplong puise dans ce rapprochement une grave autorité. Nous ajoutons que, à l'endroit
du crédit public, ce système se recommande par de for-
tes considérations : avec le système contraire, les héri-

---

[1] Troplong. *Des sociétés*, art. 1865, n° 903.

tiers se conduiront uniquement au gré de leurs intérêts;
associés, s'il y a des bénéfices, ils répudieront cette qualité dans le cas de perte.

405. — C'est cependant ce dernier que la cour de
cassation a consacré. Et ici, qu'il nous soit permis de
nous étonner que dans un autre de ses excellents ouvra-
ges M. Troplong ait écrit que la cour de cassation a
consacré son opinion [1].

Des deux arrêts que M. Troplong invoque, le premier, celui du 26 juillet 1843, pourrait aller à son système. Il juge en effet qu'une société commerciale, dont
la dissolution par décès de l'un des associés n'a pas été
publiée conformément à la loi, est réputée subsister à
l'égard des tiers, alors que nonobstant ce décès l'établissement social a continué à marcher dans l'intérêt
des associés ou de leurs représentants, et qu'il n'a été
procédé à aucune liquidation [2].

Mais ce qu'il faut remarquer, c'est que devant la
cour suprême les parties contendantes étaient d'une
part un créancier social d'avant le décès, de l'autre
des créanciers sociaux d'après le décès. Les héritiers
mineurs qui avaient figuré devant la cour d'appel n'é-
taient plus en cause. Leur pourvoi était déclaré non recevable.

On comprend dès lors la solution de l'arrêt. Le cré-

---

[1] *Du mandat*, art. 2009, n° 824.
[2] D. P., 44, 1, 134.

ancier ne pouvait exciper d'une exception personnelle aux héritiers mineurs. Pour lui donc, à l'endroit des nouveaux créanciers, la dissolution ne pouvait résulter que de sa publication ou de sa réalisation de fait. Or, l'arrêt constate l'absence de l'une et de l'autre, relevant avec soin que l'établissement n'avait pas cessé de marcher dans l'intérêt des associés ou de leurs représentants.

Qu'aurait fait la cour si les héritiers mineurs en cause devant elle eussent de leur chef demandé la nullité de la continuation de la société ? La réponse est facile, et c'est la cour elle-même qui va nous la fournir dans son arrêt dans l'affaire Thivolier et Martin.

Dans cette espèce, la cour de Grenoble avait jugé que, même à l'encontre des héritiers mineurs, la dissolution amenée par le décès de l'associé devait être publiée conformément à l'article 46 ; qu'à défaut la société s'était valablement constituée. Cet arrêt fut dénoncé à la cour régulatrice.

Or, par décision du 10 juillet 1844, celle-ci casse l'arrêt de la cour de Grenoble, et décide en conséquence que l'obligation de publier les faits qui modifient les sociétés commerciales ne s'applique qu'aux faits de l'homme, ou, en d'autres termes, aux seules modifications qui sont l'œuvre de la volonté des parties; qu'en conséquence la dissolution d'une société commerciale, par le décès de l'un des associés, n'est pas soumise aux formalités de publication exigées par l'article 46 du Code de commerce. Par suite, en cas de

cessation de paiements de l'associé survivant , c'est lui
(ou la société formée par les survivants) et non la société dont l'associé prédécédé faisait partie qui doit seul
être mis en faillite [1].

L'antinomie entre ces deux décisions est certes complète. Différence dans les principes , différence dans les
conséquences. Le premier, en effet , décide que la dissolution par décès doit être publiée , et qu'à défaut , la
déconfiture arrivant , c'est la société dont le prédécédé
faisait partie et qui s'est légalement continuée, qui doit
être déclarée en faillite. Le second, au contraire, déclare
la société dissoute de plein droit et sans publication par
le décès de l'associé , et refuse conséquemment le droit
de la déclarer en faillite. Comme on le voit, la contradiction ne saurait être plus absolue.

A nos yeux , la raison de cette contradiction existe
dans la différence de la qualité des parties dans les deux
espèces. La dissolution par suite du décès n'est que dans
l'intérêt des héritiers ; eux seuls peuvent donc s'en prévaloir, avec d'autant plus de raison, que l'impossibilité
de continuation, fondée sur l'incapacité des parties, constitue une nullité purement relative.

Sans doute, les créanciers antérieurs au décès peuvent
avoir intérêt à la dissolution et soutenir qu'elle a eu
lieu, mais tout au moins devraient-ils le prouver. Donc,
la meilleure manière d'écarter leur prétention sera de

---

[1] D. P., 44, 4, 297.

constater que, loin de se dissoudre, la société a continué
en fait. Telle était l'espèce du premier arrêt.

Peut-être voudra-t-on voir dans cette dernière circonstance une raison pour expliquer la différence entre
les deux arrêts. En fait, dira-t-on, la cour de Grenoble
ne constate pas la continuation qui est avec soin relevée
dans l'arrêt de 1844. La cour de cassation a donc obéi
à cette différence de faits.

Cette explication, quelque plausible qu'elle pût paraître, n'est pas admissible ; en voici la raison : l'arrêt de
Grenoble étant cassé, parties et matières sont renvoyées
devant la cour d'Aix. Celle-ci , sur ma plaidoirie , juge
le 9 mai 1845 qu'en fait la société a continué, ce qu'elle
induit d'une série de faits, des opérations réalisées après
le décès, des livres et écritures.

La cour évite de se prononcer sur l'application de
l'article 46. Elle ne se met donc pas en contradiction
de droit avec la cour de cassation. Cependant les mineurs Thivolier s'étant de nouveau pourvus, l'arrêt d'Aix
est à son tour cassé, attendu, dit la cour de cassation,
qu'à l'endroit de l'article 1868 du Code civil , les héritiers mineurs d'un associé décédé ne peuvent être
liés que par une stipulation formelle de continuation
faite par leur auteur ; *qu'en l'absence d'une pa-*
reille stipulation , les tribunaux ne peuvent faire
résulter la continuation de la société des faits et
des circonstances. Ce pouvoir d'appréciation ne

leur appartient que lorsqu'il s'agit d'héritiers ma-
jeurs [1].

Voilà donc la pensée de la cour de cassation clairement et nettement énoncée. Par le décès de l'associé
tout est définitivement rompu par rapport à ses héritiers, sauf le droit de ceux-ci de renoncer à la dissolution et d'opter pour la continuation. Cette option peut
être expresse ou tacite, mais son efficacité, dans tous
les cas, dépend exclusivement de la capacité légale des
héritiers. Le mineur est incapable, sous un double rapport. Non-seulement il ne peut contracter ni s'engager,
mais encore exercer un commerce quelconque sans y
avoir été préalablement autorisé. Or, nous avons vu sous
l'article 2 du Code de commerce que rien ne peut suppléer à cette autorisation ; qu'elle ne peut être tacite ni
résulter de faits nombreux accomplis par le mineur. Ce
sont ces principes que la cour de cassation admet en
matière de continuation de société.

L'héritier majeur pouvant librement contracter peut
expressément continuer la société. Cette volonté peut
même s'induire des faits qui lui sont personnels ou auxquels il a participé. La cour de cassation, qui le décide
ainsi dans le dernier arrêt, l'avait déjà consacré par
décision du 16 mars 1838.[2] On a voulu à tort trouver
dans ce dernier arrêt une contradiction au principe de

---

[1] Cass , 10 novembre 1847 ; — J du P., 48, 1, 16.

[2] J. du P., 38, 1, 413.

celui de 1847. Ce qui les explique parfaitement, c'est
que l'héritier qui dans l'espèce de celui-ci était mineur
avait dans l'autre agi en pleine majorité ; la différence
dans les résultats se trouve par cela seul pleinement
justifiée.

406. — Donc et relativement à l'héritier mineur,
la cour de cassation n'admet pas la règle enseignée par
M. Troplong. En droit pur, elle considère la dissolution
comme définitivement acquise par le décès, quelle que
soit d'ailleurs la conduite des héritiers, quelle que soit
la bonne foi des tiers, quelque absolue qu'ait été leur
ignorance.

Est-ce là méconnaître le principe qui se tire de la
législation sur le mandat ? Nous ne croyons pas que telle
ait été l'intention de la cour de cassation. Sa doctrine
nous paraît au contraire se fonder sur la connaissance
qu'on a dû avoir des événements entraînant la dissolution. La mort naturelle est assez publique pour n'être
ignorée de personne sur la localité, et pour peu qu'elle
soit de nature à intéresser le commerce, les négociants
ne manqueront pas d'en avertir leurs correspondants.
L'interdiction exige des débats publics, l'affiche du nom
de l'interdit chez les notaires ; enfin la mort civile et la
faillite sont annoncées par des placards et des affiches :
comment donc, en présence de pareils moyens de publicité, admettre une ignorance absolue ?

Fallût-il voir dans la doctrine de la cour le refus
d'appliquer à la société les règles du mandat, que ce

refus s'expliquerait par l'incapacité du mineur , par le respect dû aux dispositions de l'article 2 du Code de commerce , par l'adhésion aux considérations qui l'ont fait consacrer. Faudrait-il blâmer la cour suprême d'avoir cédé à ces scrupules ? Nous oserions d'autant moins le faire que la pratique commerciale n'a pas jusqu'ici signalé de trop graves inconvéniens au système auquel elle s'est arrêtée.

407. — Ainsi il n'y a que les dissolutions conventionnelles qui soient soumises aux formalités prescrites par l'article 46.[1] Quel sera l'effet de l'omission de ces formalités ?

D'associé à associé l'acte de dissolution est nul , aux termes de l'article 42. En conséquence , tout droit réclamé, en vertu de cet acte pourra être contesté ou refusé sur le motif de sa nullité.

Mais il faut pour cela que toutes choses soient encore intactes et que l'acte de dissolution soit l'unique fait accompli. Il est évident que si, indépendamment de l'acte, une dissolution matérielle s'est réalisée, s'il a été procédé à la liquidation, au partage de l'actif, si l'établissement avait cessé d'être exploité, les associés ayant exécuté la dissolution ne pourraient plus se prévaloir du défaut de publicité [2].

Il faut observer encore qu'entre associés la nullité

---

[1] Delangle, n° 580

[2] Pardessus, n° 1071. — Cass., 5 juin 1831.

n'est acquise que par l'absence complète de publicité au moment où celle nullité est judiciairement poursuivie. Ainsi, un retard ayant laissé expirer le délai de quizaine ne devrait pas faire prononcer cette nullité. Il suffirait que les formalités eussent été remplies avant l'action intentée par l'associé [1].

408. — Par rapport aux tiers l'inobservation de l'article 46 produit un effet radical et absolu. La dissolution ne peut leur être opposée. Quelles que soient les circonstances de fait, il suffit que le tiers qui a traité avec la société ait obtenu la signature sociale pour que la dette soit due solidairement par tous les associés, eussent-ils en réalité rompu la société [2].

La cour de cassation adoptant le principe n'a pas hésité à en consacrer les conséquences les plus extrêmes. Ainsi elle a jugé, le 29 janvier 1838, que la société dont la dissolution n'a pas été publiée dans les formes légales ne cesse pas de subsister en droit vis-à-vis des tiers, alors même qu'en fait une nouvelle société lui aurait succédé avec une nouvelle raison sociale ; et les membres de l'ancienne société, quelle que soit leur bonne foi, n'en restent pas moins responsables des engagements souscrits sous la nouvelle raison sociale, si ces engagements ont réellement profité à leur société [3].

---

[1] Voy. *supra* n° 358.

[2] Paris, 22 juillet 1828 ;—Cass., 9 juillet 1833

[3] J. du P., 38, 1, 499 ; — D. P., 38, 1, 94.

Dans l'espèce de cet arrêt , la bonne foi des anciens associés était d'autant plus certaine que les formalités voulues par la loi avaient été remplies. Mais le tribunal au greffe duquel le dépôt avait été opéré n'étant pas celui appelé à le recevoir , la publication avait été déclarée insuffisante et nulle.

409. — La cour de Dijon , dont l'arrêt recevait la sanction de la cour suprême , paraît admettre que la connaissance que le tiers aurait eu de la dissolution remplacerait la publicité ordonnée par la loi et le rendrait non recevable à prétendre que la société s'est continuée. C'est là un principe que nous sommes loin d'admettre et qui nous paraît répudié par le texte et par l'esprit de l'article 42. Les associés ne peuvent repousser les tiers qu'en justifiant de l'accomplissement de la publicité requise. Or , soutenir que le tiers a connu la dissolution, est-ce prouver que cet accomplissement s'est réalisé ?[1] Le moindre inconvénient de ce principe est de substituer une appréciation difficile et arbitraire à la règle simple et positive que la loi a tracée.

Quoi qu'il en soit , dans l'espèce , on voulait induire cette connaissance de l'existence de la nouvelle raison sociale et de l'acceptation d'un engagement signé de celle-ci. Mais cette prétention est repoussée.

410. — Il faut l'avouer cependant , le changement

---

[1] Voy. cependant *supra* nº 369.

de la raison sociale est un fait grave, dont il est impossible de se dissimuler la portée. C'est une nouvelle personne qui se présente, et comment la confondre avec une autre ? Néanmoins, il faut le reconnaître, la même société peut exister sous une autre raison sociale, l'article 46 le reconnaît expressément. Dès lors, celui qui a traité avec la nouvelle raison sociale peut soutenir qu'il a entendu et voulu traiter avec l'ancienne société. Mais il sera obligé de prouver sa prétention, et ainsi on tient compte du changement de raison sociale. Si l'engagement était signé de l'ancienne, le porteur n'aurait rien à prouver : les associés seraient tenus de plein droit. L'emploi de la nouvelle fait présumer que l'engagement est étranger à l'ancienne société. Mais cette présomption cède devant la preuve contraire. Or, celle-ci résulte de la justification que l'engagement a réellement profité à la société.

411. — Nous finirons ce qui se rapporte à la durée de la société par une observation qu'inspire l'ensemble des règles que nous venons d'exposer. Dans son arrêt du 10 novembre 1847, la cour de cassation reconnaît que l'insertion dans l'acte social de la clause que la société continuera avec les héritiers empêche toute dissolution, le décès se réalisant. La société se trouve légalement constituée avec les héritiers majeurs ou mineurs, sans distinction.

Mais si, postérieurement au décès, le terme conventionnellement stipulé pour la durée de la société vient

à expirer, la société sera forcément tenue de se dissoudre si les héritiers de l'ancien associé sont encore mineurs. En effet, le mineur étant en droit incapable de
contracter une société, l'est par cela même à l'endroit
de la continuation de celle dont il a été accidentelle-
ment appelé à faire partie. En conséquence, la prorogation de fait que cette société recevrait ne produirait,
pour les associés mineurs, d'autres effets que ceux indiqués par la cour de cassation, dans l'hypothèse d'une
continuation de la société après décès de l'un des associés, en l'absence de toute clause de ce genre; c'est-à-
dire que tout ce qui aurait été fait ne pourrait ni engager ni lier l'associé mineur, toujours recevable à répudier la responsabilité des engagements contractés depuis l'expiration du terme.   .

412. — 3° Tout changement ou retraite d'associés.

Ce qui ressort de l'ensemble de l'article 46, c'est que
la loi considère l'acte déposé et publié comme la loi suprême de toutes les parties. C'est par ses énonciations
que doivent se résoudre toutes les difficultés, et comme
la publicité légale l'a en quelque sorte consacré contra-
dictoirement avec le public, aucune modification ne
sera opposable à celui-ci, si la même publicité n'est venue en consacrer l'autorité.

Or, nous l'avons déjà dit, les convenances, les intérêts
des associés peuvent exiger de nouveaux accords, motiver même une dissolution. Nous venons de dire comment il fallait procéder dans ce cas.

Souvent, au lieu d'une dissolution, on se contentera
du changement ou de la retraite d'un associé. Il est rationnel que celui qui cesse d'appartenir à la société ne
réponde plus des engagements que celle-ci peut contracter. Ce résultat la loi le subordonne à la publication de
ce changement ou de cette retraite, publication dont elle
a tracé la forme dans l'article 42.

413. — Ainsi l'acte social indique Pierre comme
un des associés solidaires. Cette indication a pu attirer
la confiance des tiers. Pierre sera donc obligé jusqu'au
moment où, en annonçant publiquement sa retraite, il
mettra le public à même de continuer ou de cesser des
relations qui peuvent n'avoir d'autre base que la confiance qu'il inspirait.

L'associé qui se retire a donc le plus haut intérêt à
l'exacte observation des prescriptions de l'article 46.
Par elle, en effet, il est désormais à l'abri de toute responsabilité quant aux dettes que la société pourrait contracter.

Toutefois cette immunité ne concerne que l'avenir.
Pour ce qui concerne le passé, l'associé ne cesse pas
d'être responsable jusqu'au jour de la publication de sa
retraite. Les créanciers pourraient donc l'attaquer, quels
que fussent les accords qu'il aurait pris soit avec son
successeur, soit avec les associés continuateurs.

Cependant et relativement à ces dettes, il est bon
d'observer que l'associé qui s'est retiré pourrait invoquer la prescription de l'article 64 du Code de commer-

ce. Le point de départ des cinq ans qu'elle exige serait incontestablement le jour où la publicité de la retraite a été complète par l'accomplissement des formalités légales.

414. — L'inobservation de l'article 46 en ce qui concerne le changement ou la retraite d'associés produit des effets qu'il convient d'examiner sous un double point de vue.

Si le changement ou la retraite s'opère pendant la durée de la société, il n'y a aucun doute possible. Le défaut de publicité enlève à l'un ou à l'autre toute efficacité. L'associé reste soumis à l'action des tiers pour toutes les dettes contractées depuis comme avant le changement ou la retraite.

Que faut-il statuer lorsque le changement ou la retraite s'opère parce que le terme de la société échéant, l'associé refuse de consentir à la continuation que les autres associés réalisent? M. Delangle pense que dans ce cas l'associé est affranchi de toute responsabilité ultérieure. En effet, la dissolution s'opère de plein droit, les tiers n'ont plus besoin d'être avertis. Il importe donc peu que la société ait continué même sous la raison sociale primitive. L'associé n'est pas tenu des engagements contractés dans la période de continuation. C'est ainsi que l'a jugé la cour de Colmar par arrêt du 2 août 1817.

Cette décision est équitable, mais l'inaction qu'elle conseille à l'associé sortant nous paraît dangereuse.

Sans doute, et par l'échéance du terme, la société a été
de plein droit dissoute ; mais à cette allégation les tiers
répondront que les associés ont pu la continuer, qu'en
fait ils l'ont continuée. Comment donc l'associé prou-
vera-t-il qu'il n'a pas pris part à cette continuation,
alors surtout que la société a conservé l'ancienne raison
sociale ?

Dans tous les cas, c'est un procès que l'associé aura
à subir, dont l'issue est exclusivement subordonnée à
une appréciation de fait. N'est-ce donc pas plus sûr de
publier le changement ou la retraite de l'associé.

Sans doute si les autres associés publient légalement
la continuation, l'associé sortant n'a plus aucun risque
à courir. Il lui suffit en effet d'être étranger à la déclaration signée par ses coassociés pour que sa retraite soit
un fait légalement constaté. Mais si les continuateurs de
la société ne se conforment pas à l'article 46, il est à
craindre que les tiers ne veuillent soutenir que la continuation s'est opérée sans modification, chose que les
tribunaux pourraient bien consacrer.

415. — La prudence commande donc à l'associé
de donner la plus grande publicité à sa retraite, alors
même qu'elle s'accomplit à la suite d'une dissolution
par l'échéance du terme, si en fait la société est continuée par ses coassociés ; si surtout l'ancienne raison sociale est conservée.

Ici nous avons une distinction à faire. Si la raison
sociale ne renferme pas le nom de l'associé qui se re-

tire , on ne saurait voir là , en ce qui le concerne , un grief quelconque à lui opposer. A-t-il pu jamais en effet empêcher que les associés, dont les noms forment la raison sociale, continuassent à agir comme ils l'ont fait par le passé ? On ne saurait donc lui opposer l'emploi de la même raison sociale, surtout si sa retraite avait été légalement publiée.

Si, au contraire, la raison sociale comprend son nom, la tolérance qu'il mettrait à ce qu'on la continuât serait un obstacle invincible à ce que la retraite , eût-elle été publiée, l'exonérât de la responsabilité pour les dettes ultérieurement contractées. Nous nous contentons de nous en référer aux raisons déjà exposées par nous, qui devraient faire consacrer ce résultat [1].

416. — Enfin , lorsqu'il s'agit de la retraite d'un associé , il faut bien distinguer entre la qualité et les fonctions qu'on peut être appelé à remplir. Se démettre de la fonction , ce n'est pas abjurer la première. Le titulaire de celle-ci resterait donc soumis à toutes les conséquences qu'elle est dans le cas d'entraîner.

Ainsi il a été jugé que la démission donnée par le gérant d'une commandite ne saurait avoir , pour les tiers , l'effet de dégager l'associé de toute responsabilité future ; qu'il fallait admettre le contraire, la démission

---

[1] Voy. *supra* nᵒˢ 137 et suiv.

de la gérance laissant subsister la qualité d'associé solidaire [1].

Les prescriptions de l'article 46 ne concernent que
les associés en nom ou ordinaires. Elles ne sauraient
notamment s'appliquer aux actionnaires, la négociation
de l'action suffit par elle seule pour opérer le changement d'associé, la loi n'exige aucune autre formalité.

Pourquoi eût-elle agi autrement? Les tiers ne peuvent demander que le montant de l'action, et nous a-
vons dit comment le paiement pouvait en être obtenu.
Aucun intérêt réel ne s'attache donc à la mutation des
porteurs d'actions. Cette mutation se trouve dès lors
par cela même dispensée de l'obligation imposée par
l'article 46.

417. — 4° Stipulations ou clauses nouvelles.

Le caractère de l'article 46, tel que nous venons de
l'établir, explique tout de suite quelles sont les clauses
ou stipulations nouvelles devant être publiées. Ce sont
exclusivement celles qui pourraient avoir pour résultat
d'altérer ou de modifier les droits des tiers.

En conséquence, si les nouveaux accords ne sont relatifs qu'aux associés entre eux, s'ils ne règlent, par
exemple, que le taux des salaires alloués au gérant, l'é-
poque des répartitions du bénéfice, la proportion dans

_____

[1] Paris, 26 mars 1840; — Cass, 1er juillet 1841. — D. P, 44, 1,
190.

laquelle chaque associé y prendra part , etc..., ils sont évidemment dispensés de toute publicité.

Au reste , ce qu'il importe de remarquer , c'est que les stipulations de l'acte primitif sur ces divers points sont dispensées de toute publicité. En effet , l'article 43 ne les met pas au nombre des faits que l'extrait doit mentionner , pourquoi se montrerait-on plus exigeant pour les stipulations modificatives des premières ?

C'est donc avec juste raison que dans une espèce de ce genre la cour de cassation consacre qu'il n'existe aucun motif de penser que l'article 46 ait voulu prescrire ce dont on est dispensé par l'article 43.[1]

De son côté , la cour de Paris jugeait , le 17 novembre 1859 , que la modification apportée à un acte de société commerciale ne peut être déclarée nulle pour défaut de publications , qu'autant qu'elle porte sur une des clauses principales contenues aux extraits dont la publication est exigée par la loi.

Dans l'espèce, l'acte de société portait qu'il serait fait deux inventaires par an , l'un au 30 juin l'autre au 30 décembre. Mais les associés appréciant bientôt les inconvénients de ce double inventaire , convinrent par acte sous seing privé de s'en tenir à celui de fin d'année. Cette modification ne fut pas publiée.

Après la mort de l'un des associés son héritier exigeait la représentation de l'inventaire qui aurait dû être

---

[1] Cassation, 24 février 1832 ; — D.P., 32, 1, 110

rédigé le 30 juin de l'année du décès; et à l'exception
tirée de l'acte qui avait réduit les inventaires à un seul,
il répondait par la demande en nullité de cet acte pour
défaut de publication.

Mais le tribunal de commerce de la Seine et, sur
l'appel, la cour de Paris repoussent cette demande :
« Attendu que la modification que l'acte introduisait
» au pacte social, ne portait sur aucune des clauses
» principales contenues aux extraits dont la publication
» est exigée par la loi; qu'en conséquence le défaut de
» publicité ne pouvait la rendre nulle.[1] »

418. — 5° Changements à la raison sociale.

Ces changements sont indispensables à connaître. La
raison sociale constitue la personne civile avec laquelle
on contracte; elle est le nom sous lequel elle se manifeste au public; il faut donc de toute nécessité que celui-ci soit tenu au courant des modifications que ce
nom peut subir; comment sans cela s'assurer de l'identité de la société qui sollicite la confiance.

419. — L'inobservation de ce devoir laisse subsister la raison sociale telle qu'elle a été établie à la constitution de la société. Les engagements souscrits par
celle-ci sont donc solidairement dus par tous les associés.

Au reste nous venons de voir qu'en l'absence de pu-

---

[1] J. du P., 60, 1, 46.

blication la signature d'une nouvelle raison sociale ne prive pas le créancier du recours qu'il a à exercer contre la société qui aurait en réalité profité de l'engagement dont il est porteur.

420. — L'article 61 de la loi du 24 juillet 1867 explique et complète l'article 46 du Code de commerce. Au lieu des termes généraux : *toutes nouvelles stipulations ou clauses*, il soumet à la publication nommément : *tous actes ou délibérations ayant pour objet la modification des statuts.* Bien entendu qu'il s'agit encore ici non de modifications intérieures et se référant uniquement aux rapports des associés entre eux, mais de modifications portant sur des clauses pouvant affecter l'intérêt des tiers, et qu'il était dès lors nécessaire de rendre publiques.

Le complément que l'article 61 apporte à l'article 42 est l'exigence, en cas de dissolution avant terme, de publier le mode de liquidation. Que faut-il entendre par là ? Nous avouons qu'une explication est nécessaire.

Publier que la société est ou sera dissoute à partir de telle époque, c'est en même temps annoncer sa liquidation forcément déterminée par la dissolution. Or, cette liquidation ne comporte qu'un mode unique : réaliser l'actif, éteindre le passif, partager le solde entre les ayants droit.

Le public ne saurait, dans aucun cas, s'y tromper et confondre une société en liquidation avec une société en cours d'exercice. D'abord parce que la liquidation est la conséquence immédiate et forcée de la dissolution qu'on lui annonce, ensuite parce que cette liquidation se manifeste par chacun des actes auxquels elle donne lieu. Ainsi, si elle est confiée à un tiers, la qualité de liquidateur se lira invariablement à la suite de la signature de ce tiers ; si le préposé choisi est un associé autorisé à employer la raison sociale, cette raison sociale sera aussi invariablement accompagnée de ces mots : *en liquidation*. Il est donc difficile d'admettre qu'un seul de ceux qui ont traité, dans ces circonstances, même avec le dernier, puisse prétendre avoir cru contracter avec une société en cours d'exercice.

Le public est intéressé à connaître, non pas tant le mode de liquidation, que la personne à qui est délégué le soin de l'opérer, que le nom de celui ou de ceux des associés chargés de la réaliser. Cela est si évident que quoique le Code ne commerce n'eût rien prescrit à ce sujet, on ne trouverait pas une annonce de dissolution qui ne contint cette indication.

Aussi croyons-nous que la loi de 1867 n'a entendu et voulu faire qu'une obligation de cette pratique, et que ce qu'elle entend par mode de liquidation c'est l'indication du ou des liquidateurs, des restrictions ou des conditions qu'on aurait imposées au mandat, et du droit ou de la prohibition d'user de la raison sociale.

A défaut de désignation d'un liquidateur, le public pourrait croire que la liquidation a été confiée à tous les associés, et les opérations faites avec l'un d'eux, qui se serait qualifié de liquidateur sans l'être, lieraient la société.

La loi de 1867 exige encore la publication des délibérations ayant pour objet la conversion en sociétés anonymes dans les termes de la loi nouvelle : 1° des sociétés en commandite par actions ; 2° des sociétés anonymes organisées sous l'empire du Code de commerce ; 3° des sociétés à responsabilité limitée ; 4° enfin de la délibération qui décide la continuation de la société malgré la perte de trois quarts du capital social. Nous avons exposé les motifs de cette exigence dans notre *Commentaire de la loi de* 1867 auquel nous renvoyons [1].

Les sociétés en commandite par actions, anonymes ou à capital variable sont en outre soumises à des conditions spéciales de publicité. Nous les avons examinées dans notre *Commentaire des articles* 62, 63 *et* 64 *de la loi de* 1867. Nous nous en référons donc aux observations qu'elles nous ont suggérées [2].

420 bis. — Rappelons en terminant que l'observation des formalités prescrites aujourd'hui par l'article 61 de la loi du 24 juillet est placée sous la garantie de la sanction pénale édictée par l'article 57 ; de plus, l'article 61 renvoyant aussi à l'article 56, il en résulte que les actes et délibérations sujets à être publiés doivent

1 N°⁰ˢ 620 et suiv.
2 N°ˢ 628 et suiv.

non-seulement être annoncés par l'insertion au journal,
mais encore déposés aux greffes de la justice de paix et
du tribunal de commerce.

Peu importerait qu'une de ces formalités eût été remplie. Si l'autre ne l'a pas été simultanément , la nullité
des actes ou délibérations serait inévitablement acquise,
à moins, comme nous l'avons dit plus haut, qu'au moment où la demande en serait formée, l'oubli ou la négligence eût été réparé [1].

Mais il en est de cette nullité comme de celle de la
société non publiée. Elle n'existe que pour les associés
entre eux , et ne saurait jamais être opposée aux tiers.
En punir ceux-ci en les en rendant responsables, ne serait pas plus juste dans un cas que dans l'autre. Aussi
l'appel pur et simple que l'article 61 fait à l'article 57
prouve qu'il s'est approprié toutes les dispositions de
celui-ci sans distinction ni exception.

421. — Nous terminerons notre commentaire de
de l'article 46 par une observation générale qu'il importe de ne pas négliger. Cet article s'applique à l'hypothèse d'une société non publiée. La cour de cassation
remarque , avec infiniment de raison , que la relation
de l'article 46 à l'article 42 ne suffit pas pour donner
au premier un sens restrictif; qu'il n'est pas permis de
conclure de ce que l'article 46 est applicable aux sociétés publiées en exécution de l'article 42 , qu'il ne doit

_____

[1] Voy. *supra* n° 361.

pas être également appliqué aux sociétés non publiées ;
que ce serait autoriser les associés , déjà coupables de
l'inexécution de l'article 42 , à induire encore les tiers
en erreur en n'exécutant pas l'article 46. [1]

La solution contraire eût blessé non-seulement le
droit , mais encore la raison. Que résulte-t-il en effet
du défaut de publicité de l'acte social ? Que ses stipulations ne peuvent être opposées aux tiers ; que par rapport à ceux-ci les associés restent exclusivement soumis
au droit commun.

De sorte que c'est l'application de ce droit commun
qu'on peut réclamer contre l'associé ; vainement celui-
ci opposerait-il les termes de l'acte ; l'absence de publicité enlève à celui-ci toute autorité.

Serait-il donc rationnel d'admettre le contraire pour
les faits dont s'occupe l'article 46 ? Si les mêmes conventions se trouvaient dans l'acte, les associés ne pourraient en exciper, et on leur permettra de le faire parce
qu'il s'agira de conventions arrêtées après coup et pendant la durée de la société ! Cela se comprendrait si ces
conventions nouvelles avaient été publiées légalement ;
dans le cas contraire , elles ne peuvent pas même être
invoquées contre les tiers.

En dernier résultat, l'inexécution de l'article 46, lorsque l'acte de société a été publié, laisse cet acte le seul
régulateur des droits de tous. Cette inexécution, dans le

[1] Cassation, 9 juillet 1833.

cas où l'acte n'a pas été publié, laisse de plein droit
les associés sous l'empire du droit commun. Celui-ci
peut être modifié comme le pourrait être l'acte lui-
même, mais c'est aux mêmes conditions. Donc, l'article 46, obligatoire dans un cas, l'est également dans
l'autre.

Il y a même plus, et dans la seconde hypothèse les
formalités exigées par l'article 46 doivent être remplies
pour que la dissolution par l'échéance du terme soit
acquise aux associés. En effet, si l'article 46 ne régit
pas nommément ce cas de dissolution, s'il l'excepte même de ses dispositions, c'est que l'acte ayant été publié,
le public a connu quelle devait être la durée de la société, et que, celle-ci expirée, il était inutile de faire
une nouvelle publication.

Mais si l'acte n'a pas été publié, les tiers n'ont rien
pu savoir, n'ont rien su sur la durée de la société. L'é-
chéance du terme ne peut arriver là où aucun terme
n'est stipulé. Conséquemment, si cette échéance étant
accomplie pour les associés, ceux-ci veulent la rendre
commune aux tiers, ils ne peuvent le faire qu'en pu-
bliant cette échéance et la dissolution qui en est la conséquence.

ART. 47.

**Indépendamment des trois espèces de société
ci-dessus, la loi reconnaît les associations commerciales en participation.**

ART. 48.

Ces associations sont relatives à une ou plusieurs opérations de commerce ; elles ont lieu pour les objets dans les formes, avec les proportions d'intérêt et aux conditions convenues entre les participants.

SOMMAIRE

422. — Le Code de commerce a législativement reconnu une association que la pratique commerciale a-
vait depuis longtemps appelée à multiplier les opérations en les facilitant. En effet, quoique reléguée sur un
plan inférieur, la participation comme les autres sociétés est un puissant auxiliaire et peut rendre d'utiles, de
signalés services. Ce qui la recommande , c'est qu'elle
supplée aux sociétés ordinaires là où la nature de l'opération et son urgence ne permettent pas d'appeler le secours de celles-ci. Elle permet , en allégeant le fardeau
qu'elle divise , de mener à bonne fin des entreprises
qu'un commerçant, réduit à ses seules forces, n'eût pas
même osé entreprendre.

C'est donc là un instrument précieux que le commerce d'ailleurs n'a jamais négligé. Si nous remontons
en effet aux temps les plus reculés , nous verrons les
Italiens lui demander les moyens de faire de grandes
choses. Emule de la commandite , la participation ap-
pelait dans le commerce les capitaux les plus considérables.

Un intérêt réel s'attache donc à cette association. Il
importe dès lors d'en étudier les véritables caractères,
d'en déterminer les effets. L'intérêt des participants
exige qu'on ne confonde pas leur opération avec la société en nom collectif; l'intérêt du public ne permet pas
de convertir celle-ci en une participation. Cette erreur
facile , on parviendra à l'éviter en se pénétrant bien
des conditions auxquelles on doit reconnaître cette dernière.

423. — Le moyen le plus sûr d'apprécier sainement la participation et ce qu'elle est aujourd'hui est de rechercher ce qu'elle fut autrefois. A cet égard, nous ne saurions rencontrer un guide plus sûr que la doctrine que fit naître l'ordonnance de 1673.

La participation était à cette époque qualifiée de société anonyme. Ce qui lui valait cette appellation était, disait Savary, *qu'elle était sans nom ; qu'elle n'était connue de personne , comme n'important en façon quelconque au public.* C'est ce qu'enseignent tous les jurisconsultes de l'époque.

Cette définition est surtout remarquable par l'indication que la participation n'importe en façon quelconque au public. Nous verrons bientôt les conséquences de ce principe.

Savary ajoute : « Tout ce qui se fait en la négocia-
» tion tant en l'achat qu'en la vente de la marchandise
» ne regarde que les associés chacun en droit soi ; de
» sorte que celui des associés qui achète est celui qui
» s'oblige et qui paye au vendeur ; celui qui vend re-
» çoit de l'acheteur. Ils ne s'obligent point tous deux
» ensemble envers une tierce personne , il n'y a que
» celui qui agit qui est le seul obligé ; ils le sont seule-
» ment l'un envers l'autre en ce qui regarde la société.
» Il y en a qui sont verbales , d'autres par écrit , et la
» plupart se font par lettres missives que les marchands
» s'écrivent respectivement l'un à l'autre. Les condi-
» tions en sont souvent brèves, n'y ayant qu'un seul et

» unique article, et elles finissent quelquefois le même
» jour qu'elles sont faites.[1] »

Voilà donc quelle était la participation sous l'ordonnance de 1673 : son objet, une opération déterminée; sa durée, éphémère et nécessairement subordonnée à la nature de l'opération. Le même jour pouvait la voir naître et se dissoudre. Aussi lui donnait-on également le nom de société momentanée [2].

424. — D'associé à associé obligation respective de se faire raison de l'achat et de la revente de la marchandise, de partager les bénéfices ou de contribuer à la perte dans les proportions convenues; en conséquence, action pour contraindre à rendre compte, à restituer la part des bénéfices ou à payer la perte. Donc entre associés il existait une société réelle et incontestable.

Des participants aux tiers, rien de ce qui résulte d'une société ordinaire. Notamment absence complète d'obligations et surtout de solidarité active ou passive. Ainsi le vendeur de la marchandise ne connaissait que l'acheteur, ne pouvait demander qu'à lui seul le paiement du prix, n'intenter que contre lui toute autre action relative à l'existence, aux conditions du marché, à son exécution. De son côté, l'acheteur n'avait à faire

---

[1] *Parfait négociant*, t. 1, liv. 1, ch. 1; — *Des sociétés*, p. 25
[2] Bornier, sur l'ordonnance de 1673, p. 453.

qu'à son vendeur, ne pouvait être actionné que par lui, se libérait valablement entre ses mains.

En réalité donc , dans ses rapports avec les tiers , la participation ne constituait pas une société. Cette conséquence était surtout due à ce qu'elle n'en avait pas l'apparence. Chaque participe traitant en son nom et personnellement , les tiers ne pouvaient prétendre avoir été induits en erreur, ou avoir compté sur des garanties autres que celles offertes par celui avec qui ils avaient traité.

Les tiers ne pouvaient donc , sous aucun prétexte, rechercher les participants , mais ils ne pouvaient réciproquement être jamais atteints ou écartés par eux. Ainsi , supposez que la marchandise faisant l'objet de la participation, ayant été achetée, ait été confiée à un des participants à l'effet de la vendre , et que celui-ci, après l'avoir vendue , mais avant tout règlement avec son associé, tombe en état de faillite, le prix de la marchandise s'étant confondu avec l'avoir personnel du failli , son coparticipe n'aura à prétendre aucun privilége pour la part lui revenant ; il ne sera considéré que comme un créancier pur et simple, et, en cette qualité, appelé à prendre part à la répartition de l'actif avec tous les autres créanciers personnels du failli. C'est ce que Savary fait très - bien ressortir dans l'exemple qu'il donne de la première espèce de société en participation.

425. — Au reste, toute cette doctrine se conformait

scrupuleusement à celle de l'école italienne. En effet, et par rapport aux tiers, celle-ci n'avait pas cessé de tenir qu'il ne pouvait y avoir rien de commun entre eux et les participants.

Maxima est differentia, disait Casarégis, *inter socium et participem, et sic diversi in jure producuntur effectus, quorum præcipui sunt ut participes non teneantur, nisi ad ratam capitalis pro quo participant in negotio. Neque ipsi agere possunt contra debitores societatis, neque conveniri valent a creditoribus*[1].

Ce dernier effet est surtout celui sur lequel insiste le cardinal de Luca : *Contra participem nulla datur actio, neque intret regula ut obligatio contracta per socium officiat consocium. Creditori alia non datur actio, nisi obliqua ex persona propria ac directi debitoris, cujus dicitur legalis procurator, ejusque jura exercere potest, et pro ut ipsi debitori competunt ; secus autem si non competat*[2].

La jurisprudence italienne a pu varier sur la question de savoir si les participants entre eux devaient ou non être considérés comme associés plutôt que comme des créanciers bailleurs de fonds, mais elle n'a jamais cessé de proclamer qu'en ce qui concerne les tiers ils

---

[1] Disc. 39, nᵒˢ 30, 31 et 32. — Voy Ansaldus, *De comm.*, disc. 73, nᵒ 8.

[2] *De cred.*, disc. 88, nᵒˢ 4 et 11. — Voy. disc. 27, *De locato*, nᵒˢ 4 et 5.

ne pouvaient être engagés que par le fait de leur associé. On refusait donc à ces tiers tout recours contre
eux. Les actions données aux tiers contre de vrais associés, décide la rote de Gênes, ne doivent pas leur être
attribuées contre les participants qui n'ont pas la propriété et la direction de l'affaire, dont les droits ne commencent à naître que quand l'opération est finie, et se
bornent à exiger un compte de profits et pertes [1].

426. — Telle était la participation telle qu'elle était
pratiquée dans les temps les plus reculés. Or, la valeur,
l'autorité de cette pratique est toute-puissante par l'ex-
cellente raison qu'elle avait seule créé la participation.
Participem vero sola introduxit praxis, dit, en effet,
Straccha. Il faudra donc, dans le doute, recourir à ce
que l'usage avait sanctionné. Le Code de commerce n'a
rien inventé sur ce point; il s'est contenté de consacrer
l'association en participation admise et consacrée sinon
par la législation, du moins par la pratique commerciale.

427. — Savary poursuivant son examen distinguait
quatre sortes de sociétés en participation :

1° Le compte en participation. — Il est arrivé au
port de Marseille un navire chargé de toute espèce de
marchandises. Un négociant de Marseille l'annonce à
un commerçant de Paris, et lui propose de participer

---

1 Déc. 14, n°⁵ 56, 61, 85, 118 seq.

avec lui à l'achat qu'il compte en faire. Le commerçant de Paris accepte la proposition et fixe la quotité pour laquelle il entend participer, comme la moitié, le tiers, le quart, etc.

2° Achat de marchandises dans les foires et marchés. — Les marchands qui vont en foire pour acheter de la marchandise conviennent souvent de s'associer, soit tous, soit plusieurs d'entre eux, de ne pas se faire concurrence, d'acheter chacun de son côté et de partager ensuite les marchandises dans les proportions convenues d'avance.

3° Vente concertée entre les marchands. — Cette association est ordinairement contractée par les plus puissants marchands, qui, ayant accaparé et acheté dans le pays, des autres petits marchands, toutes leurs marchandises pour les porter aux foires et marchés, y mettent le prix qu'ils veulent, et par ce moyen il faut bien que ceux qui veulent acheter passent par leurs mains, à moins de s'en retourner sans rien acheter.

4° Introduction sur un marché d'une denrée achetée au loin. — Des négociants voyant qu'en France les blés sont extrêmement chers à cause de la mauvaise récolte qui sera arrivée pendant deux ou trois années, ce qui en produit la disette, et qu'à Dantzick ou autre part il y en aura une grande abondance, ils s'associent trois ou quatre pour y aller acheter et ensuite les faire venir en France [1].

---

[1] *Parfait négociant*, liv. 1, ch. 1. — *Des sociétés*, p. 27.

428. — Ces diverses hypothèses constitueraient encore aujourd'hui de vraies participations, sauf la troisième, dont l'exécution pourrait être entravée par l'article 419 du Code pénal. Chacune d'elles offre ce caractère précis, durée déterminée, unité de l'opération. De
là on a voulu conclure que ce double caractère était
essentiel à la participation et devait la faire reconnaître.

Ainsi M. Locré nous apprend que l'association en
participation n'est qu'un marché d'un moment, relatif
à quelque opération passagère, et qui en cela diffère de
la société, dont le lien le plus durable forme entre les
associés une communauté d'intérêts continus [1].

A leur tour, MM. Malepeyre et Jourdain enseignent
que ce qui caractérise ce genre d'association, c'est qu'il
faut qu'elle soit relative à une ou plusieurs opérations
isolées, sans continuité d'intérêt, sans succession d'opérations, sans suite ; car si la société avait pour but de
se livrer à des opérations successives, fussent-elles dis-
continues, il y aurait société ordinaire [2].

Enfin M. Pardessus exige, pour reconnaître une participation, qu'il s'agisse d'une ou de plusieurs affaires
déterminées, dont l'objet existe au moment de la convention. Dans le cas, au contraire, où ce n'est pas
telle ou telle opération isolée ou déterminée qui a été

---

[1] *Esprit du Code de commerce*, art. 47.
[2] Page 260.

le but de la réunion, mais une série d'affaires qui n'é-
taient point nées, ou qui ne pouvaient être prévues a-
lors ; en un mot , si , au lieu d'opérations certaines et
envisagées par les parties, elles ont projeté de se livrer,
soit pendant un temps déterminé , soit jusqu'à ce qu'il
plaise à l'une d'elles de se retirer, aux opérations qui
se présenteraient pendant le temps de leur réunion, on
peut en conclure qu'une société ordinaire a été contractée [1].

429. — Toutes ces données pouvaient être exactes
sous l'empire de l'ordonnance de 1673. Elles le sont
beaucoup moins depuis le Code. L'article 48 n'exige
ni la durée déterminée , ni l'unité de l'opération , il
autorise la participation à entreprendre une ou plusieurs opérations de commerce , sans distinguer si ces
opérations sont distinctes ou bien si elles se lient entre
elles , si elles sont contemporaines ou bien successives.

De plus , ces indications méritent un double reproche. D'abord elles s'arrêtent à l'écorce et ne reposent
sur aucune base certaine et exclusive. Qui empêche en
effet que les opérations dont nos auteurs s'occupent deviennent l'objet d'une société en nom collectif.

En second lieu , elles laissent subsister l'incertitude
et le doute. Comment le juge appréciera-t-il le caractère de l'opération ? c'est ce dont on ne paraît guère se
préoccuper.

---

1 No 1046

430. — Aussi ce qui est résulté de l'application de la doctrine que nous examinons, c'est la plus déplorable divergence , ce sont les contradictions les plus manifestes dans les monuments de la jurisprudence.

Ainsi il a été jugé :

Par la cour de Colmar, le 21 mai 1813, que la société ayant pour objet l'achat et la revente des biensfonds n'était qu'une participation ;

Par la cour de Poitiers , le 11 mai 1825 , qu'il n'y avait qu'une simple participation dans une société entre ouvriers, n'ayant pour objet qu'une seule opération déterminée ; par exemple, la fabrication et la vente d'une pompe propre à soutirer le vin, dans le cas où un brevet d'invention serait obtenu, bien qu'elle soit régie sous une raison sociale ;

Par la cour de cassation, le 5 juillet 1825 , qu'il en est de même de la société faite sans forme régulière pour l'exploitation d'un établissement de bains ;

Par la cour supérieure de Bruxelles , le 27 novembre 1830, qu'il y a simple participation dans l'acte par lequel deux individus s'associent pour trois ans pour faire le commerce de svins, et conviennent que l'un fournira les vins et les prendra sur les lieux, et que l'autre fournira les magasins, paiera les droits, moyennant partage des bénéfices ;

Par la même cour , le 30 novembre 1831 , que la convention par laquelle deux individus , sans adopter une raison sociale, s'unissent pour faire le commerce des charbons ensemble, et fournir en commun à leurs pratiques respectives , ne constituait qu'une association en participation ;

Par la cour de Bordeaux , le 14 mai 1841 , qu'il en était de même de l'achat en commun d'un bateau à vapeur , soit pour le revendre ultérieurement si la vente offrait un bénéfice, soit pour le faire naviguer [1] :

Enfin par la cour de Rouen, le 19 janvier 1844, que la société pour l'exploitation d'un brevet et l'achat des matières premières nécessaires à cette exploitation était une participation [2].

Mais d'autre part il a été décidé :

Par la cour de Bordeaux , le 25 mai 1829 , qu'une société ayant pour objet toutes les affaires qui peuvent se présenter dans une certaine industrie , comme le commerce d'une espèce d'animaux , était en nom collectif ;

Par la cour de Colmar, le 25 février 1840 , qu'il ne saurait y avoir participation dans la société ayant pour objet l'exploitation, pendant plusieurs années, d'un commerce de bestiaux , bien qu'aucune raison sociale n'ait été adoptée [3] ;

Par la cour de Paris , le 29 janvier 1841, qu'on ne peut considérer comme participation la société contractée pour l'exploitation d'un privilége théâtral [4].

---

[1] J. du P., 41, 2, 540.

[2] *Ibidem*, 44, 2, 495.

[3] *Ibidem*, 40, 2, 336.

[4] *Ibidem*, 41, 1, 294.

431. — En présence de pareils résultats on éprouve le besoin de rencontrer des caractères moins transparents, plus certains, plus décisifs ; or, ces caractères sont fort judicieusement indiqués par M. Troplong.

« L'association en participation doit être occulte, essentiellement occulte. Quel que soit son objet, si elle se manifeste au public, elle n'est pas une participation momentanée ou prolongée, embrassant une affaire née ou une affaire à naître , une opération simple ou des opérations successives ; dès l'instant qu'elle ne reste pas concentrée dans des rapports intérieurs, elle est une société collective; le nom de participation est menteur, il ne lui appartient pas [1]. »

" La justesse de cette condition ne saurait être contestée, elle s'induit de la nature même de la participation ; ce qui fait qu'elle n'est pas une société à l'endroit du public , c'est que dans les traités la concernant , rien n'en indique, n'en fait présumer l'existence. Or , l'emploi d'un nom social caractérise une société, en démontre la constitution ; donc cet emploi est exclusif de toute idée d'une simple participation. Nous ne pouvons donc qu'applaudir aux monuments de jurisprudence qui l'ont ainsi consacré [2].

432. — Par la même raison nous ne saurions approuver l'arrêt de Poitiers, du 11 mai 1825, que nous

[1] Troplong, nº 499.

[2] Bruxelles , 3 mai 1823; — Bordeaux , 5 mai 1829 ; — Nancy; 22 mars 1834.

indiquions tout à l'heure. La réunion d'ouvriers dont il s'y agit ayant adopté une raison sociale, leur société était réellement en nom collectif.

Ce qui a droit d'étonner, c'est l'approbation que lui donne M. Delangle. Cette décision est sage, enseigne-t-il ; la convention n'ayant qu'un objet passager, ne se proposant qu'une opération déterminée, unique, ne pouvait être regardée que comme une participation ; les dénominations ne peuvent l'emporter sur le fond des choses [1].

M. Delangle a raison ; si on avait qualifié de société en nom collectif ce qui ne serait en réalité qu'une participation, le mot ne devrait pas l'emporter sur la chose.

Mais il ne s'agissait pas de cela dans l'espèce de l'arrêt de Poitiers. Ce qu'elle présentait à juger, c'était la nature de la société au fond. Or, à cet égard, c'est ne rien dire d'utile que de faire ressortir que cette société n'avait qu'un objet passager, ne se proposait qu'une opération déterminée, unique. Un objet passager, une opération unique peuvent devenir la matière d'une société en nom collectif. Leur existence ne sera donc pas par elle seule constitutive d'une participation.

Dès lors, lorsque non-seulement il n'y aura pas d'autres circonstances à l'appui de celle-ci, mais au contraire qu'il se rencontrera un caractère incompati-

[1] N° 640.

ble avec cette association , tel qu'une raison sociale , il
n'y aura pas hésiter ; on se trouvera en présence d'une
société en nom collectif.

433. — Le second caractère essentiel de la participation relevé par M. Troplong est qu'elle ne confond
pas la propriété des mises ; que les parties ne sont pas
associées pour former un capital social , un fonds appartenant à la société ; qu'en se réunissant elles retien-
nent la propriété de leur apport ; que leur association
ne leur donne des droits respectifs que pour entrer en
compte des profits et pertes , et qu'avant ce temps il
n'y a pas de fusion d'intérêts , de vie commune , d'action simultanée. Tout est individuel , propriété et industrie [1].

Ce second caractère est , comme le premier , la conséquence directe et logique de la nature même de la
participation. Celui qui est appelé à en diriger les opérations agit en son propre et privé nom, il s'oblige seul,
et les tiers ne peuvent jamais actionner que lui. Tout
cela ne serait plus vrai , deviendrait même impossible
s'il existait un fonds commun, un capital social En effet, le gérant en aurait forcément la disposition, il agirait dans son intérêt et pour son compte, il l'obligerait
infailliblement envers ceux avec qui il contracte. Dès
lors et par voie de conséquence il engagerait tous les
cointéressés à ce capital social. Or , s'il devait en être

[1] Troplong, n° 500.

ainsi, pourquoi aurait-on placé la participation en dehors des sociétés ordinaires ?

Nous dirons donc avec le célèbre jurisconsulte dont
nous venons d'emprunter les paroles, avec M. Emile
Vincens, que ce second caractère est surtout décisif. Il
fixe les véritables conditions de la participation. La rote
de Gênes nous l'enseignait tout à l'heure. Les droits
des associés ne commencent à naître que quand l'opération est finie. Jusque-là donc l'associé qui opère n'est
et ne doit être en quelque sorte qu'un commissionnaire
commercial, agissant pour des commettants inconnus à
ceux avec qui il traite.

C'est donc très-juridiquement que le tribunal de
commerce de Marseille n'a vu qu'une société en participation dans l'association formée par deux négociants
pour le commerce d'exportation et d'importation dans
laquelle l'un devait fournir les marchandises, et l'autre
un navire destiné à les transporter.

« Attendu, dit le jugement rendu le 28 juillet 1869,
» que les parties n'ont pas qualifié leur association,
» mais que sauf la répartition convenue des bénéfices
» proportionnellement aux apports ; chacun d'eux a
» contracté des obligations et stipulé des droits distincts;
» qu'ainsi le sieur Bellissen devait fournir quatre-vingt-
» dix mille francs de marchandises payées par lui, et
» Roussier un navire; que ces marchandises et ce na-
» vire n'ont pas formé une masse commune adminis-
» trée par un gérant ou par les associés conjointe-
» ment; que le navire devait devenir la propriété du

» sieur Bellissen moyennant paiement du sieur Rous-
» sier sur les retours ; que Roussier l'expédiait comme
» sa propriété personnelle ; que les connaissements des
» marchandises appartenant au sieur Bellissen étaient
» faits sous le nom de Roussier comme garantie ; que
» chaque partie percevait des commissions sur les a-
» chats et les ventes qu'elle effectuait. »

La conclusion que le tribunal induit de ces faits, c'est qu'on ne saurait voir dans l'association une société en nom collectif; qu'en effet elle n'a pas formé un être moral avec un capital qui lui appartînt et une raison qui le dénommât ; que les intérêts des parties sont res-tés aussi distincts que possible ; qu'il ne devait y avoir entre elles qu'un règlement de compte , sans que rien manifestât aux tiers l'existence d'une société ; qu'on ne saurait dès lors voir dans l'opération autre chose qu'une association en participation [1].

Cette conclusion résultait invinciblement des faits et de la nature des accords qui liaient les parties. On ne saurait donc méconnaître ni contester le caractère émi-nemment juridique du jugement.

Il n'en est pas de même de celui que le même tri-bunal rendait le 14 février 1869, et qui ne voit qu'une participation dans une société contractée dans les cir-constances suivantes :

Les sieurs Lombard et Zunino forment , le 19 mars

[1] *Journal de Marseille*, 69, 1, 165.

1864, une société ayant pour objet la construction de compte à demi d'une ou de plusieurs maisons, l'acquisition d'un ou de plusieurs terrains destinés ou non à des constructions, et la revente de terrains bâtis ou non bâtis. La durée de la société est fixée à dix ans ; chaque associé s'oblige à fournir , au fur et à mesure des besoins , les fonds nécessaires et à donner tout son temps aux opérations communes ; ils se constituent réciproquement mandataires l'un de l'autre pour les actes d'administration, ceux qui excéderaient cette limite devant être faits en commun ; enfin il est convenu que chaque opération serait réglée dès qu'elle serait terminée.

Le 24 décembre 1868, Zunino considérant l'association comme une société en nom collectif , en demande judiciairement la nullité pour défaut de publication. Mais sa demande est repoussée par la raison que les associations en participation sont dispensées de toute publicité, et que ce n'est qu'une association de cette nature qui existe entre les parties.

Voici comment le tribunal arrive à cette appréciation, et comment il la justifie :

« Attendu que les sieurs Zunino et Lombard n'ont
» pas établi leur société avec une raison de commerce,
» un siége social, un capital déterminé, caractères dis-
» tinctifs des sociétés en nom collectif;

» Que si leur association peut s'appliquer à un nom-
» bre indéterminé d'opérations, ce n'est pas le nombre
» d'opérations qui fixe le caractère d'une société :

» Que dans l'espèce chaque opération exigeant, dans
» son origine, le consentement des deux associés, et se
» réglant entre eux à son terme, formait entre eux
» aussi une participation distincte; qu'il devait donc y
» avoir entre eux autant de participations que d'opéra-
» tions de constructions, d'achat et de revente de ter-
» rains;

» Attendu que des commerçants peuvent ainsi pré-
» voir, même pour un certain nombre d'années, une
» série de participations et en régler les conditions,
» sans que cette durée transforme un simple compte à
» demi ignoré des tiers, en une société en nom collec-
» tif [1].

Nous convenons avec le tribunal qu'en thèse absolue,
ce n'est pas le nombre d'opérations qui fixe le caractère
d'une société; que rien n'empêche des commerçants de
prévoir même pour un certain nombre d'années une
série de participations, sans transformer en société en
nom collectif ce qui ne serait réellement qu'une participation.

Ainsi que dans nos contrées deux négociants conviennent que, pendant cinq ou dix ans, ils exploiteront de
compte à demi la récolte annuelle du blé, ou d'amandes, ou de raisins, ou d'olives, on ne saurait voir là
qu'une simple participation se renouvelant autant de
fois que d'années, pourvu que chacun d'eux agissant

[1] *Journal de Marseille*, 69, 1, 420

·de son côté et sous son nom personnel tout se borne à se faire mutuellement compte et à se rendre raison des résultats de ces divers agissements.

En était-il ainsi dans l'espèce du jugement que nous examinons ? Non évidemment. La convention entre Zunino et Lombard avait pour objet des opérations qui, bien que déterminées quant à la nature des choses qui devaient en faire la matière, étaient illimitées quant à leur nombre et à leur importance pendant une période de temps convenue ; et nous allons voir que, pour le tribunal de commerce de Marseille lui-même, cette circonstance excluait l'idée d'une participation, et cela malgré l'absence d'une raison sociale.

Ainsi, Dubois et Mooser s'étant associés pour l'achat et la vente, pendant trois ans, des matières propres à la fabrication de la colle, et des difficultés s'étant élevées après un an, le tribunal de commerce de Marseille par jugement du 24 janvier 1870 déclare que la société n'est pas une participation, et l'annulle faute d'avoir reçu la publication légale.

« Attendu, porte le jugement, que ce n'est pas une
» association qui a été formée entre les sieurs Dubois et
» Mooser ; qu'il est au contraire certain qu'ils ont for-
» mé entre eux·une véritable société en nom collectif,
» puisque leurs opérations, bien que déterminées quant
» à la nature de la marchandise à exploiter, devaient
» être illimitées quant à leur nombre et à leur impor-
» tance pendant une période de trois ans convenue ;
   » Qu'il y a là essentiellement le caractère d'une so-

» ciété en nom collectif *bien que les associés n'aient* » pas adopté une raison sociale particulière.* [1] »

Est-ce que entre Lombard et Zunino les opérations à faire pendant dix ans n'étaient pas illimitées quant au nombre et à l'importance, et si malgré l'absence d'une raison sociale cette circonstance caractérisait la société en nom collectif entre Dubois et Mooser, elle devait agir de même entre Zunino et Lombard.

L'absence de raison sociale d'ailleurs se concilie très-bien, dans certaines circonstances, avec la société en nom collectif. On en comprend la nécessité et l'utilité alors que la société étant gérée par un seul, il s'agit de faire refluer sur tous les autres associés l'effet des engagements souscrits par le gérant. Mais où est cette utilité, où cette nécessité, lorsque tous les associés gèrent et administrent en commun et que les engagements sont souscrits par eux tous ?

Or, c'est précisément ce qui se réalisait dans l'espèce Lombard et Zunino. Le jugement constate lui-même que chaque opération exigeait, à l'origine, le consentement de chaque associé; que dans ce but ils s'étaient constitués réciproquement mandataires l'un de l'autre pour les actes d'administration avec stipulation que les actes excédant cette administration seraient faits en commun. Dès lors, le mandat ou la participation personnelle aux opérations n'entraînait-il pas la solidarité

[1] *Journal de Marseille,* 70, 1, 69.

contre les associés ? Qu'aurait fait de plus une raison sociale ?

L'exécution de cette clause manifestait clairement aux tiers l'existence de la société et ne permettait pas de la considérer comme une participation qui , par essence, doit rester ignorée et inconnue. A cette dérogation au droit commun de la matière s'en joignait une autre dans l'espèce, l'existence d'un fonds social et commun.

Est-ce que les terrains, est-ce que les matériaux pour la construction achetés en commun et payés des deniers de chaque associé n'étaient pas la chose de l'un et de l'autre au même titre et dans d'égales proportions ? Est-ce que les créanciers personnels de l'un d'eux auraient pu élever la moindre prétention sur la totalité de la chose ?

C'est là ce qui ne se présentera jamais dans la participation , parce que le gérant achetant seul et sous son nom, la chose est censée lui appartenir exclusivement, en faveur de ceux qui ont traité avec lui ou qui sont devenus ses créanciers.

Non–seulement il y avait dans l'espèce un fonds social et commun, mais encore mandat formel de l'administrer au nom de tous les associés , ce qui n'est pas moins antipathique à la participation.

Qu'importait que chaque opération dût être réglée dès qu'elle était terminée. Est-ce que le caractère de la société se détermine par le mode d'après lequel doivent se régler les opérations ? Est-ce que quelque chose s'oppose à ce que les associés en nom collectif conviennent de réglements isolés, successifs ? Il n'y a donc dans une convention de cette nature rien qui puisse imprimer à une société le caractère d'une participation.

Les trois décisions du tribunal de commerce de Marseille que nous venons de rappeler sont en contradiction formelle entre elles. Nous croyons que celle du 14 février 1869 a mal apprécié les faits , et nous ne saurions, en l'état des stipulations du pacte social , admettre qu'on ait pu déclarer une simple participation la société existant entre Lombard et Zunino.

434. — De la nature de la participation ainsi fixée par le texte et l'esprit de la loi , par le droit italien et par la jurisprudence sous l'empire de l'ordonnance de 1673 , il semblerait résulter qu'aucun dissentiment n'a jamais pu s'élever sur les questions de savoir si la participation constitue un être moral , et si en conséquence les créanciers sociaux doivent être préférés aux créanciers personnels des coparticipants ? si ces créanciers peuvent poursuivre ces derniers et leur demander solidairement le paiement de ce qui leur est dû ?

La participation un être moral ! Mais nous venons de le voir , elle n'est pas même une société au regard des tiers , et cette doctrine est inébranlablement assise sur le droit et la raison.

En droit, en effet, un être moral ne peut exister sans qu'il ait des droits donnant naissance à des obligations et à des actions , sans une propriété déterminée dont il

a l'unique direction , la pleine et entière administration ; enfin , sans un nom qui le personnifie et manifeste publiquement son existence. Ainsi, dans les sociétés commerciales ordinaires , nous rencontrons un capital social qui , formé des mises réalisées par les associés, n'appartient plus à aucun d'entre eux, est devenu
la propriété exclusive de la société , personne distincte
s'appelant tel et compagnie ou telle chose. Dès lors, ceux
qui traitent avec ce nom ou avec cette chose font évidemment confiance à ceux dont la société se compose,
les ont directement pour obligés, bien qu'un seul d'entre
eux ait contracté.

Est-ce que rien de tout cela se réalise dans la participation ? Où est le fonds commun , le capital social ?
S'il existait , nous venons de le voir , il n'y aurait plus
de participation.

Est-ce que les coparticipes ont jamais établi une communauté indivise, un droit de copropriété quelconque ?
Mais leur but n'a été que le partage des bénéfices , et
ceux-ci ne pouvant résulter que de la liquidation de
la société , faut-il bien reconnaître que l'indivision ne
naîtra réellement qu'après que l'association aura été
rompue.

Il importe peu que l'achat de l'objet ayant fait la
matière de l'opération ait été contracté et payé au moyen
de sommes versées par chacun des coparticipes ! La réception de ces sommes de la part de l'associé le constitue débiteur jusqu'à due concurrence , avec obligation
de restituer, sauf la portion des bénéfices à ajouter, ou

celle dans les pertes à retrancher ; mais après comme avant cette réception, le participant n'agira-t-il pas sous son propre et privé nom ? Est-ce qu'il est tenu d'indiquer en rien qu'il contracte également dans l'intérêt et pour le compte d'autrui ?

Donc, clandestinité de l'association , absence de tout nom social , de tout capital commun ; dès lors , impossibilité de rencontrer dans la participation cet être moral que nous offrent les autres sociétés commerciales.

435. — Cependant le contraire a été enseigné, et par d'éminents jurisconsultes. Une consultation signée de M. Pardessus et acquiescée par M. Merlin soutenait la doctrine opposée dans l'affaire Mouroult. C'est d'ailleurs ce que M. Pardessus enseigne dans son *Cours de droit commercial* [1].

En droit , le système de la consultation repose tout entier sur cet argument : la participation est une véritable société, donc elle constitue un être moral distinct des associés. Voici d'ailleurs comment MM. Merlin et Pardessus justifient leur première proposition.

C'est d'abord par les termes de l'article 47, qui, selon l'expression de l'orateur du Tribunal, impliquent la reconnaissance d'une *autre espèce de société* qu'on appelle association en participation ; c'est ensuite l'article 50, qui déclare celle-ci exempte des formalités prescri-

---

· 1 Nᵒˢ 1048 et suiv. — Conf. Malepeyre et Jourdain, p. 264.

les pour *les autres sociétés*. Ils concluent de là que,
dans le langage de la loi, les associations commerciales en participation sont de véritables sociétés. Les
expressions *autres sociétés* n'auraient point de sens,
si, aux yeux de la loi, ces associations ne constituaient
pas des sociétés proprement dites. Pourquoi donc ne
constitueraient-elles pas un être moral, distinct des associés ?

436. — C'est là fonder un système sur des bases
bien fragiles, d'avance détruites par les principes admis
sous l'ordonnance de 1673, et avant elle par la doctrine
et la jurisprudence italiennes. Des participants aux tiers
il n'existait pas de société : comment, dès lors, reconnaître un être moral dans leur association ?

Le Code de commerce a-t-il consacré le contraire,
a-t-il admis d'autres principes? Nous pourrions nous
borner à faire observer que l'article 47 refuse à la participation le nom de société ; il ne lui donne que celui
d'association. Pouvait-on établir entre elle et les autres
espèces de sociétés une différence plus absolue, plus
tranchée ?

Qu'on ne dise pas que la rédaction de l'article 47
soit l'effet du hasard. La différence entre les mots : société et association a été, au contraire, parfaitement
calculée. Les procès-verbaux du conseil d'Etat le prouvent explicitement. En voici l'analyse qu'en fait M.
Locré :

« On a demandé pourquoi ces associations n'avaient

pas été comprises comme une quatrième espèce de société dans l'article 19, et l'on a reconnu qu'il y en avait
une juste raison.

» C'est que l'association en participation n'est qu'un
marché d'un moment, relatif à quelques opérations pas-
sagères, et qu'en cela elle diffère de la société, dont le
lien plus durable forme entre les associés une communauté d'intérêts communs.

» Elle ne repose donc pas sur les mêmes bases, et
ne peut avoir les mêmes résultats que les trois autres
espèces d'association ; elle est d'une nature tellement
différente, que deux sociétés permanentes peuvent contracter ensemble une société en participation sans se
fondre l'une dans l'autre.[1] »

C'est donc sciemment, intentionnellement, qu'on a
refusé à la participation le nom de société. N'aurait-on
agi ainsi que pour admettre que cette participation constitue une véritable société ? On ne le concevrait pas ;
c'est cependant ce qui résulterait de la doctrine que
nous repoussons.

Ajoutons que la qualification d'association est heureusement consacrée, car elle est exactement conforme
à la vérité des choses. La participation est une association, car, d'associé à associé, il y a un lien légal, une
obligation, celle de rendre compte et d'attribuer à chacun sa part dans les bénéfices ; elle n'est pas une so-

---

[1] *Esprit du Code de commerce*, art. 47.

ciété, car des associés au public il n'y a ni lien ni obligation , car les tiers ne connaissent et ne peuvent connaître que celui avec qui ils contractent ; car , ainsi
que l'observait M. Regnaud de Saint - Jean d'Angely,
il n'y a même pas une communauté d'intérêts quelconque.

Donc la doctrine de MM. Pardessus et Merlin est in-
soutenable. Il n'est pas exact de dire que la participation soit une société, et qu'en conséquence elle constitue
un être moral, distinct des associés.

La consultation invoque comme conforme un arrêt
rendu par la cour de cassation , le 28 mars 1815 ;
mais il est facile de reconnaître que cet arrêt reste sans
application possible à la question que nous examinons.

Dans l'espèce sur laquelle il est intervenu , le litige
s'agitait d'associé à associé, et avait pour objet de savoir devant qui devait être portée l'action en révision
de comptes autorisée par l'article 541 du Code de procédure civile. La cour de Bordeaux ayant déclaré que
la connaissance en appartenait aux tribunaux, son arrêt
fut cassé , d'abord parce que , s'agissant de difficultés
entre associés , il fallait recourir à la juridiction arbitrale ; en second lieu, parce que les comptes ayant été,
en fait , arrêtés par arbitres , eux seuls étaient compé-
tents pour connaître de leur révision , aux termes de
l'article 541 lui-même. En conséquence , tout ce qui
résulte de cet arrêt, c'est que, entre participants, il existe
une société , ce qui n'est pas et ne peut être contesté
dans les limites que nous avons indiquées. Il n'y a

donc rien à en conclure quant au caractère de l'association relativement aux tiers.

437. — Il n'en est pas de même de l'arrêt rendu
par la cour de Paris le 9 août 1831, postérieurement à
la consultation. Celui-ci, en effet, décide formellement
que la participation constitue un être moral, distinct
des individus qui la composent ; qu'en conséquence les
choses mises dans la société cessent d'être leur propriété particulière, pour devenir la propriété commune de l'association, à l'exclusion des créanciers personnels de chaque associé, même de l'associé gérant.
Ceux-ci ne peuvent exercer des droits sur le fonds social
qu'après que les créanciers de l'association ont été dés-
intéressés [1].

Cet arrêt ne donne pas d'autres raisons que celles que
nous avons rencontrées dans la consultation de MM.
Pardessus et Merlin. Notre réfutation devient donc commune à l'arrêt lui-même.

La seule particularité à relever est la constatation de
cette circonstance, à savoir que notre question a profondément divisé la cour de Paris. L'arrêt que nous
venons de citer est rendu par la seconde chambre. Or,
par arrêt du 9 avril de la même année 1831, la troisième chambre avait consacré l'opinion contraire,
malgré la consultation de MM. Pardessus et Merlin,

1 D. P., 31, 2, 203.

délibérée à l'occasion du procès pendant devant
elle [1].

438. — Maintenant ce qui s'est réalisé depuis, c'est
que l'arrêt de la deuxième chambre, du 6 août 1831,
ayant été déféré à la cour suprême, a été cassé le 2
juin 1834. La cour régulatrice a donc condamné la
doctrine de la consultation de MM. Pardessus et Merlin,
après une imposante discussion et un délibéré en chambre de conseil [2].

Après cet arrêt, la première chambre de la cour de
Paris, ayant été investie de la question, l'a résolue comme la deuxième chambre l'avait fait le 7 août 1831 ; ce
nouvel arrêt, rendu le 22 novembre 1834, [3] a appelé
une seconde fois l'attention de la cour suprême. L'arrêt
de la première chambre a été cassé, comme l'avait été
celui de la seconde. Voici les motifs sur lesquels cette
nouvelle cassation est intervenue :

« Vu les articles 1873 du Code civil et les articles
48, 49, 50 du Code de commerce;

» Attendu que si l'on peut considérer comme des
êtres moraux les sociétés commerciales comprises dans
l'article 19 du Code de commerce, sous les noms de
sociétés en nom collectif, sociétés en commandite et sociétés anonymes, c'est parce qu'elles sont accompagnées

---

[1] D. P., 31, 2, 127.

[2] D. P., 34, 1, 202.

[3] D. P., 35, 2, 77.

de formalités qui les font connaître au public , et sont représentées par une raison sociale, au nom et pour le compte de laquelle se font tous les actes ;

» Qu'il ne peut en être de même des associations en participation , qui , d'après les usages du commerce et l'ordonnance de 1673 , auxquels il n'a pas été innové, n'ont aucune espèce de publicité , et dont la chose sociale, relativement aux tiers, est légalement la propriété de l'associé administrateur :

» Qu'en effet il résulte de l'ensemble des dispositions législatives ayant cette espèce d'association pour objet, qu'elle est essentiellement représentée vis-à-vis des tiers par l'associé administrateur , qui traite avec eux en son propre et privé nom et devient leur débiteur direct ;

» Qu'il suit que l'arrêt attaqué , en jugeant le contraire, a expressément violé les lois citées.[1] »

Remarquons en passant que la cour suprême relève avec soin les deux caractères dont M. Troplong fait dépendre la décision sur la nature de la société. D'abord la participation est occulte , ensuite elle n'a pas de fonds social ; d'où la conclusion qu'elle ne saurait constituer un être moral. Cette doctrine et cette conclusion reçoivent l'approbation la plus entière de M. Delangle[2].

439. — La participation n'étant pas un être moral,

---

[1] 19 mars 1838 ; — D. P., 38, 1, 102.
[2] Nos 599 et 600.

il en résulte que nul privilége ne saurait être acquis à des créanciers sociaux ; en fait , il est même fort difficile d'admettre de pareils créanciers là où les tiers ne traitent qu'avec un associé et n'ont jamais d'autre obligé que lui. Il ne peut y en avoir d'autres, observe M. Troplong , que les participants eux-mêmes , qui viennent soutenir qu'ils ont des reprises à exercer contre cette société , mystérieuse pour tout le monde , excepté pour eux , qui l'ont formée ; mais puisqu'en donnant une organisation à leur opération ils ont préféré une participation, nécessairement occulte pour les tiers, aux autres sociétés, dont la nature est de se révéler, peuvent-ils opposer à ces tiers des intérêts sociaux dont ils ont affecté de leur laisser ignorer l'existence ? Où serait la justice ? où serait la réciprocité ? Comment ! les tiers n'auraient aucune action contre la société , et la société en aurait une contre eux , et elle viendrait leur enlever un gage qui a été donné comme gage privé, indépendant de toute société ! Rien de cela n'est admissible [1].

440. — De tout ce qui précède nous induisons que, pour être dans le vrai, il faut tenir que la participation n'est pas un être moral distinct des individus; qu'il ne peut en réalité exister des créanciers sociaux dans une association qui n'a ni raison sociale, ni capital social , et dont le gérant contracte en son seul et privé

[1] N° 864.

nom ; qu'en existât-il , rien ne les distinguerait des
créanciers personnels ; qu'ils ne sauraient donc prétendre à un privilége , à une préférence quelconque,
même sur ce qu'ils soutiendraient être la matière de la
société.

441. — Cette solution préjuge celle qu'il faut admettre sur la question de solidarité vis-à-vis des participants.

Les procès-verbaux des délibérations du conseil
d'Etat nous apprennent que , lors de la discussion de
la loi , quelques orateurs , et notamment M. Merlin,
pensaient que les participants devaient être soumis à
la solidarité ; mais comment le décider ainsi, alors que
pour obéir au véritable caractère de la participation,
on devait refuser tout recours contre les participants
de la part des tiers ? Ce refus , disait M. Regnaud de
Saint-Jean d'Angely, ne saurait tromper la foi publique , puisque le vendeur n'a connu que celui avec qui
il a traité directement, et n'a pas compté sur une autre
garantie [1].

Pouvait-il y avoir obligation solidaire là où , par
rapport aux tiers , il n'y avait pas même de société ?
C'est ce que la cour de cassation s'est toujours refusée à
admettre [2].

____

[1] Séance du 15 janvier 1807.—Locré, t. 17, p. 195.
[2] 9 janvier 1821 ; 7 janvier 1827 ; 8 janvier 1840. — D. P., 40,
1, 52.

442. — Mais cette solidarité existerait-elle dans l'hypothèse prévue par M. Pardessus, à savoir si le créancier prouvait l'existence de la participation et l'application des fonds par lui fournis à l'opération faisant la matière de l'association ? [1]

L'affirmative, enseignée par M. Pardessus, a été également consacrée par un arrêt de la cour de Limoges du 19 juillet 1839. Cet arrêt décide, en effet, que si en principe la solidarité entre les associés en participation n'existe pas sans stipulation expresse de leur part, il y a dérogation à cette règle lorsque les coparticipants ont notoirement et publiquement opéré comme solidaires, et que les tiers qui ont contracté avec l'un d'eux prouvent que les objets fournis ont été employés au profit commun de la société [2].

En droit pur, cette décision est difficile à justifier. Le principe est là ; ceux qui traitent avec le gérant contractent avec lui seul, n'ont pas d'autre garantie à prétendre ; leur accorder cette garantie, c'est faire une concession subversive des véritables principes, comme l'observait M. Regnaud de Saint-Jean d'Angely.

Sous le rapport de l'équité, on pourra dire qu'il est juste que, l'objet de sa créance ayant tourné au profit de l'association, le créancier soit indemnisé par tous les membres, puisque tous en auront réellement profité ;

1 N° 1049.
2 D. P, 40, 2, 76.

mais que peut raisonnablement prétendre le créancier?
D'être payé sur et par la chose. Mais nous avons dit
qu'il peut la saisir dans les mains de son débiteur.
Aussi, en thèse ordinaire, serait-il non recevable à offrir
la preuve que la chose par lui fournie a été appliquée
à l'association.

Le deviendra-t-il parce que publiquement, ostensi-
blement, les associés ont manifesté leur qualité et leur
intérêt? Nous ne le pensons pas. Comment, même dans
cette hypothèse, le tiers prétendrait-il avoir compté
sur leur solvabilité et leur garantie? Il doit bien savoir qu'en traitant avec l'un d'eux il n'a que celui-ci
d'obligé. Si donc, connaissant les associés, il a tenu à
les avoir tous pour engagés, il devait exiger la signature
de chacun d'eux; à défaut, il faut en revenir aux vrais
principes [1].

Or, ces principes sont que, dans la participation, la
solidarité ne résulte pas de la loi, qu'elle ne pourrait
donc résulter que d'une convention expresse. Le concours plus ou moins public à l'opération n'est pas, ne
peut pas être cette convention.

Ce qui la constituerait serait la signature que les coparticipes donneraient personnellement à l'engagement
du gérant. Il est en effet généralement admis qu'une
opération commerciale faite sans division par plusieurs
entraîne une obligation solidaire. Dans cette hypothèse,

---

[1] Voy. infra n° 463.

le créancier a dû compter sur la solvabilité de tous
ceux avec lesquels il a traité ; il a de plus le droit d'exiger que la dette soit acquittée comme elle a été contractée, c'est-à-dire sans division [1].

442 bis. — Le tribunal de commerce de Marseille
appliquait ces principes en jugeant, le 4 septembre
1857, que les associés en participation qui gèrent collectivement l'association vis-à-vis des tiers, sont tenus
solidairement des engagements par eux contractés.

Dans l'espèce, deux individus s'étant associés pour
construire des maisons, avaient, tantôt tous deux, tantôt
l'un ou l'autre, fait des commandes à des fournisseurs
d'articles de maçonnerie. Poursuivis tous les deux pour
des articles commandés et livrés à l'un d'eux, l'autre
soutenait qu'en sa qualité d'associé en participation, la
demande en paiement n'était à son égard ni recevable
ni fondée.

Mais le tribunal de commerce écarte cette prétention
et prononce la condamnation solidairement, parce qu'en
fait les deux coparticipes avaient cumulativement et indistinctement traité avec les tiers pour le compte de la
société, et qu'ayant ainsi géré cette société, ils répon-
daient solidairement des engagements pris pour son
compte.

La conséquence était logique, rationnelle et conforme à la jurisprudence. C'est en effet dans ce sens que

---

[1] Cassation, 12 novembre 1829.

s'étaient prononcées la cour de Bordeaux, les 19 juillet 1830 et 31 août 1831, et la cour de cassation, le 18 novembre 1829.[1]

Ces solutions sont éminemment juridiques. Si la participation exclut toute solidarité entre les co-intéressés, c'est qu'elle ne se manifeste en aucune façon au public; c'est que celui qui traite pour elle agit en son nom propre et personnel; qu'il est seul connu des tiers d'autant moins recevables à prétendre avoir fait confiance aux autres associés, qu'ils ne les ont pas connus et ne pouvaient pas les connaître.

S'il en est autrement, si tous les associés ou plusieurs d'entre eux traitent collectivement avec les tiers; s'ils divulguent l'existence de la société et leur qualité d'associé, la dispense de la solidarité n'a plus aucune raison d'être, et le tiers doit nécessairement avoir pour débiteurs au même titre tous ceux avec qui il a traité et auxquels il a fait confiance . .

C'est ce .que la cour de Bordeaux et la cour de cassation consacrent. C'est ce que le tribunal de commerce de Marseille étaye des considérations suivantes :

« Attendu, en droit, que la participation n'ayant pas
» d'effets à l'égard des tiers, celui des participants qui
» n'a pas traité n'a envers eux aucun engagement;
» mais que, d'autre part, celui qui gère une affaire en
» assume toutes les obligations, et que si la gestion est
» le fait de deux coparticipes, tous deux sont égale-

1 D.P., 29, 1, 113

» ment obligés comme associés , sans qu'ils puissent
» opposer le caractère de leur association , de même
» que les tiers ne pourraient pas se prévaloir de son
» existence à l'égard du participant qui n'aurait pas
» contracté avec eux ;

» Que ce caractère essentiel de la participation de ne
» pas exister pour les tiers fait que , pour eux , ou il ·
» n'y a pas d'association quand un seul participant se
» fait connaître, ou l'action commune de deux ou plu-
» sieurs personnes liées par un intérêt commun a pour
» eux les mêmes conséquences que la gestion d'une
» société en nom collectif , ou même d'une société en
» commandite quand le commanditaire s'y est im-
» miscé ;

» Qu'entre ces cas , il n'y a pour les tiers d'autre
» différence que la publicité exigée dans les sociétés
» en nom collectif et en commandite; mais que la pu-
» blicité , ordonnée pour protéger leurs intérêts , est
» une circonstance indifférente quand il s'agit , pour
» eux, d'atteindre les associés gérants ;

» Que les principes des sociétés civiles ne sont pas
» applicables en matière commerciale, d'après l'énon-
» ciation expresse de l'article 1862 du Code civil ; et
» que la loi commerciale en faisant une exception pour
» la société anonyme, a placé sous une obligation com-
» mune de solidarité ceux qui gèrent dans tous les au-
» tres genres de société de commerce.[1] »

1 *Journal de Marseille*, 58, 1, 109.

Ces considérations repoussent victorieusement les arguments invoqués par le système contraire et justifient
pleinement les conséquences que le tribunal en déduit,
et qui nous paraissent rationnellement et juridiquement
seules admissibles.

C'est cependant en sens contraire que la cour supérieure de Bruxelles se prononçait le 12 janvier 1822.
Mais il ne paraît pas que la question de solidarité eût
été posée devant elle. Le litige se réduisait à savoir si
l'individu poursuivi était l'associé en participation ou le
commis de la maison à laquelle avaient été faites les
fournitures réclamées.

La cour se prononce pour l'association, et comme les
deux associés avaient cumulativement et indifféremment
traité, elle les condamne tous les deux à payer, mais
chacun d'eux personnellement pour sa part et portion,
« la solidarité, dit l'arrêt, ne résultant, dans l'espèce,
ni de la stipulation des parties, ni de la nature de l'association en participation.

Mais n'avaient-ils pas dérogé aux principes spéciaux
de la participation, les associés qui avaient conjointe-
ment et cumulativement fait et reçu les commandes,
manifesté ainsi publiquement leur association et l'a-
vaient indifféremment gérée ? Pouvait-on, devait-on
leur accorder les immunités résultant de la nature de
leur association, lorsqu'ils avaient foulé aux pieds la
condition *sine quâ non* de ces immunités ? _

Il ne paraît pas que la cour de Bruxelles se fût pré-
occupée de ces questions. Dans tous les cas, la doctrine

du tribunal de Marseille nous paraît préférable, et nous disons sans hésiter , avec la cour de Bordeaux : « La solidarité ne peut pas être contestée par les participants, lorsqu'ils ont acheté et se sont obligés en commun , et sans que l'acte d'achat contienne aucune division entre eux de la marchandise et du prix. »

D'ailleurs si, dans ce cas, la solidarité était repoussée par la nature de la participation, elle se justifierait parfaitement par ce principe incontestable : qu'une opération commerciale faite sans division par plusieurs entraîne pour tous une obligation solidaire.

443. — Les conséquences de la participation , telle que nous venons de la caractériser , sont faciles à saisir. Les tiers créanciers personnels des associés n'auront jamais que l'action oblique. Ils ne pourront donc jamais demander à celui· ou à ceux avec qui ils n'ont pas traité que ce que leur débiteur pourrait exiger lui-même.

Ici une double hypothèse se présente :

1° Celui qui a opéré a acheté en fournissant lui-même les fonds. — Dans ce cas, cet associé reste propriétaire exclusif jusqu'à concurrence de l'effet acquis, s'il est entre ses mains. Les créanciers du coïntéressé qui n'a pas déboursé sa mise ne peuvent réclamer sa part, sous prétexte que le prix qu'il en doit à son associé est une créance de celui-ci, n'empêchant pas la copropriété de la chose achetée pour compte commun. Si la marchandise a passé au pouvoir de l'intéressé qui ne

l'a pas payée, celui qui a déboursé, toujours propriétaire, conserve au contraire, même vis-à-vis des tiers
créanciers, le droit et le privilège de la revendiquer,
comme l'expéditeur est admis, en général, à le faire
chez un dépositaire ou commissionnaire, et même d'en
réclamer le prix, si l'effet, ayant été vendu par l'associé n'est pas encore payé par l'acheteur. En un mot,
celui qui a fait l'avance n'a rien aliéné à l'intéressé qui
n'a pas fait sa mise, même en lui confiant les effets et
le soin de la revente. Ce n'est, en ce cas, que pour le
profit ou la perte finale, et non pour la propriété qu'ils
sont associés [1].

Cette doctrine que nous empruntons à M. Emile Vincens, n'est susceptible d'application que dans certains
cas et pour certaines associations spéciales. Comment,
en effet, admettre que le coparticipe qui a acheté de ses
deniers et expédié au gérant les marchandises trouvées
dans les magasins de celui-ci, après faillite, puisse les
revendiquer, alors que ce droit est formellement refusé
au vendeur ordinaire dès que les objets par lui vendus
sont entrés dans les magasins du failli ?

Ainsi, pour qu'une pareille différence soit possible,
il faut de toute nécessité que le coparticipe ait agi à un
autre titre que celui de vendeur, et qu'en se dépouil-
lant de la marchandise il n'en ait pas aliéné la propriété. C'est précisément ce qui se réalisait dans l'espèce

[1] Emile Vincens, *Des sociétés par actions*, t. 1, p. 379, n° 4

de l'arrêt de la cour de cassation du 7 août 1838 , sur lequel s'étaie la doctrine de M. Emile Vincens.

Gleize, Raffin et Cⁱᵉ, de Toulouse, avaient expédié une grande quantité de farines à Saint-Lary, à Marseille, pour être vendues par lui de compte à demi. Saint-Lary étant tombé en faillite, la douane à laquelle il devait des sommes considérables, fit saisir dans ses magasins les marchandises qui s'y trouvaient , et dans leur nombre les farines expédiées par la maison de Toulouse. Celle-ci ayant revendiqué ces farines , la douane prétend qu'elles ont été vendues à Saint-Lary ; que dans tous les cas celui-ci en serait devenu copropriétaire en vertu de l'association en participation existant entre lui et les sieurs Gleize, Raffin et Cⁱᵉ.

Le tribunal civil de Marseille statuant en appel d'une sentence du juge de paix, repousse les prétentions de la douane et accueille la revendication. Ce jugement se fonde sur ce que l'association n'ayant pour objet que le profit ou la perte à provenir de la vente des farines, celles-ci n'ont jamais cessé d'être la propriété exclusive des revendiquants.

La douane se pourvoit en cassation. Elle soutient qu'entre Gleize , Raffin et Cⁱᵉ et Saint-Lary , il y a eu vente , et en tire la preuve de ce que les premiers ont débité Saint-Lary du prix des marchandises dont celui-ci les a crédité ; elle insiste d'ailleurs sur la copropriété qui serait résultée de la participation.

Un arrêt du 7 août 1838 rejette le pourvoi par les considérations suivantes :

« Attendu que d'après l'article 48 du Code de com-
» merce, les associations commerciales en participation
» ont lieu pour les objets, dans les formes, avec les
» proportions d'intérêt et aux conditions convenues en-
» tre les participants; que, d'après l'article 49, cés
» associations peuvent être constatées par la représen-
» tation des livres, de la correspondance, ou par la
» preuve testimoniale, si le tribunal juge qu'elle peut
» être admise :

» Attendu que c'est en appréciant ces éléments lé-
» gaux de preuve et notamment la correspondance qui
» a été produite, et en y cherchant quelles ont été les
» intentions et les conventions des parties, que le juge-
» ment attaqué décide en fait : — 1° que l'opération
» qui a eu lieu entre Gleize et Raffin de Toulouse et
» Saint-Lory de Marseille, n'avait pour unique objet
» que la vente de compte à demi, sur la place de Mar-
» seille, des farines expédiées par Gleize, Raffin et Cⁱᵉ;
» qu'elle ne doit donc point se juger par les règles du
» contrat de vente invoquées par l'administration, mais
» par celles de la législation sur les contrats de société
» commerciale en participation ; — 2° que d'après
» les usages du commerce en matière de participation,
» le débit et le crédit sur les livres mutuels ne consti-
» tent pas nécessairement une vente, mais une mention
» tendant à régulariser les écritures, à constater les a-
» vances de l'expéditeur, et à servir ainsi de base pour
» le calcul des bénéfices et des pertes qui peuvent ré-
» sulter ultérieurement de la vente ; — 3° qu'en s'ap-

» puyant sur la correspondance le jugement décide
» encore qu'il n'est nullement démontré que Saint-
» Lary fut le gérant et l'administrateur de la partici-
» pation dont Gleize et Raffin ont toujours soutenu a-
» voir conservé la direction supérieure et définitive s'a-
» gissant d'objets produits et fournis par eux seuls ;

   . » Qu'en ne considérant , par suite , Saint-Lary que
» comme un préposé intéressé à la vente, et en décla-
» rant que Gleize et Raffin de Toulouse ne s'étaient
» point dessaisis de la propriété des farines expédiées
» par eux de Toulouse à Saint-Lary de Marseille , et
» qui ont été trouvées en nature, et munies de leur es-
» tampille dans les magasins de Saint-Lary lors de sa
» faillite, le jugement attaqué n'a fait qu'une apprécia-
» tion, de faits et d'intention , qui est dans le domaine
» des tribunaux.[1] »

On le voit , cette décision est un arrêt , non de doctrine , mais d'espèce. Son influence ne saurait se faire
sentir que lorsque des faits et circonstances on arrive à
cette conclusion que la participation laissant en dehors
la propriété des choses, le gérant n'a été qu'un préposé
à la vente n'ayant d'autre obligation et d'autre droit
que de supporter la perte , et de participer au bénéfice
dans une proportion convenue.

Après avoir cité une hypothèse dans laquelle la revendication a été admise , citons-en une dans laquelle

----

[1] D. P.,/38, 1, 316.

celle revendication a été jugée non recevable. En comparant les faits , on sera à même d'apprécier les inspirations qui doivent faire consacrer ou rejeter la doctrine
de M. Emile Vincens.

Un sieur Langlet , possesseur d'une distillerie , contracte une association en participation avec les sieurs
Chapman et Miège frères. Le but de cette association
est la distillation des riz et la vente des trois-six en provenant. Les riz doivent être fournis par Chapman tant
pour lui-même que pour Miège frères.

Le sieur Langlet tombé en déconfiture convoque ses
créanciers et leur abandonne tous ses biens pour être
vendus en direction. Il est à remarquer que Chapman
se présente en qualité de créancier , et qu'il est nommé
au nombre des commissaires chargés de surveiller la
liquidation.

Plus tard il revendique comme sa propriété les riz et
les trois-six qui existaient encore en magasin. Mais le
tribunal de commerce de Dieppe d'abord et la cour de
Rennes ensuite repoussent cette prétention.

Après avoir rappelé les faits, le jugement, que l'arrêt
confirme avec adoption des motifs, considère :

« Que l'association en participation , qui est de sa
» nature occulte, n'a point d'existence pour les tiers ;

. » Que ceux-ci n'ont par conséquent aucune action
» contre la société , parce qu'ils n'ont suivi la foi que
» de celui avec lequel ils ont contracté, seul garant des
» engagements par lui pris ;

- » Que , par la même raison , l'associé gérant et ad-

» ministrateur est, à leur égard, légalement propriétaire
» des choses fournies pour la participation, d'où la con-
» séquence que le coparticipe ne peut, à leur préjudice,
» en exercer la reprise ;

» Que ces principes sont consacrés par les auteurs
» les plus recommandables et par la jurisprudence;

» Qu'admettre un système contraire, ce serait porter
» atteinte aux droits légitimes des créanciers , en leur
» enlevant un actif qui a pu les déterminer à contrac-
» ter , et sur lequel ils ont dû naturellement compter
» pour la garantie de leur créance ;

» Que Langlet était chargé de la distillation des riz
» et de la livraison des trois-six en provenant, et qu'au
» regard du public il était le seul gérant de l'usine où
» se faisait cette distillation ;

» Que de là il suit que ses créanciers n'ont point à
» rechercher d'où proviennent les riz ou autres mar-
» chandises qui sont en sa possession ;

» Que du moment où ces objets sont entrés dans
» ses magasins , ils sont devenus le gage commun de
» ses créanciers et ne peuvent plus être revendiqués par
» ceux qui les ont délivrés.[1] »

Il est évident que dans cette dernière espèce on ne
pouvait pas dire que Langlet n'avait pas versé les fonds
pour lesquels il devait contribuer à l'achat des riz, puisqu'il devait rester absolument étranger à cet achat. Qu'on

[1] *Journal de Marseille*, 59, **2**, 18,

ne pouvait pas non plus ne voir en lui qu'un préposé intéressé à la vente, puisqu'il ne les recevait que pour les dénaturer et les convertir en alcool.

De Langlet à Chapman il pouvait exister des relations d'associés. Mais pour le public, ce dernier n'était et ne pouvait être qu'un fournisseur. Il n'aurait donc pu revendiquer ses fournitures que dans les cas où l'action est concédée par la loi sur les faillites, et encore eût-il dû justifier de sa qualité de vendeur non payé.

Il n'y a donc pas à hésiter sur le caractère essentiellement juridique du jugement du tribunal de commerce de Dieppe et de l'arrêt de la cour de Rennes, et leur comparaison avec le jugement du tribunal civil de Marseille et l'arrêt de la cour de cassation permet de fixer le véritable caractère de la doctrine de M. Emile Vincens et de décider si elle peut et doit ou non être appliquée.

On remarquera que dans l'affaire entre Gleize-Raffin et la douane, le tribunal civil de Marseille et la cour de cassation refusent de voir une vente dans ce fait qu'un prix avait été fixé aux farines expédiées et que les parties s'étaient mutuellement débitées et créditées de la moitié de ce prix.

Est-ce qu'il peut en être autrement dans une participation ayant pour objet la vente de compte à demi de marchandises expédiées par l'un, reçues par l'autre? L'association, dans ce cas, a pour but unique le partage du profit ou de la perte. Or, il n'y aura profit ou perte que si le taux de la vente est supérieur ou inférieur au prix de revient. Faut-il bien dès-lors, afin d'éviter toute discussion ultérieure, que ce prix soit arrêté et convenu entre les parties.

Aussi le tribunal de commerce de Marseille jugeait-il de son côté, le 5 octobre 1863, que lorsqu'une marchandise est expédiée par un fabricant à un autre négociant pour être vendue de compte à demi, la fixation d'un prix par l'expéditeur ne peut changer la nature du contrat d'association en participation et constituer le réceptionnaire acheteur de la demie de la marchandise au prix convenu ; qu'en conséquence si la marchandise n'a pu trouver acheteur à ce prix, il y a lieu d'en ordonner la vente aux enchères et de faire supporter la perte par égales portions par chacun des associés [1].

444. — 2° L'achat a été fait au moyen de la mise de fonds fournie par chaque intéressé.

Le résultat quant à la propriété est le même, c'est-à-dire qu'elle repose toute entière sur la tête de l'acheteur. Le versement opéré par les coassociés les constitue créanciers de celui-ci jusqu'à concurrence, et cette créance, loin de conférer un droit de copropriété, est elle-même subordonnée à la liquidation de l'opération. Elle doit, en effet, varier dans sa quotité, suivant qu'il y aura bénéfice ou perte. Conséquemment, les créanciers personnels de l'associé acheteur, trouvant l'effet en ses mains, seraient bien fondés à le saisir sans que les

[1] *Journal de Marseille,* 63, 1, 291.

coassociés pussent exercer d'autres droits que ceux de
créanciers ordinaires , venant au marc le franc dans la
contribution qui suivra la saisie.

448. — Il y a même une hypothèse où les tiers
seront préférés aux coassociés , à savoir lorsque le gérant leur aura spécialement affecté la chose faisant la
matière de l'association. M. Troplong propose l'exemple
suivant : Pierre, commandant le navire l'Aigle, et intéressé aux corps et facultés, cède pour six mille francs de
son intérêt à Primus et pour quatre mille francs à Se-
cundus. Voilà entre ces trois individus une association
en participation. Plus tard , Pierre , directeur de l'opération, dont les profits doivent être communs, emprunte
à la grosse diverses sommes. Le navire part pour les
Indes et retourne. Procès entre les prêteurs, réclamant
leur privilége, et les participants, qui le contestent. La
prétention de ceux-ci devrait être repoussée. La préférence appartient aux prêteurs à la grosse , ils ont traité
avec le maître de l'opération ; ils n'avaient pas à s'enquérir s'il existait ou non des participants. Ceux-ci,
d'ailleurs , en confiant la direction de l'affaire à leur
coassocié, ont aveuglément suivi sa foi.

Il est vrai que , dans cette espèce , l'influence des
principes du droit maritime ne serait pas étrangère au
résultat ; mais il en serait de même, en droit commun,
pour tous les priviléges que la chose comporterait.
Ainsi, le créancier gagiste serait incontestablement préféré aux coassociés , alors même que le gage n'au-

rait été fait que dans l'intérêt personnel du gérant.

446. — En résumé donc, les coparticipes ayant fourni les sommes correspondantes à leur intérêt dans l'association n'ont pas acquis la copropriété des choses achetées et payées au moyen de ces sommes; cette propriété appartient exclusivement à l'associé qui a réalisé l'achat, et dont ils deviennent créanciers pour le montant des sommes respectivement versées.

De là cette double conséquence : 1° cette créance n'est exigible qu'après la liquidation. Seule, en effet, celle-ci la rendra liquide en déterminant la quotité des bénéfices qu'il conviendra d'y ajouter, ou celle de la perte qu'il faudra en déduire; — 2° les coassociés ne pourront jamais demander le partage en nature des effets prétendus sociaux. Le seul droit leur compétant est celui de faire ordonner la liquidation de l'opération et d'arriver ainsi à un compte définitif; leurs créanciers, n'ayant que l'action oblique et ne pouvant agir qu'en vertu de l'article 1166 du Code civil, ne seraient pas recevables à demander autre chose.

Nous trouvons un remarquable exemple d'application de ces principes, dans un arrêt de la cour de Bordeaux du 5 juin 1861.

La maison Pereyra frères de Bordeaux avait fait construire quatre navires : *le St-Germain, le Gustave-Henriette, le David, le Nabad.* Il résultait des écritures et de la correspondance qu'elle avait cédé aux sieurs Emile et Isaac Pereire un intérêt de trente-trois pour cent dans les deux premiers, de douze pour cent dans le troisième, de quatorze pour cent dans le quatrième, et que ceux-ci avaient fait les fonds de cette cession.

Pereyra frères étant tombés en déconfiture furent déclarés en faillite. Un concordat par abandon d'actif étant intervenu, les syndics des créanciers firent procéder à la vente des quatre navires.

Alors Emile et Isaac Pereire interviennent et revendiquent le prix de la vente jusqu'à concurrence de l'intérêt qui leur appartenait dans chacun de ces navires ; ils fondent cette demande sur leur qualité de copropriétaire, et au besoin sur celle d'associés en participation.

Cette prétention est repoussée par le tribunal de commerce de Bordeaux qui la déclare non recevable et mal fondée. Après avoir établi que si la copropriété en fait ne saurait être contestée à l'égard de Pereyra frères *in bonis*, en droit et vis-à-vis des tiers, elle n'est pas justifiée ; qu'elle ne saurait en effet résulter à leur égard que de la constatation légale d'une construction faite en commun, ou d'une acquisition partielle, ce qui ne ressort d'aucun des faits du procès, le tribunal ajoute :

« Attendu que l'association sur laquelle, en dernier
» lieu, Emile et Isaac Pereire ont cherché à établir leur
» droit de copropriété, ne pourrait être classée que
» comme société en participation ; que la société en
» participation, comme ils l'ont plaidé eux-mêmes à
» un autre point de vue et d'accord en cela avec les
» auteurs, constitue le partage des résultats, et non

» point la copropriété de l'actif ; qu'ainsi en justifiant
» en droit d'une association en participation, ils ne font
» que la justification du droit qu'ils ont au partage du
» résultat des opérations des navires , mais non point
» celle de leur droit de copropriété. »

Emile et Isaac Pereire émettent appel de ce jugment,
et invoquent devant la cour les moyens tant principaux
que subsidiaires qu'ils avaient fait valoir devant les
premiers juges. Mais la cour les repousse les uns et les
autres par les considérations suivantes :

« Attendu, au fond, que tous les traités relatifs à la
» construction des divers navires sur lesquels Emile et
» Isaac Pereire prétendent avoir une part de copro-
» priété, ont été passés par Pereyra frères, en leur nom
» seul , avec les constructeurs ; que le fait n'est pas
» contesté par Emile et Isaac Pereire, et qu'au surplus
» il résulte des documents mêmes dont ils se servent
» pour établir leur droit de copropriété , c'est-à-dire de
» la correspondance qu'ils ont entretenue avec Pereyra
» frères ; . . . .

» Attendu qu'il n'est pas douteux non plus que la
» possession , révélée par des actes extérieurs et appa-
» rents , ait été tout entière entre les mains de Pereyra
» frères, qui ont seuls payé les constructeurs , présidé
» à l'armement des navires , et dont le nom figurait
» seul sur les actes de francisation ;

» Attendu qu'en de telles circonstances, la construc-
» tion de ces navires n'a pu en faire acquérir la pro-
» priété qu'à ceux par l'initiative et au nom desquels

» elle s'est accomplie ; que résidant ainsi , dès le prin-
» cipe , sur la tête de Pereyra frères , la propriété des
» navires , achevés ou non , n'a pu être transférée à
» d'autres, si ce n'est au moyen d'une vente ou tout au
» moins d'une convention qui, pour la part aliénée,
» emporte avec elle les caractères essentiels de la vente:
» qu'à ce titre donc , pour être efficace , il faut que la
» translation de propriété ait été faite conformément à
» la loi ;

»₌ Attendu qu'aux termes de l'article 195 du Code de
» commerce , la vente des navires doit être faite par
» écrit ; qu'à la vérité , l'acte exigé pour la constater
» peut être fait sous signature privée aussi bien qu'en
» forme authentique ; qu'ainsi les dispositions de la loi
» sont précises ; qu'en cette matière spéciale , un acte
» exprès de vente est nécessaire , et qu'il ne peut pas y
» être suppléé par les documents qui suffiraient pour
» faire preuve par ailleurs en matière commerciale ;

» Attendu que ces règles doivent recevoir leur ap-
» plication rigoureuse, particulièrement dans le cas où
» la question de propriété du navire s'agite, non entre
» le vendeur et l'acheteur , mais entre ce dernier et les
» créanciers du vendeur ; que ces créanciers , en pré-
» sence de l'acheteur qui cherche à se faire une posi-
» tion privilégiée, peuvent justement lui reprocher d'a-
» voir méconnu les exigences de la loi , et négligé de
» remplir les conditions d'où elle faisait dépendre la
» validité du droit qu'on veut leur opposer ; qu'ils pui-
» sent eux-mêmes alors dans les termes formels de

» l'article 195, un droit qui leur est propre; que, s'il
» en était autrement, les dispositions de la loi, qui a
» soumis, dans tous les temps, à des règles sévères la
» transmission de propriété des navires, perdraient leur
» principale utilité;

» Attendu qu'Emile et Isaac Pereire ne produisent
» point d'actes de vente soit publics, soit même sous si-
» gnature privée, concernant les navires dont il s'agit
» au procès; qu'ils se prévalent simplement de leur
» correspondance avec Pereyra frères, des livres et des
» comptes de ceux-ci; mais qu'il ne résulte de ces do-
» cuments aucune preuve d'une vente régulière au
» profit d'Emile et Isaac Pereire, qui se trouvent, par
» suite, réduits à de simples droits de créance qu'ils
» peuvent faire valoir en concours avec les autres cré-
» anciers chirographaires de la faillite Pereyra frè-
» res;

» Attendu que l'association en participation qui s'é-
» tait formée entre Emile et Isaac Pereire d'une part,
» et d'autre part Pereyra frères, au sujet des navires,
» ne saurait avoir pour conséquence de conduire à des
» résultats différents; qu'en effet, comme cela a été
» précédemment établi, ce n'est pas la société, mais
» Pereyra frères seuls qui ont fait construire lesdits na-
» vires; d'où suit que, dès le principe, la propriété en
» a résidé sur leur tête, et qu'elle n'a pu être transférée
» partiellement à d'autres qu'en conformité de la loi;
» qu'ainsi la société, pour avoir l'effet d'emporter une
» aliénation opposable aux créanciers de la faillite, au-

» rail dû être constatée par écrit , selon l'article 195
» du Code de commerce ;

» Attendu d'ailleurs qu'il s'agissait d'une simple as-
» sociation en participation ; qu'il est de principe que
» ces sortes de sociétés ne forment pas un être moral
» et n'ont pas de valeur qui leur soit propre; qu'elles
» ne peuvent donc pas , par elles-mêmes , avoir pour
» effet de modifier la propriété de la chose mise en so-
» ciété ; que Pereyra frères , gérants de la société , ont
» conservé, au moins quant à leurs créanciers, la pro-
» priété des navires qui leur appartenaient dans l'ori-
» rigine et dont aucun acte régulier ne les a dépouil-
» lés ; qu'en réalité donc l'exploitation de ces navires
» est la seule chose qui soit devenue l'objet de la parti-
» cipation, et qu'elle se résout simplement en un com-
» pte de profits et pertes , sans qu'Emile et Isaac Pe-
» reire y puissent trouver le principe d'un droit propre
» à justifier leur prétention.[1] »

Ici, comme dans l'exemple cité par M. Troplong, le
droit maritime a nécessairement influé sur la question
de propriété. Mais supposez qu'au lieu d'un navire il se
fût agi d'une marchandise ordinaire. Le résultat eût été
le même par application des principes que nous avons
plus haut rappelés [2].

447. — Le principe que la participation ne confond

[1] *Journal de Marseille*, 61, 2, 114
[2] Voy. *supra* n° 443.

pas les apports des coïntéressés doit être rationnellement entendu. Ainsi , si cet apport est mobilier , celui
qui s'est engagé à le réaliser est maître d'en disposer
autrement tant qu'il en est nanti. La société n'a encore
aucun droit, elle ne pourrait donc le revendiquer. Mais
ce droit de disposition cesse naturellement avec la possession des choses ; celles-ci , arrivées entre les mains
de l'associé directeur , deviennent sa propriété unique,
sauf l'obligation de les restituer avec la quotité des bénéfices due à chaque intéressé.

La possession de l'associé directeur est une circonstance décisive contre tous , contre les tiers notamment.
De quoi se plaindraient ces derniers ; est-ce qu'ils ont
pu être induits en erreur sur la nature des droits qu'on
leur conférait sur une chose dont leur débiteur n'avait
plus la possession ? En acceptant ces droits , ils se sont
substitués à leur débiteur par rapport à la chose ; ils ne
pourront jamais exercer d'autre action que celle que
celui-ci pourrait intenter. Nous venons de voir en quoi
elle consistait.

Cette solution semblait contrarier ce que M. Vincens
disait tout à l'heure sur la faculté que l'acheteur de la
marchandise a de revendiquer cette marchandise elle-
même ou le prix encore dû. Mais remarquons que,
dans ces deux cas , la remise n'est pas faite au même
titre. L'associé qui verse sa mise de fonds exécute une
obligation que le contrat lui impose , et en échange de
laquelle il n'acquiert d'autre droit que celui de retirer
une part dans les bénéfices. Celui , au contraire, qui,

acheteur de la marchandise, en confie la revente à son
coassocié n'agit en réalité que comme un mandant.
L'associé qui se charge de ce soin n'est qu'un mandataire, un commissionnaire ordinaire. Dès lors, la dé-
tention de la chose ne lui en confère pas la propriété,
qui n'a jamais cessé d'appartenir à l'acheteur primitif.

Cette différence dans la qualité explique celle que
nous avons admise dans la détermination des droits de
l'associé dans l'une et l'autre de ces hypothèses.

448. — Si la mise de fonds était un immeuble, la
propriété n'en resterait pas moins sur la tête de l'associé qui l'aurait mis en société, si le transfert n'en avait
été régulièrement opéré par un acte translatif de la propriété. Conséquemment, les hypothèques dont il le grè-
verait produiraient tous leurs effets, de préférence aux
droits non inscrits des coparticipes, il en serait de même de la vente. Les coassociés ne pourraient apporter
le moindre obstacle à son exécution, ni prétendre rete-
nir l'immeuble. Leur droit se bornerait à poursuivre,
contre leur associé, une adjudication de dommages-intérêts, pour le préjudice que la privation de l'immeuble
occasionnerait à l'association.

449. — Il résulte de ce qui précède que l'associé
directeur n'a pas la disposition des mises immobilières,
mais qu'il a tout pouvoir sur les mises mobilières.
Celles-ci deviennent en quelque sorte sa propriété, dès
qu'elles arrivent en ses mains. Seul il en dispose, ainsi

que de toutes les valeurs que la marche de l'opération
peut faire surgir. La question de savoir s'il peut négocier les billets et lettres de change qu'il obtient de
ceux avec qui il traite ne saurait en être une. Ces valeurs étant en son nom ou à son ordre , comment serait-il possible de l'empêcher de les négocier ?

M. Delangle suppose le cas où les lettres et billets
auraient été souscrits en faveur de tous les associés no-
minalement indiqués. Il se demande si le gérant pourrait les négocier.

Non, évidemment , à moins d'avoir une procuration
spéciale de tous les intéressés. Nous l'avons déjà dit,
des tiers aux participants il n'y a pas société. Ceux qui
traitent avec le gérant ne traitent qu'avec lui. Il est dès
lors évident qu'ils ne peuvent régulièrement tenir de lui
des droits appartenant évidemment à d'autres.

Un jugement du tribunal de commerce de Clamecy a
décidé qu'en pareille occurrence la négociation ne vaudrait que jusqu'à concurrence de la portion afférente
au gérant dans le montant du billet ou de la lettre de
change. Cette décision apprécie sainement le fait et le
droit.

450. — Nous avons à diverses reprises insisté sur
ce que la participation n'avait qu'un seul but, à savoir
le partage des bénéfices. Or, pour procurer celui-ci , il
faut de toute nécessité liquider l'opération , car ce ne
sera qu'en comparant le produit de la marchandise a-
vec son prix d'achat , défalcation faite des frais , qu'on

arrivera à constater le bénéfice. Il semblerait donc que, pour reconnaître une participation, on devrait exiger que l'association se proposât cumulativement l'achat et la revente; qu'on ne saurait donc l'admettre, lorsque l'achat doit être immédiatement suivi du partage en nature.

C'est ce qu'enseignent MM. Malepeyre et Jourdain. Sans doute ces honorables auteurs sont frappés de la fréquence des achats communs, soit en foire, soit dans les ventes publiques; mais ils n'admettent la participation que lorsque les achats en commun composant une masse, celle-ci est divisée en plusieurs lots, délivrés au plus offrant des associés, qui seuls peuvent prendre part à l'adjudication. La différence entre le prix de celle-ci et celui de l'achat forme dans ce cas le bénéfice à partager [1].

Cette doctrine n'est pas celle qu'on avait admise sous l'empire de l'ordonnance. Nous avons vu Savary, énumérant les diverses espèces de participation, acccepter comme tel l'achat devant être suivi du partage.

Cette doctrine est également condamnée sous le Code par le plus grand nombre d'auteurs. M. Troplong fait même remarquer que cette participation, déjà en usage du temps de Pothier, est fort usuelle parmi les revendeurs de meubles qui se trouvent aux encans. Cette pratique n'est pas seulement celle de Paris,

---

[1] Pages 262, 263.

elle est à peu près suivie sur tous les points de la France [1].

Cette dernière opinion est celle que la cour de cassation a consacrée, en jugeant, le 4 décembre 1839, que la convention intervenue entre plusieurs individus, d'acheter en commun certains objets , constitue une association en participation , soit que, les participants aient dû revendre aussi en commun les objets achetés , soit qu'ils aient dû seulement les partager en nature [2].

Pourquoi d'ailleurs en serait-il autrement? Est-ce que le partage en nature n'attribuera pas à chacun des copartageants un bénéfice certain, par la différence entre le prix auquel il revendra le lot à lui advenu et le prix qu'il en a supporté à l'achat ? Toute la différence entre cette hypothèse et celle de la revente en commun est donc que, dans celle-ci , la part du bénéficiaire est retirée en argent, tandis que dans l'autre elle est donnée en nature.

Ce qui peut résulter de là , c'est que chaque partie ne retire pas un bénéfice égal , l'une pouvant revendre plus facilement et plus avantageusement ; mais c'est là une chance aléatoire que les associés ont pu accepter, et il suffit que l'attribution des lots ait été librement consentie ou déterminée par le sort, pour que personne soit admis à s'en plaindre. L'achat pour partager en nature

[1] N° 487.—Merlin, v° *Société*, § 2, art. 4, n° 1.—Pardessus, n° 1046
Vincens, t. 1, p. 380.

[2] J. du P., 39, 2, 569.

offre donc la condition essentielle de toute participation:
la réalisation d'un bénéfice. On doit donc le ranger dans
cette catégorie.

451. — Il en est de la participation comme des
autres sociétés. Les intéressés sont libres de convenir
des stipulations qu'ils jugent convenables ou utiles ; de
déterminer les proportions dans lesquelles chacun d'eux
contribuera à la perte ou profitera des bénéfices ; d'établir même une inégalité entre la quotité de ces proportions et celle de l'intérêt réellement souscrit.

Mais cette liberté s'arrête devant ces clauses essentiellement lésives , qui enlèvent à la société son principal
caractère. Ainsi la convention qui donnerait à l'un tout
le bénéfice , ou qui mettrait à sa charge toute la perte,
non-seulement ne devrait pas sortir à effet, mais encore
devrait faire annuler l'association.

452. — A défaut de stipulation, la proportion dans
les bénéfices ou dans la perte se calcule sur la quotité
de l'intérêt pris dans l'opération. Celui qui a pris une
moitié, un tiers, un quart, retirera les bénéfices ou supportera la perte à concurrence de cette moitié , de ce
tiers, de ce quart, etc.

453. — La perte est donc indéterminée comme le
bénéfice. C'est ce qui distingue les participants des commanditaires et actionnaires, ceux-ci ne pouvant jamais
perdre au delà d'une somme déterminée.

Cette différence est la conséquence de la nature des

choses. Ce qui est promis dans la commandite ou la société anonyme, c'est uniquement une somme d'argent. Dans la participation, au contraire, la loi n'admet qu'une proportion d'intérêt; à tel point que si le participant donnait en réalité une somme d'argent, son droit ne serait déterminé que sur la proportion de celle-ci avec le capital de l'opération. Donc, ce que le participant perd ou gagne, c'est la proportion de son intérêt.

Il est douteux qu'il en fût ainsi en Italie. Le contraire paraîtrait résulter de ces paroles de Casarégis : *Participes non teneantur, nisi ad ratam capitalis pro quo participant in negotio;* et de la maxime de la rote de Gênes : *Participes non teneantur, nisi pro summa quam exposuerunt in societate.*

Ce qui est certain, c'est qu'en droit français il n'en a jamais été autrement. Le privilége de la commandite ou de l'anonyme ne reçoit aucune application à la participation ; ce que l'associé perd dans celle-ci, c'est l'intérêt qu'il a pris. Donc, à quelque chiffre que la perte atteigne, le participant la supportera dans les mêmes proportions [1].

---

1 Pothier, *Des sociétés*, nos 63, 102 et 103.

ART. 49.

Les associations en participation peuvent être constatées par la représentation des livres, de la correspondance, ou par la preuve testimoniale, si le tribunal juge qu'elle peut être admise.

ART. 50.

Les associations commerciales en participation ne sont pas sujettes aux formalités prescrites pour les autres sociétés.

SOMMAIRE

454. — Les articles 49 et 50 étaient en quelque
sorte commandés par la nature même des choses. D'une
part, en effet, la participation ne constitue pas une société au regard des tiers. A quoi bon, dès lors, la soumettre à une publicité quelconque ? celle-ci n'intéresse
que le public. Or , suivant l'expression de Savary , *la
participation ne lui importe en façon quelconque.*

D'autre part, il est essentiel que l'association soit occulte, essentiellement occulte. Si elle se manifeste au
public, elle n'est pas une participation. Exiger cette manifestation par le moyen de la publication était donc
méconnaître le caractère de cette société , et lui enlever
un de ses attributs les plus indispensables.

On comprend dès lors l'article 50, dispensant la participation de toutes les formalités prescrites pour les autres sociétés.

455. — Cette dispense s'étend à la disposition des articles 39 et 40 du Code de commerce. Il n'est donc pas nécessaire que l'association soit constatée par écrit. C'était là encore ce que la pratique commerciale ne permettait pas d'exiger.

La participation, en effet, ne se forme bien souvent que par la correspondance. D'autres fois elle ne résultera que de l'exécution que les parties lui ont donnée, ou des renseignements qu'on puisera dans la preuve testimoniale. C'est sur ces prévisions que le législateur a calculé les éléments de preuve sur lesquels il autorise de se fonder pour établir l'existencede la participation.

456. — C'est en première ligne la représentation des livres. Entre commerçants d'une même place, la participation n'aura souvent d'autres preuves que leurs écritures respectives. En mentionnant l'opération sur leurs livres, ils ne manqueront pas d'en indiquer la nature et la part qui revient à l'autre ou aux autres associés. De plus, il est à peu près certain que l'exécution de l'opération donnera lieu à l'ouverture d'un compte courant, dans lequel chaque partie établira sa position et celle de son coparticipant. La représentation des livres est donc de nature à prouver la participation.

457. — Cette représentation ne pourrait être refusée, soit qu'elle fût requise par la partie, soit qu'elle fût

ordonnée d'office par le tribunal. L'obligation de tenir
des livres implique celle non moins légale de les représenter, dans le mode qui est établi par la loi. La partie
qui refuserait de le faire s'exposerait à être condamnée
sur les livres que son adversaire produirait.

458. — Au reste , il n'est pas douteux que , lorsqu'il s'agit de prouver la participation par la production des livres , il n'est pas nécessaire que ces livres
soient tenus dans la forme légale. Il est évident, en effet, que dans cet objet la loi n'a entendu exclure aucune
preuve ; on doit donc admettre tout ce qui est de nature
à établir la vérité, et conséquemment les livres principaux, quoique non légalement tenus, et les livres auxi-
liaires, quoique non ordonnés par la loi [1]. ·

Toutefois cette règle ne saurait être absolue et doit se
concilier avec l'article 13 du Code de commerce aux termes duquel les livres irréguliers ne pourront être représentés ni faire foi en justice au profit de celui qui
les a tenus. On pourra et on devra l'appliquer lorsque
la preuve de la participation résultera des livres respectivement tenus par les divers associés. Dans ce cas , en
effet , les livres feront foi , non au profit, mais contre
chacun de ceux qui les auront tenus , ce qui n'a rien
d'inconciliable avec l'article 13.

Si un seul des coparticipes a des livres , soit que les
autres n'étant pas commerçants ne soient pas obligés

[1] Aix, 1er mai 1848.

d'en avoir , soit que, dans le cas contraire , les livres
qu'ils ont tenus soient muets sur l'association,, l'article 13 reprend tout son, empire , car on ne pourrait
induire des livres produits la preuve de la participation
sans admettre ces livres à faire foi en faveur de celui
qui les a tenus.

Mais , à son tour , ce principe ne saurait être absolu. Ce que cet article prohibe , c'est qu'à défaut de
toutes autres preuves ou présomption on s'en remettra
exclusivement aux livres pour décider de la contestation.

Que si le juge n'en appelle aux livres qu'à titre de
considération venant appuyer et confirmer les autres
présomptions que fournissent les circonstances et les
autres documents soumis à son appréciation, cet appel
est légitime ; alors même que les livres ne réuniraient
aucune des conditions prescrites pour leur régularité.
C'est ce que la cour de cassation a taxativement consacré par arrêt du 11 mai 1859.

La cour de Metz chargée d'apprécier si une société
en participation avait réellement existé entre les parties,
se prononçait pour l'affirmative , le 24 août 1858. Cet
arrêt avait été précédé d'une interlocutoire, et considérait : « que les enquêtes auxquelles il avait été procédé
» avaient dissipé toutes les incertitudes ; qu'en présence
» des nouvelles plaidoiries , non-seulement les pré-
» somptions relevées lors de l'interlocutoire ont con-
» servé toute leur force, mais que les témoignages ont

» donné à ces présomptions un caractère de preuve ju-
« ridique. »

Après avoir résumé les résultats des enquêtes, l'arrêt
ajoute : « Attendu que les livres de Vassal mention-
» nent constamment la société Cauchy-Nunez ou la
» maison Cauchy pour les avances faites à l'usine du
» Theux ; qu'à la vérité ces livres ne sont pas cotés et
» paraphés conformément à l'article 11 du Code de
» commerce, mais que les explications données sur leur
» tenue par le procès-verbal de M. le juge de paix
» Lambert , montrent que ces livres méritent une cer-
» taine confiance , quoiqu'ils n'aient pas toute l'auto-
» rité légale que l'article 12 du même code attache aux
» livres parfaitement réguliers. »

On se pourvut en cassation contre cet arrêt. Entre
autres griefs on lui reprochait d'avoir méconnu et violé
les articles 12 et 13 du Code de commerce, en ce qu'il
aurait basé en partie sa décision sur des livres de commerce irréguliers.

Mais la cour régulatrice rejette le pourvoi et répond
à ce moyen de la manière suivante :

« Attendu que si l'arrêt attaqué mentionne, dans la
» récapitulation qu'il fait des éléments de sa conviction,
» les livres de Vassal qui , n'ayant pas été cotés et pa-
» raphés régulièrement , ne pouvaient ni être produits
» en justice ni faire foi à son profit , cette mention se
» trouve expliquée et limitée par le rapprochement du
» seul des motifs de l'arrêt auquel elle se rapporte ;

» Attendu que ce motif se borne à déclarer que les
» livres de Vassal mentionnent constamment la société
» Cauchy-Nunez ou la maison Cauchy pour les avances
» faites à l'usine du Theux ; que cette considération,
» évidemment surérogatoire, se trouve au milieu d'une
» longue série de motifs dans lesquels la cour, appré-
» ciant les enquêtes et la jurisprudence, déclare qu'elles
» ont dissipé toutes les incertitudes et donné aux pré-
» somptions qui avaient justifié l'arrêt préparatoire un
» caractère de preuve juridique ;

» Attendu que, dans cet état et en écartant l'argu-
» ment tiré des livres irréguliers de Vassal, l'arrêt
» trouve dans les autres considérations de fait par
» lui admises, une justification suffisante de sa déci-
» sion [1]. »

Plus tard et le 3 janvier 1860, la cour de cassation
déclarait de nouveau que s'il est de principe que les livres de commerce qui n'ont pas été visés et paraphés
conformément à la loi ne peuvent être représentés ni
faire foi en justice au profit de ceux qui les ont tenus,
il n'en résulte pas que, lorsque ces livres sont produits,
les juges ne puissent en comparer les énonciations à
celles des autres pièces justificatives régulièrement fournies au procès, et trouver dans la concordance de ces
énonciations une de ces présomptions abandonnées par
la loi aux lumières et à la prudence du magistrat [2].

[1] J. du P., 1860, p. 273.
[2] Ibidem. 1860, p. 8.

Ainsi, de quelque manière que les livres aient été
tenus, on pourra les produire et les invoquer. Seulement s'ils ont été cotés et paraphés, ils peuvent devenir
la base unique de la décision. Dans le cas contraire, on
ne pourra légalement les prendre en considération que
si des documents versés au procès, ou des présomptions
nées des faits et circonstances viennent en étayer et en
justifier les énonciations.

459. — Dans d'autres hypothèses, la correspondance à laquelle le législateur permet de se référer ne
sera pas moins utile, pas moins décisive. Entre marchands ou négociants habitant des localités différentes,
une participation sera le plus souvent proposé par l'un,
acceptée par l'autre. La lettre d'annonce d'une part, la
réponse affirmative de l'autre, deviendront la preuve la
plus certaine de la participation.

460. — Une espèce jugée par la cour de Bordeaux,
le 9 janvier 1826, offrait cette singularité, que le correspondant à qui on avait proposé un tiers d'intérêt
dans une opération déterminée, et qui avait répondu
accepter ce tiers dans les bénéfices, soutenait qu'il n'y
avait pas participation, parce que sa lettre ne s'expliquait
pas sur la perte.

Inutile d'observer que cette prétention fut repoussée;
elle devait l'être, en effet, car elle était énergiquement
condamnée par la raison et le droit. Il est évident que
celui qui prend un intérêt d'un tiers dans les bénéfices

d'une opération prend cet intérêt dans l'opération elle-
même. Dès lors , si , au lieu du bénéfice espéré , cette
opération solde par une perte , la proportion dans laquelle l'intéressé devra la supporter n'a pas besoin d'ê-
tre exprimée. Elle est invinciblement déterminée par
celle qu'il avait prise dans les bénéfices ; c'est ce que le
droit a de tout temps enseigné : *Illud expeditum est,
si in una causa pars fuerit expressa, veluti in solo
lucro vel in solo damno, et altera vero omissa, in
eo quoque quod prætermissum est eamdem partem
servari* [1].

461. — Enfin , à défaut de livres et de correspondance , la participation peut être établie par la preuve
testimoniale. Il faut en convenir, cette preuve sera souvent la seule qui pourra être invoquée, soit par la position des parties , incapables d'avoir des écritures et
dans l'impossibilité de trouver les moyens d'en avoir,
soit par la nature de l'opération. Dans les travaux publics , par exemple , nous avons vu souvent des entre-
neurs , qui se sont rendus à l'adjudication , convenir
d'une société séance tenante, et sans avoir le temps ni
quelquefois la possibilité de la constater par écrit. C'est
dans des occasions de ce genre que la preuve testimoniale peut et doit seule découvrir la vérité.

Sous l'ordonnance de 1673 , la preuve testimoniale

---

[1] Institutes, *De societ.*, § 3

des sociétés ordinaires avait été expressément prohibée.
Sous l'empire de cette législation, on se refusait à l'admettre pour la participation, s'il n'existait déjà un commencement de preuve par écrit.

Mais les prescriptions de l'ordonnance sur la preuve
écrite des sociétés ordinaires étant tombées en désuétude, la preuve testimoniale admise pour établir celles-
ci ne pouvait plus faire question à l'endroit de la participation.

Notre Code renouvelant pour les sociétés ordinaires l'obligation d'une preuve littérale , que devait-on
faire pour la participation ? Fallait-il imiter la jurisprudence contemporaine de l'ordonnance ? C'est ce que
pensait M. Treilhard. En conséquence , il proposait,
dans la discussion de notre article , de subordonner la
preuve testimoniale à un commencement de preuve par
écrit.

« On objecta que les sociétés en participation ne se
formaient pas toujours entre des négociants ayant des
livres , ni par corrrespondance ; souvent la convention
n'est que verbale ; c'est ainsi , par exemple , qu'on
en use communément dans les foires , pour l'ap-
provisionnement de la capitale ; dans les marchés
des départements et dans ceux de Poissi et de
Sceaux , on a vu des conventions du plus grand
intérêt entre personnes dont aucune ne savait écri-
re. Comment alors décider si ce n'est *ex æquo et
bono* , à moins qu'on ne prenne le parti de sacrifier

l'un des contractants, ce qui serait d'une injustice criante.[1] »

Sur ces objections, l'article fut rédigé tel qu'il se trouve dans le Code, et la preuve par témoins admise, sans condition, en ce qui concerne les associés eux-mêmes.

462. — Les tiers pourront-ils également faire cette preuve ? L'affirmative a été admise par un assez grand nombre d'arrêts, égarés, nous osons le dire, par les principes en matière de sociétés ordinaires et par l'interprétation donnée au droit ancien.

Dans les sociétés ordinaires, il n'est pas douteux que les tiers ne soient recevables à prouver par témoins l'existence de la société. Cette faculté leur est même exclusive. Les associés ne pouvant jamais invoquer que la preuve littérale, il a donc paru étrange de la refuser aux tiers dans une hypothèse où on l'accorde aux associés.

Sans doute ce serait étrange si la différence dans la nature des sociétés ne venait donner à ce refus un caractère de rationnalité incontestable. Dans les sociétés ordinaires, les tiers ont, en traitant avec la raison sociale, de plein droit contracté avec tous ceux qu'elle comprend, personnes ou mises. Ils ont donc compté sur la solvabilité de tous. On ne saurait dès lors, en les privant de la preuve testimoniale, alors qu'ils ont été

---

[1] *Esprit du Code de commerce*, art. 49.

dans l'impossibilité de s'en procurer une écrite, les exposer à voir leur échapper les garanties que la société leur offrait. Aussi ces sociétés doivent-elles être publiques, sous peine d'être toutes considérées comme en nom collectif.

La participation, au contraire, est occulte, essentiellement occulte, nous l'avons dit; l'associé la dirigeant traite en son seul et privé nom, n'engage que sa propre responsabilité, sans que les tiers aient pu se douter de l'existence de la société, qui même par rapport à eux est censée ne pas exister. Sans action contre les coparticipants, quel intérêt ont-ils à les faire déclarer tels? Ne doit-on pas en cet état, à la demande en preuve, opposer cette maxime : *Frustra probatur quod probatum non relevat.?*

La jurisprudence que nous combattons a cru se conformer à ce qui se pratiquait sous l'ordonnance de 1673. La vérité est que la cour de cassation a décidé, le 28 germinal an XII, que les tiers pouvaient, sous son empire, prouver la participation. Cet arrêt a été rendu sur le réquisitoire de Merlin, et, il faut le dire, ce réquisitoire fait une confusion pouvant seule rendre raison de sa doctrine.

En effet, c'est uniquement sur les articles 7 et 8 de l'ordonnance que se fonde M. Merlin; il prouve fort bien que leurs dispositions comprennent les associés commanditaires. De ce que ceux-ci sont obligés, le réquisitoire conclut que les participants le sont au même

titre. *Maintenant , dit-il , que nous voilà bien fixés
sur le sens de l'article 8, qu'importe, relativement
à notre objet, qu'on soit associé anonyme (c'est-à-
dire participant) ou associé commanditaire ? qu'on
prenne l'une ou l'autre qualité , la question est
toujours la même.*

Cette conclusion était-elle logique , ce raisonnement
était-il exact sous l'ordonnance de 1673? Nous en dou-
tons , car nous avons vu que la doctrine de l'époque
n'admettait pas comme une société , à l'égard des tiers,
l'association en participation. Le participant n'était
donc associé que relativement à ses cointéressés , conséquemment lié envers eux seulement ; c'est ce qui explique pourquoi on n'avait donné aux tiers que l'action
oblique.

Quoi qu'il en soit , ce qui est certain, c'est que sous
l'empire du Code la doctrine du réquisitoire est inadmissible. Notre législateur a refusé à la participation le
nom de société ; elle n'est pas un être moral , elle reste
dépourvue de toute publicité ; on devrait donc décider
aujourd'hui le contraire de ce qu'on décidait alors , si
l'on veut être conséquent.

Concluons donc que les tiers ne peuvent être admis à
prouver l'existence d'une société en participation, parce
qu'ils ne peuvent jamais prétendre avoir traité avec elle,
parce que, par rapport à eux, elle est censée n'avoir jamais existé.

163. — Mais cette règle, comme toutes les autres,

comporte des exceptions. Ainsi un arrêt rendu par la
cour de Nancy , le 3 février 1848 , juge qu'en principe
la participation , étant essentiellement occulte, n'oblige
vis-à-vis des tiers que celui qui est chargé d'agir dans
l'intérêt de l'association ; mais il admet que si les coparticipants ont pris une part active dans les opérations , s'ils se sont immiscés dans les actes de gestion
*de manière à induire les tiers en erreur , et à
les engager à traiter dans la confiance qui s'attache à plusieurs associés en nom collectif, ils doivent être solidairement tenus des engagements de la
société* [1].

Cet arrêt est juridique. Ce qui lui assigne ce caractère, c'est la constatation de certains points de fait justifiant cette conséquence , à savoir que les tiers ont été
induits en erreur sur le caractère de la société, et qu'ils
ont dû croire à l'existence d'une société en nom collectif. Ainsi l'arrêt relève avec raison que l'associé poursuivi engageait les ouvriers, présidait à leur paiement,
les congédiait ; que, sans cesse sur le chantier , il diri-
geait activement les opérations ; qu'il disait aux ouvriers
paraissant douter de la solvabilité de l'autre participant
qu'ils pouvaient être sans inquiétude, qu'ils avaient affaire à lui ; enfin qu'en parlant il employait toujours
ces locutions : nos travaux , nos ateliers , toutes choses
devant faire supposer une société.

[1] J. du P., 49, 1, 588.

Loin de méconnaître le caractère de la participation,
l'arrêt en fait la plus juste, la plus saine appréciation.
S'il déclare le participant obligé, c'est parce qu'il est
sorti du rôle qu'il devait garder, qu'il a manifesté au
public la société qui devait rester cachée à tous les yeux,
et qu'ayant par sa faute inspiré une fausse croyance, il
n'y avait pas à hésiter entre lui et les tiers qu'il avait
trompés. Cela, nous le répétons, est fort rationnel et fort
juridique.

464. — Ce que nous ne pouvons approuver, c'est
l'assimilation que l'arrêt fait dans quelques-uns de ses
motifs du participant au commanditaire, et l'application au premier des articles 27 et 28 du Code de commerce. Ce qui condamne cette doctrine, c'est que le
commanditaire qui s'est immiscé, n'eût-il agi que comme employé ou mandataire du gérant, n'en sera pas
moins solidairement tenu, tandis que le participant
peut prendre l'une ou l'autre de ces qualités impuné-
ment, que sa responsabilité ne sera pas la conséquence
de l'une ou de l'autre; elle ne sera engagée que si son
intervention a eu pour résultat de tromper les tiers et
de faire croire à l'existence d'une société en nom collectif.

C'est ce que l'arrêt enseigne lui-même: « attendu que
l'association en participation, placée en quelque sorte
sur les limites des sociétés en nom collectif et en commandite, ne consacre le privilége important de n'engager, au regard des tiers, que l'associé qui agit, qu'à la

condition que les participants ne viennent pas, par une intervention active, par des actes d'immixtion et de collaboration, tromper les tiers et leur présenter en apparence les garanties de la solidarité qui pèse sur les associés en nom collectif. »

Ailleurs, l'arrêt rappelle encore que ce n'est pas la connaissance que les étrangers pourraient acquérir de l'existence de la participation qui ferait perdre à cette association le caractère et le privilége que la loi lui accorde ; que la perte de l'un ou de l'autre ne serait acquise que par les actes de nature à tromper les tiers, en les engageant à traiter avec la confiance qui s'attache à plusieurs associés en nom collectif.

Nous le répétons, dans cette spécialité l'arrêt est juridique. Mais appliquer aux participants les articles 27 et 28 du Code de commerce, c'est précisément en sortir, c'est se jeter dans la généralité que M. Pardessus professe et que nous combattions tout à l'heure [1].

En principe donc, les tiers, étant sans action contre les participants, avec lesquels ils n'ont pas contracté, ne peuvent être admis à prouver l'existence de l'association. Cette preuve ne saurait leur conférer un recours quelconque, elle est donc inutile et frustratoire. Il en serait autrement lorsque la preuve demandée aurait pour résultat d'établir que les participants ont par leur conduite trompé le public et fait supposer une société

[1] Voy. *supra* n° 442.

en nom collectif. Le préjudice qui en serait résulté
pour les tiers donnant lieu à une réparation , la demande en preuve serait recevable et fondée. Il en serait
de même dans l'hypothèse où les tiers, agissant en vertu
de l'article 1166, exercerait les actions de l'associé son
débiteur.

465. — L'article 49 laisse le tribunal libre d'admettre ou de refuser la preuve testimoniale. Cela ne signifie pas qu'en droit le tribunal peut déclarer la preuve
recevable ou non. Tout ce qui en résulte, c'est que l'appréciation des faits est laissée à l'arbitrage souverain du
juge.

En effet, il en est de l'hypothèse de l'article 49 comme de toutes celles où la preuve par témoins est autorisée. Quelque recevable qu'elle soit , son admissibilité
n'est jamais un devoir pour le magistrat ; il ne doit au
contraire l'ordonner que lorsque les faits cotés sont graves et pertinents. C'est ce que l'article 49 a voulu consacrer.

Il résulte de là que le demandeur en preuve devra
articuler les faits dont il entend induire l'existence de
l'association ; que ces faits doivent être graves, précis et
concordants, et rendre cette association présumable ; ils
ne doivent pas surtout être , dès à présent , démontrés
faux ou invraisemblables.

Pour que la preuve soit pertinente, il faut que l'existence de l'association en soit la conséquence directe.

Au reste, sur ce point comme sur la valeur de la preuve offerte , c'est la conscience du juge qui prononce souverainement.

466. — L'article 49, en indiquant par quels moyens on peut prouver la participation, est bien loin d'exclure la preuve littérale. C'est donc mal à propos qu'on a prétendu trouver dans l'acte écrit une manifestation de la société qui devrait dès lors perdre le caractère de participation.

Les intéressés sont donc libres de constater leur association par écrit; mais dans cette hypothèse , la règle que nous rappelions tout à l'heure, à savoir que les dénominations ne sauraient l'emporter sur le fond des choses , reçoit son application. En conséquence , quelle que soit la qualification donnée à la société par la convention, c'est par ses clauses que le caractère de cette société doit être apprécié.

C'est ainsi , et par application de cette règle, qu'il a été jugé que lorsqu'un contrat de société , qualifiée association , contient des clauses qui ne peuvent s'appliquer qu'à l'existence d'une société anonyme , et qui excluent celle en participation , les parties doivent être régies par les dispositions relatives aux sociétés anonymes, nonobstant la qualification par elles donnée à l'acte. En conséquence, aucun associé ne peut être tenu au dela de son action [1].

---

1 Toulouse , 16 juillet 1836.

Il en serait de même si les clauses de l'acte s'appli-
quaient à une société en nom collectif , ou à une commandite. Vainement lui aurait-on donné le° nom de
participation ; ce nom et les effets qui en résultent dis-
paraîtraient devant la vérité des choses.

Mais dans chacune de ces hypothèses, s'agissant d'u-
ne société ordinaire, sa validité serait subordonnée à la
publicité que l'acte aurait reçue ; si aucune ne lui a été
donnée, l'acte est nul , et la société ne saurait exister.
Conséquemment, elle devrait cesser pour l'avenir, si déjà
elle fonctionnait ; elle ne devrait produire aucun effet,
si , n'ayant pas encore reçu son exécution , il s'agissait
de contraindre la partie à remplir ses engagements , il
n'y aurait pas légalement société.

467. — Nous terminerons nos observations sur la
participation par l'examen d'une question qui ne manque pas d'importance , celle de savoir si , lorsque la
participation doit durer plusieurs années , le réglement
des pertes doit être renvoyé à la fin de l'opération , ou
bien si l'un des coparticipants a le droit d'exiger qu'on
s'en tienne respectivement compte, sans qu'il soit besoin
d'attendre l'expiration du terme.

Dans une consultation produite devant la cour de
Rouen, M. Philippe Dupin soutenait qu'il ne pouvait y
avoir réglement de la perte qu'après la liquidation définitive de l'opération. A l'appui de cette doctrine, il invoquait l'opinion de Savary, qualifiant la participation
de compte courant.

« Cette dénomination caractéristique et si vraie , disait la consultation, donnée autrefois à ce genre d'association, s'est maintenue dans les usages et dans la langue du commerce; elle doit avoir pour conséquence que tant que l'association n'est pas arrivée à sa fin, le compte des parties reste en suspens , ne peut être arrêté. Jusque-là, en effet, il ne peut y avoir que des aperçus auxquels chaque jour apporte des changements. En un mot , ce n'est que par l'apurement du compte que la position des parties peut devenir liquide et certaine ; et cet apurement ne peut avoir lieu qu'au moment où la participation prendra fin , soit par la cessation des opérations qui en font l'objet, soit par l'échéance du terme. »

Le résultat le plus immédiat de cette doctrine est de laisser la position des parties douteuse et incertaine pendant la durée de l'opération , quelque longue qu'elle doive être. Ce résultat , funeste pour les parties elles-mêmes , contraire aux vœux de la législation , en opposition avec les habitudes commerciales , loin d'être approuvé , est formellement condamné par la pratique.

Il n'est pas de société quelque peu soigneuse de son avenir , quelque peu jalouse de ses véritables intérêts , qui ne règle et n'arrête annuellement sa position ; et c'est dans ce but que la loi exige un inventaire qui devient chaque année l'élément de ce réglement ; c'est ici une mesure toute d'intérieur , et qui reste complétement étrangère au public. Les associés perçoivent les bénéfices, se font mutuellement raison des pertes, soit réellement et en espèces, soit par une passation au crédit ou au débit de leur compte courant.

Pourquoi ce qui se pratique entre les associés ordinaires ne se réaliserait-il pas dans la participation ? Par rapport aux participants, l'association, ainsi que nous l'avons dit, constitue une véritable société. Ils sont donc des associés, et, comme tels, leur intérêt à voir clair dans leur position, à la régler à de certaines époques, ne saurait être contesté.

Sans doute la participation exclut l'idée de ces réglements périodiques, lorsqu'elle n'a pour objet qu'une opération unique, déterminée, dont la durée est toujours plus ou moins bornée ; mais elle les comporte très-bien lorsque la durée doit se prolonger, elle les commande même dans certaines hypothèses. Ainsi, nous nous associons pendant dix ans pour spéculer chaque année sur l'achat et la revente de la récolte du blé, du vin, de l'huile ou des amandes. Il est évident qu'à chaque fin d'année nous règlerons le résultat de notre opération, malgré la durée de notre association. En réalité, dans cette hypothèse il y aura autant de participation qu'il y aura d'achats et de reventes distincts, et il serait ridicule d'en renvoyer le réglement jusqu'à l'expiration du terme convenu.

Sans doute le même fait ne se réalise pas dans l'hy-

pothèse où la participation se propose une seule opération se renouvelant sans cesse et successivement ; mais
dans ce cas même on doit séparer, et la pratique sépare
l'exploitation par périodes se réalisant d'un inventaire
à l'autre, et le réglement de ce qui s'est fait dans l'intervalle s'accomplit d'autant plus facilement qu'il ne
saurait en résulter aucun inconvénient. En effet, si un
seul réglement a lieu à la fin de la société, et que les
bénéfices et les pertes se balancent, les associés n'auront rien retiré, et ils n'auront rien à payer ; que si, au
contraire, l'associé a contribué à la perte dans un réglement partiel, il emboursera le bénéfice dans l'autre :
on arrivera donc par des voies différentes à un résultat
identique.

Ce réglement identique non-seulement ne présente
aucun inconvénient, mais il a, au contraire, ce double
avantage d'éclairer les associés sur leur véritable position, sur la convenance qu'il y a à donner suite à l'o-
pération, à ne pas laisser jusqu'au règlement définitif,
à la charge exclusive du directeur de l'entreprise, un
fardeau pouvant devenir beaucoup trop lourd,ce qui,on
le comprend, ne serait pas un encouragement à accepter ces fonctions.

Nous dirons donc avec la cour de Rouen que lorsqu'une société en participation a été formée pour plusieurs années, l'un des participants peut exiger qu'on
se tienne réciproquement compte des pertes pendant la
durée de l'association, et sans qu'il soit besoin d'attendre la liquidation définitive. Une sentence arbitrale

l'ayant ainsi jugé était déférée à la justice supérieure de la cour. Mais, par arrêt du 31 juillet 1845, cette sentence fut confirmée avec adoption de motifs. Le caractère éminemment juridique de ces motifs leur méritait cet honneur. Les voici :

« Attendu que la participation, sauf les dispositions des articles 49 et 50 du Code de commerce, reste soumise à toutes les prescriptions résultant des principes généraux du droit sur les sociétés, toutes les fois que la convention ou l'usage n'y a pas dérogé ; qu'il est de principe comme d'usage, dans les sociétés commerciales, que les bénéfices ou les pertes constatées par les inventaires se répartissent chaque année entre les associés ; que si la participation relative à une opération unique, momentanée, implique d'ordinaire pour les participants l'obligation de ne se faire compte qu'après la liquidation de l'affaire, cette exception, qui se justifie par la nature du compte à demi, ne peut être invoquée avec raison lorsqu'il s'agit, comme dans l'espèce, d'opérations répétées pendant le cours de plusieurs années ; que s'il est rationnel d'attendre le résultat d'une affaire pour en partager les bénéfices et les pertes, il est aussi d'une nécessité impérieuse que les associés, dans des opérations de la nature et de l'importance de celle dont il s'agit, se tiennent réciproquement compte à des époques déterminées, soit par la convention, soit par l'usage, des résultats accomplis ; que dès que la loi et la jurisprudence reconnaissent la validité de participations aussi considérables, il faut bien les admettre a-

vec toutes les conséquences que commandent les nécessités du commerce ;

» Attendu que renvoyer le remboursement des pertes à l'époque de la liquidation serait opérer contrairement à tous les errements suivis , contrairement à la
prudence la plus vulgaire, et faire supporter à l'un des
associés seulement un découvert qui doit peser sur
tous, etc......... [1] »

468. — L'article 59 du Code de procédure civile
aux termes duquel le défendeur doit être assigné en
matière de société, tant qu'elle existe, devant le juge du
lieu où elle est établie , ne saurait recevoir aucune application dans l'hypothèse d'une association en participation. A l'égard des tiers cette inapplicabilité résulte de
la nature même des choses. La participation est essentiellement occulte ; les tiers ne connaissent donc que celui avec qui ils traitent et qui agissant personnellement
et en son nom seul ne permet pas même de soupçonner l'existence d'une société. Comment dès lors pourrait-on les astreindre à s'adresser au juge du lieu où
cette société est établie ?

Ils ne le pourraient d'ailleurs, alors même qu'ils auraient connu l'association et su qu'ils traitaient avec
elle par l'intermédiaire de celui avec qui ils ont eu affaire. Nous venons de le dire, un des caractères consti-

---

[1] J. du P., 46, 1, 329.

tutifs de la participation est l'absence de siége social, c'est qu'elle ne constitue pas un être moral distinct des individus qui la composent et ayant son domicile particulier.

C'est donc à ces individus qu'il faut s'adresser, et comme l'action est pure, personnelle, c'est au tribunal du domicile du défendeur qu'elle doit être portée, sauf les règles de compétence édictées par l'article 420 du Code de procédure civile. Tout ce que pourrait faire le créancier qui prétendrait avoir traité avec tous les associés, les avoir tous pour débiteurs solidaires, serait de les citer tous au domicile de l'un d'eux à son choix, à la charge par lui d'établir et de prouver cette solidarité.

Après avoir établi les conséquences de la règle tracée par l'article 59 du Code de procédure civile, M. Pardessus ajoute : « On ne peut appliquer ces principes
» aux associations en participation qui, n'étant point
» rendues publiques, n'ont et ne font point connaître
» de domicile social. Le créancier, si tous les associés
» se sont engagés envers lui, peut les traduire devant
» le tribunal du domicile de l'un d'eux à son choix ;
» s'il n'a traité qu'avec l'un des participants, il peut
» assigner devant le tribunal du domicile de cet indi-
» vidu ceux qu'il prétend être solidaires avec lui, sauf
» à eux à contester l'existence de la participation ou la
» solidarité qu'on veut faire peser sur eux. [1] »

---

[1] N° 1357.

469. — Pour les coparticipes entre eux, il est évident qu'ils connaîtront parfaitement l'existence de la société. Mais cette connaissance ne peut faire que la société soit un être moral et ait un siége social. L'absence de celui-ci rend pour eux , comme pour les tiers , les prescriptions de l'article 59 du Code de procédure civile inapplicables. Ils sont donc obligés , pour les contestations qui s'élèveraient entre eux , de s'adresser au juge du domicile du défendeur , ou du coassocié qu'il leur conviendrait d'actionner.

Ce principe est enseigné par la doctrine et admis par la jurisprudence [1]. La cour d'Orléans le consacrait encore le 16 décembre 1859.

Dans cette espèce , c'était à Orléans que l'association avait eu ses principaux intérêts et que les parties s'étaient réunies pour en opérer le réglement. En conséquence on soutenait que c'était à son tribunal que la contestation avait dû être déférée, et c'est ce que le jugement avait décidé.

Mais sur l'appel, la cour infirmait ce jugement : « Attendu que la communauté d'intérêts qui a existé » entre les parties et un sieur Guien-Giraulte, n'est autre » tre qu'une société en participation, et qu'une telle as-

---

[1] Pardessus , *loco citato ;* — Vincens, t. 1, p. 378 ;— Nouguier, t. 2, p. 284 ; — Chauveau sur Carré, quest. 261. — Cassation, 4 mars 1810; 28 mai 1817 ; — Riom , 17 août 1822 ; — Cass , 28 mai 1827; — Nancy , 5 décembre 1828 ; — Paris , 31 août 1836; 14 juillet 1840 ; — J du P., 40, 2, 771.

» sociation étant réputée ne pas avoir de siége social,
» on ne saurait trouver, dans le seul fait de son exis-
» tence, la preuve que le tribunal de commerce d'Or-
» léans était compétent ; qu'au procès il ne s'agit pas
» de contestations relatives à des livraisons ou à des
» paiements de marchandises qui donneraient lieu à
» l'application de l'article 420 du Code de procédure
» civile, mais bien de discussions entre associés ayant
» des domiciles différents ; que pour faire exception aux
» règles de la compétence on ne saurait davantage
» s'appuyer sur ces considérations ; que c'est à Orléans
» que l'association aurait eu ses principaux intérêts, et
» que ce serait là que les parties se seraient réunies
» pour en effectuer le réglement, puisque la loi n'en a
» pas fait l'objet d'une exception ; d'où il suit que
» le tribunal de commerce d'Orléans était incompé-
» tent. [1] »

L'espèce suivante offre un nouvel et remarquable
exemple d'application du principe. Les sieurs Laponge,
demeurant à Narbonne, et Desmarais, demeurant à
Bordeaux, avaient contracté une association ayant pour
objet le commerce des vins qui devaient être achetés à
Narbonne et revendus à Bordeaux avec part égale dans
les bénéfices ou la perte. Les associés avaient respectivement renoncé à tout droit de commission à raison des
opérations qui leur étaient confiées.

---

[1] J. du P., 1860, p. 191.

Plus tard Desmarais ayant refusé de prendre livraison de vins achetés par Laponge, celui-ci le cite devant le tribunal de commerce de Narbonne en condamnation d'une somme qu'il prétend lui être due.

Desmarais décline la compétence du tribunal de Narbonne, mais ce déclinatoire est repoussé en première instance et en appel par la cour de Montpellier. L'arrêt considère : « que Desmarais ayant rompu toute rela-
» tion d'associé avec Laponge en refusant de retirer à
» Narbonne la demie des huit cents hectolitres vins a-
» chetés par Laponge, celui-ci n'agissait plus alors
» que comme commissionnaire pour le montant de
» ses avances, et qu'à bon droit il avait saisi le tribu-
» nal de son propre domicile de la connaissance du
» litige ; que s'il joint à sa demande principale une
» demande en dommages-intérêts, cette dernière par-
» tie des conclusions n'étant qu'un accessoire de la
» première devait être portée devant la même juridic-
» tion. »

Cet arrêt ayant été déféré à la cour suprême, était cassé le 4 juin 1860 pour fausse application de l'article 420 et violation de l'article 59 du Code de procédure civile.

« Attendu, dit la cour de cassation, que les associa-
» tions en participation n'ayant pas de siége social pro-
» prement dit, les contestations relatives à ces associa-
» tions doivent être portées devant le tribunal du do-
» micile du défendeur selon la règle générale de l'arti-
» cle 59 du Code de procédure civile ;

» Attendu que l'arrêt attaqué a reconnu lui-même
» ce principe, et que, s'il n'en a pas fait l'application
» à la cause, c'est par l'unique raison qu'il s'agissait,
» non d'une association en participation, mais d'un
» contrat de mandat ou de commission qui, aux ter-
» mes de l'article 420 du même Code, laisse au
» demandeur l'option d'assigner devant le tribunal
» de son propro domicile pour obtenir le rembour-
» sement de ses avances; qu'il y a lieu, dès lors,
» d'apprécier le caractère légal du contrat interve-
» nu entre les parties pour déterminer la compéten-
» ce du tribunal qui devait statuer sur leurs contes-
» tations ;

» Attendu, à cet égard, qu'il résulte de l'arrêt atta-
» qué et des documents de la cause, que les parties a-
» vaient formé entre elles une véritable société en par-
» ticipation pour le commerce des vins ; que les condi-
» tions de cette société et notamment le partage par é-
» gales portions des bénéfices et des pertes, sont for-
» mellement rappelés dans tous les actes, que si l'un des
» associés était chargé d'acheter les vins dans une lo-
» calité et l'autre associé de les revendre dans une
» localité différente, c'était là une des conditions essen-
» tielles de l'association, et qui, loin d'en dénaturer le
» caractère, ne faisait au contraire que le confirmer ;
» d'autant plus que les associés avaient expressément
» renoncé à réclamer un droit de commission quel-
» conque soit pour les achats, soit pour les ventes

» qui faisaient l'objet de leur association en participa-
» tion ;

» Attendu qu'en déniant ce caractère au contrat in-
» tervenu entre les parties et en le réduisant à un
» simple contrat de mandat ou de commission, en dé-
» cidant, par suite, que le défendeur pouvait être
» valablement assigné devant le tribunal du domi-
» cile du demandeur, l'arrêt attaqué a faussement
» appliqué l'article 420 du Code de procédure ci-
» vile, et expressément violé l'article 59 du même
» code. [1] »

Ainsi la cour de cassation a constamment suivi et
pratiqué la jurisprudence qu'elle avait inauguré le 14
mars 1810. Aussi n'avons-nous trouvé aucune décision contraire ni dans la doctrine, ni dans la jurisprudence.

Le répertoire du *Journal du Palais* cite un arrêt
d'Aix à la date du 14 janvier 1835, comme ayant décidé que lorsqu'une société en participation relative à
des marchandises expédiées pour être vendues, est devenue parfaite par le consentement de l'associé chargé
de vendre, le lieu du domicile de cet associé est celui
de la formation de l'association, et par conséquent le
tribunal de ce lieu est exclusivement compétent pour
connaître de l'existence de l'association, particulière-

---

[1] J. du P., 1860, p. 702.

ment dans le cas où la vente des marchandises sociales
y a été opérée. Mais cette indication est erronée. Cette
proposition ne se trouve que dans le jugement. Devant
le tribunal, en effet, on proposait l'incompétence à raison de la matière , indépendamment de l'incompétence
à raison du domicile. Le tribunal repousse celle-ci par
le motif indiqué au sommaire , et quant à la seconde
fondée sur ce que s'agissant de contestations entre associés, c'était à des arbitres à en connaître ; le tribunal
l'écarte en refusant la qualité d'associé à celui qui s'en
prévalait.

Il ne paraît pas que devant la cour on se soit occupé
de l'incompétence à raison du domicile , car l'arrêt
n'examine que le moyen tiré de la matière , et reconnaissant l'existence de la société et la qualité d'associé,
il infirme le jugement et renvoit devant arbitres pour
être dit droit.

Dans tous les cas, la thèse du tribunal de commerce
sur le lieu de la formation de la société est insoute-
nable. Il n'y a en cette matière et quant à la compétence d'autre règle que celle que nous venons de rappeler.

Qu'on nous permette comme résumé de notre discussion de transcrire les considérations que M. Nouguier
rappelle à ce sujet.

A la question si les associés en participation peuvent,
comme les membres des autres sociétés commerciales,

être distraits des juges de leur domicile personnel , cet honorable jurisconsulte répond :

« Cette question ne peut guères souffrir de difficul-
» tés. En effet , les membres des sociétés commerciales
» ne peuvent être distraits des juges de leur domicile
» que pour être traduits devant le juge du lieu où est
» établie la maison du commerce social. Ce lieu est en
» général facile à connaître , car les sociétés en nom
» collectif , en commandite et anonymes reçoivent une
» publicité assez étendue. Ces sociétés ont un centre où
» viennent aboutir tous les rapports sociaux ; elles for-
» ment un faisceau d'intérêts communs réunis à un
» siége qui est le domicile de la maison. Nous ve-
» nons de voir que lorsque , par la dissolution , l'être
» moral s'est évanoui , l'exception cesse d'être admis-
» sible.

» Les associations en participation , au contraire,
» sont dispensées de toutes formalités ; elles n'ont ni
» assiette, ni raison sociale, ni lien commun qui rende
» les participants obligés solidaires des tiers. Ici l'être
» moral n'a pas été dissous, car il n'a jamais existé,
» du moins en ce sens. Si l'on admettait le principe
» que les participants peuvent être cités au tribunal du
» lieu où est établie la société , on serait en vérité fort
» embarrassé pour le mettre en pratique, car la so-
» ciété n'est établie nulle part comme être moral , tout
» au plus pourrait-on , à l'égard de chaque associé , la

» considérer comme existant en son domicile person-
» nel. Or, dans ce cas , on ferait retour aux règles or-
» dinaires, et l'on serait obligé, comme on le décide du
» reste, de traduire le participant défendeur devant ses
» juges naturels. [1] »

[1] *Des tribun. de comm.*, t 2, p. 384.

FIN DU DEUXIÈME VOLUME

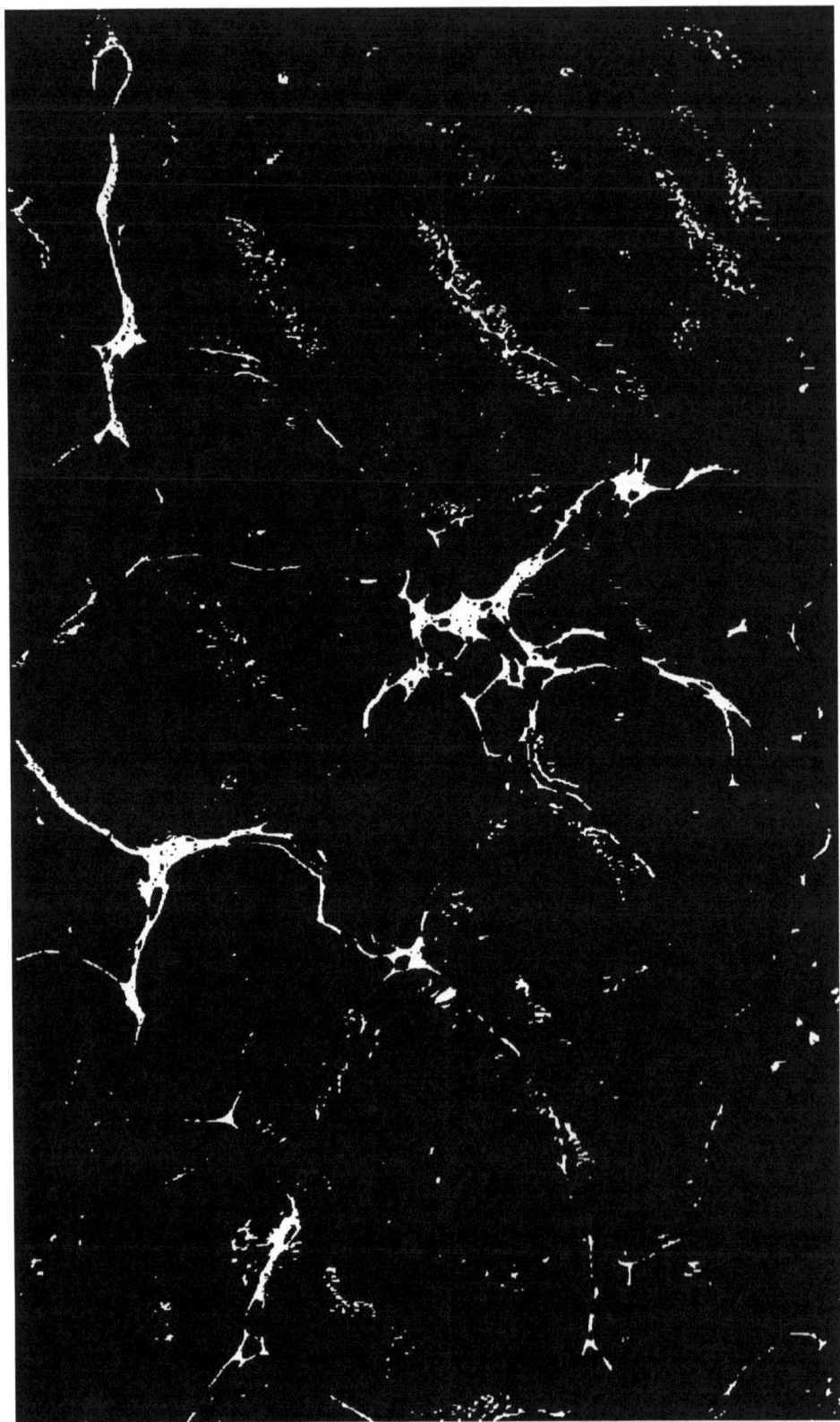

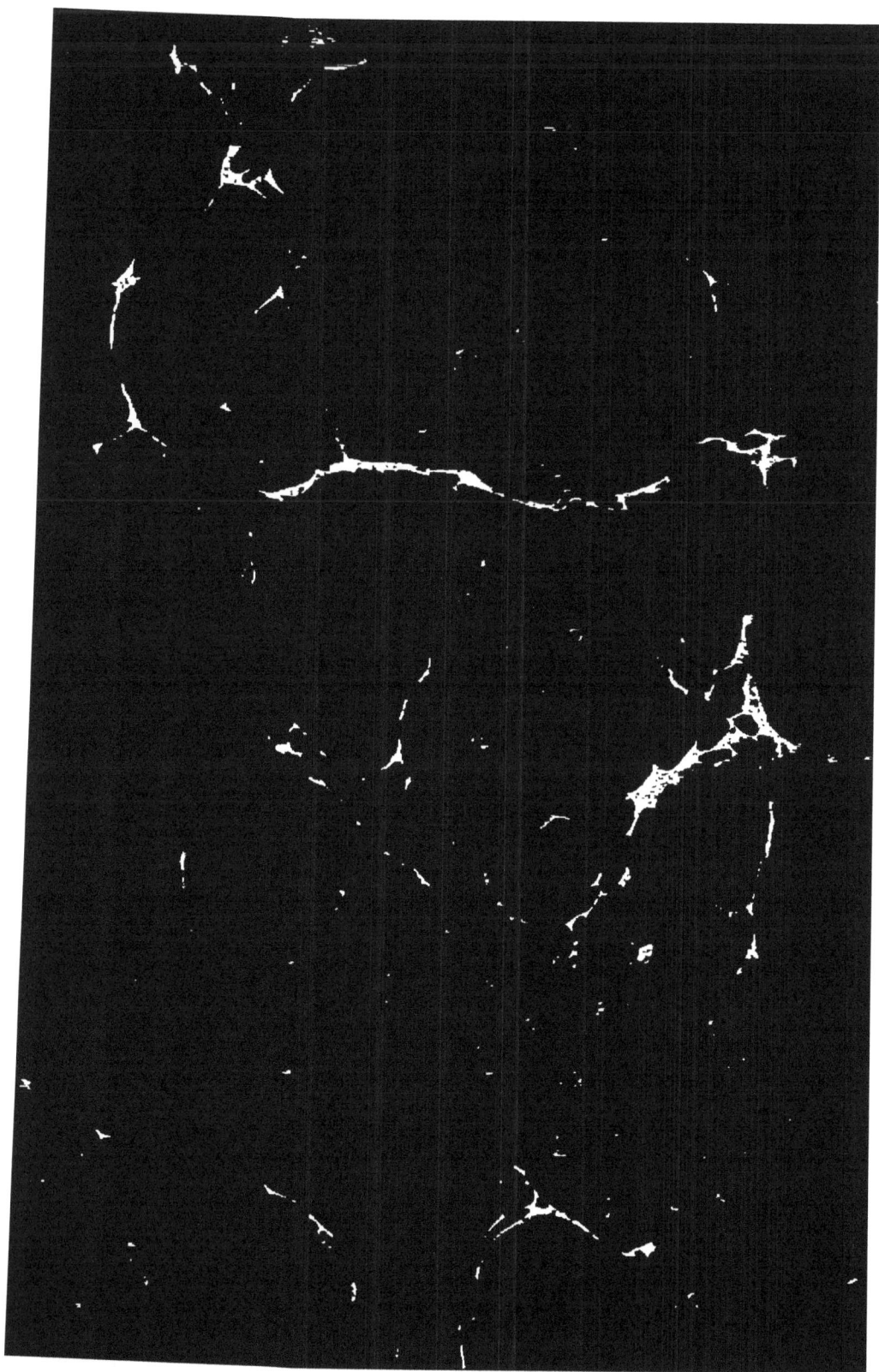

www.ingramcontent.com/pod-product-compliance
Lightning Source LLC
Chambersburg PA
CBHW060117200326
41518CB00008B/849